职业教育铁道信号专业"十三五"规划教材

区间信号自动控制系统

（含图册）

主　编　田光超　蒋　荣　李凯兵
副主编　张建平　王佩硕

西南交通大学出版社
·成都·

图书在版编目（CIP）数据

区间信号自动控制系统：含图册 / 田光超，蒋荣，李凯兵主编. 一成都：西南交通大学出版社，2017.8（2025.8 重印）

职业教育铁道信号专业"十三五"规划教材

ISBN 978-7-5643-5703-0

Ⅰ. ①区… Ⅱ. ①田… ②蒋… ③李… Ⅲ. ①铁路信号 – 区间闭塞 – 自动闭塞 – 职业教育 – 教材 Ⅳ. ①U284.43

中国版本图书馆 CIP 数据核字（2017）第 212178 号

职业教育铁道信号专业"十三五"规划教材

区间信号自动控制系统

（含图册）

	责任编辑／李芳芳
主　　编／田光超　蒋 荣　李凯兵	特邀编辑／李　娟
	封面设计／何东琳设计工作室

西南交通大学出版社出版发行

（四川省成都市金牛区二环路北一段 111 号西南交通大学创新大厦 21 楼　610031）

发行部电话：028-87600564　　　028-87600533

网址：https://www.xnjdcbs.com

印刷：成都中永印务有限责任公司

成品尺寸　185 mm×260 mm

总印张　15.5　　图册：11 页　　总字数　514 千

版次　2017 年 8 月第 1 版　　印次　2025 年 8 月第 5 次

书号　ISBN 978-7-5643-5703-0

套价　45.00 元

课件咨询电话：028-87600533

图书如有印装质量问题　本社负责退换

版权所有　盗版必究　举报电话：028-87600562

前　言

我国铁路尤其是高速铁路的迅速发展，使得区间信号设备发展的步伐加快了。为了使中专教育铁路信号专业"区间信号"教学进一步满足铁路施工企业的需求，同时根据铁路职业教育铁道信号专业教学计划"区间信号自动控制"课程教学大纲而编写了本书。本书为"十三五"职业教育规划教材。

区间行车闭塞设备是实现行车闭塞法的基础，它经历了电报或电话闭塞→路签或路牌闭塞→半自动闭塞→自动闭塞的发展过程。时至今日，我国除部分支线铁路、厂矿专用铁路尚在使用 64D 半自动闭塞设备外，大部分干线铁路都在安装使用自动闭塞设备。近年来，通过引进、消化和吸收国外自动闭塞的先进技术，我国自行开发研制了具有自主知识产权的 ZPW-2000 系列无绝缘移频自动闭塞设备，不仅在既有铁路线路上得到了广泛的推广运用，而且在客运专线、城市轨道交通线路上也得以安装使用。因此，ZPW-2000A 型无绝缘移频自动闭塞设备的原理、施工安装及调试是区间信号课程的重点学习内容。

本书编写旨在结合铁路现场实际，区间信号部分线路除目前仍有一定数量安装使用的 64D 型半自动闭塞外，主要介绍 ZPW-2000A 型无绝缘移频自动闭塞设备的原理、施工安装及调试，以满足施工企业对普通信号工的基本要求，具有明显的专业业务特色，既能满足在校学生学习使用，也可作为现场施工人员的参考用书。同时利用一定篇幅介绍站内电码化和改变运行方向电路的原理及运用。为教学方便，本书专门配备有电路图册。

本书由洛阳铁路信息工程学校田光超、蒋荣、李凯兵任主编，洛阳铁路信息工程学校张建平、王佩硕任副主编，参加编写的还有洛阳铁路信息工程学校郭宏涛、王民哲、马瑞。其中项目一由蒋荣编写，项目二由王民哲、蒋荣编写，项目三、四由田光超、李凯兵编写，项目五由田光超、蒋荣、李凯兵编写，项目六由田光超、张建平、王佩硕、马瑞编写，全书由李凯兵统稿。本书专门配备的电路图册由田光超、郭宏涛、蒋荣、李凯兵主编并审定。

本书由重庆铁路技师学院袁放主审。参加审稿的有洛阳铁路信息工程学校郭宏涛、张建平、王佩硕。在本书的编写过程中，得到许多同行的大力支持和帮助，在此一并表示感谢。

由于编者水平有限，加上资料收集不全，书中不妥之处在所难免，望读者提出批评和指正，以不断提高教材质量。

编　者

2017 年 5 月

目　录

项目一　继电半自动闭塞

【项目描述】

我国铁路区段闭塞方式，由人工闭塞（路签和路牌）制度发展到逐步被半自动闭塞代替，由简易半自动发展到继电半自动闭塞，从 58 型继电半自动闭塞发展到 60 型，直到被广泛采用的 64D 型继电半自动闭塞代替。为了适应各种运行情况的需要，64D 型继电半自动闭塞又分为单线区段应用的 64D 型、复线区段应用的 64F 型和单线带预办的 64Y 型。带预办的 64Y 型继电半自动闭塞在发车站发出的列车进入区间后，接车站即可向发车站请求预办，当列车进站后，接车站的列车即可出发，节省了列车到达后再办理手续的时间，从而提高了运输效率。

任务一　单线继电半自动闭塞构成原理及设备

一、概　述

半自动闭塞是人工办理闭塞手续，列车凭信号显示发车后，出站信号机自动关闭的闭塞方法。利用继电器电路的逻辑关系实现分界点之间联系的半自动闭塞称为继电半自动闭塞。

自动闭塞能确保行车安全，提高运输效率，是区间闭塞系统的发展方向。

本项目重点阐述 64D 型半自动闭塞系统的构成及电路工作原理，对于其他两种类型可参阅有关资料。

二、单线继电半自动闭塞系统构成及基本要求

（一）基本要求

为了确保列车在单线区段运行的安全，必须保证在区间内只能运行一列列车。为此，继电半自动闭塞系统必须具备以下基本的技术要求：

① 车站要向区间发车，必须检查区间空闲状态，在取得接车站同意并已取消了接车站向该区间的发车权后，发车站才能开放出站信号机。

② 当列车出站后，发车站的出站信号机必须自动地关闭，在未再次办理手续之前，出站信号机不得再次开放。

③ 列车到达接车站，由车站值班员检查列车完整到达后，接车站关闭进站信号机后，即

可办理解除闭塞（到达复原）手续，使两站闭塞机恢复定位状态。

④ 闭塞系统必须符合"故障—安全"原则。

为了满足上述基本要求，单线继电半自动闭塞系统两站间各设一台闭塞机 BB，用一对闭塞线（通道）把两站的闭塞机联系起来。同时，为了检测列车的出发和到达，在进站信号机内设置了一段短小轨道电路 DG，其长度应大于 25 m。

在考虑系统的电路设计时，除满足基本要求外，还应考虑如何提高行车效率、简化办理手续、缩短办理闭塞的时间以及适应运营上的特殊要求。

（二）闭塞设备构成

图 1-1 是单线半自动闭塞示意图。在一个区间的相邻两站设一对半自动闭塞机（BB），并经过两站间的闭塞电话线连接起来，通过两站半自动闭塞机的相互控制，并保证一个区间同时只有一列列车运行。

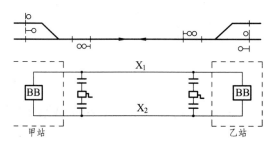

图 1-1　单线半自动闭塞示意图

64D 型继电半自动设备包括操纵箱、继电器箱、轨道电路、闭塞电源、闭塞外线等。如图 1-2 是半自动闭塞设备间的联系示意图。

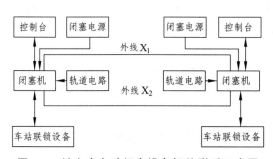

图 1-2　继电半自动闭塞设备间的联系示意图

1．操纵箱

操纵箱是设在没有电气集中控制台的车站上，用作办理闭塞的操纵和表示。

操纵箱主要由操纵和表示设备组成，单线继电半自动闭塞的操纵和表示设备有：按钮、表示灯、电铃和计数器等，该操纵箱安装在行车室车站值班员的办公桌上。

1）按钮

为了办理两站间的闭塞和复原要设置闭塞按钮 BSA、事故按钮 SGA 和复原按钮 FUA。

闭塞按钮 BSA：二位自复式按钮，办理请求发车或同意接车时按下。对于色灯电锁器联锁的车站，BSA 为三位自复式按钮。办理请求发车或同意接车时按下，办理到达复原或取消复原时拉出。

事故按钮 SGA：SGA 也为二位自复式按钮，平时加铅封。当闭塞机因故不能正常复原时，破封按下，使闭塞机复原。对色灯电锁器联锁的车站 SGA 为三位自复式按钮，正常处于中间位置，办理事故复原时拉出。

复原按钮 FUA（对电气集中联锁车站才有）：二位自复式按钮，办理到达复原或取消复原时按下。

2）表示灯

车站的每一个接发车方向各设一套继电半自动闭塞发车表示灯和接车表示灯。

发车表示灯 FBD：由黄、绿、红三个光点式表示灯组成。表示灯经常熄灭，黄色表示灯点亮，表示本站请求发车；绿色表示灯点亮，表示接车站同意接车；红色表示灯点亮，表示发车闭塞。

接车表示灯 JBD：由黄、绿、红三个光点式表示灯组成。表示灯经常熄灭，黄色表示灯点亮，表示发车站请求发车；绿色表示灯点亮，表示本站同意接车；红色表示灯点亮，表示接车闭塞。当接、发车表示灯同时点亮红灯时，表示列车到达。

每组三个表示灯用箭头围在一起，箭头表示列车运行的方向。表示灯的排列顺序为：从箭头方向起为黄、绿、红。由于表示灯在闭塞设备中耗电最多，占 64%。为节省电能（尤其是采用干电池的情况下）可采用半导体发光二极管，它具有体积小、耗电省、寿命长等优点，并能在低电压和小电流条件下工作。

3）电铃 DL

电铃是闭塞机的音响信号，在闭塞电路采用直流 24 V 电铃，它装在控制台或操纵箱里。当对方站办理请求发车、同意接车或列车从对方站出发时，本站电铃鸣响；当对方站办理取消复原或到达复原时，本站电铃也鸣响。此外，如果接车站轨道电路发生故障时，当列车自发车站出发后，接车站电铃一直鸣响（但此时因电路串联一个电阻，音量较小），以提醒接车站值班员及时修复轨道电路，准备接车。

为了区别运行方向，车站两端的闭塞电铃可调成不同的音响（可以调整电铃上的螺丝或在电路上适当地串联一个电阻）。

4）计数器 JSQ

计数器用来记录车站值班员办理事故复原的次数。每按下一次 SGA，JSQ 自动转换一个数字。因为事故复原是在闭塞设备发生故障时的一种特殊复原方法，当使用事故按钮使闭塞机复原时，行车安全完全由车站值班员人为保证，因此必须严加控制。使用时要登记，用后要及时加封，而且由计数器自动记录使用的次数。

2. 闭塞机

把完成继电半自动闭塞系统功能的全部安全型继电器（AX 系列）及阻容元件，根据不同的需要组装在继电器组合架上或装于继电器箱内。装在继电器箱内的称为闭塞机。闭塞机是闭塞设备的核心。

64D 型继电半自动闭塞机每台有 13 个继电器，它们构成继电电路，完成闭塞作用。各继电器的名称和作用如下：

① 正线路继电器 ZXJ，接收正极性的闭塞信号。

② 负线路继电器 FXJ，接收负极性的闭塞信号。

③ 正电继电器 ZDJ，发送正极性的闭塞信号。

④ 负电继电器 FDJ，发送负极性的闭塞信号。

⑤ 闭塞继电器 BSJ，监督和表示闭塞机的状态。闭塞机在定位状态时它吸起，表示区间空闲，当列车占用区间时它落下，表示区间闭塞。

⑥ 选择继电器 XZJ，选择并区分自动回执信号和复原信号，同时在办理发车时，监督出站信号机是否开放。

⑦ 准备开通继电器 ZKJ，记录对方站发来的自动回执信号。

⑧ 开通继电器 KTJ，记录接车站发来的同意接车信号，并控制出站信号机。

⑨ 复原继电器 FUJ，接收复原信号，使闭塞机复原。

⑩ 回执到达继电器 HDJ，和 TJJ 一起构成自动回执电路发送回执信号以及记录列车到达。

⑪ 同意接车继电器 TJJ，记录对方站发来的请求发车信号并使闭塞机转入接车状态，以及与 HDJ 一起构成自动回执电路。

⑫ 通知出发继电器 TCJ，记录对方站发来的列车出发通知信号。

⑬ 轨道继电器 GDJ，现场轨道继电器的复示继电器，监督列车出发和到达。

这 13 个继电器中，除了 ZXJ 和 FXJ 采用偏极继电器(组匣式为 JPX-1000 型，组合式为 JPXC-1000型）外，其余均为直流无极继电器（组匣式为 JWX-1700 型，组合式为 JWXC-1700 型）。由于采用固定的组装，外接元件采用接插件，因此便于工厂化施工，缩短现场施工期限，便于维修及更换元、器件。

另外，64D 与微机计轴设备结合电路中，有以下继电器：

① 站间闭塞继电器 ZBSJ（JWXC-1700）及人工闭塞继电器 RBSJ（JWXC-H340）。

② 列车记录继电器 LJLJ（JWXC-H340）。

③ 闭塞自动办理继电器 BZBJ（JWXC-H340）。

④ 列车到达继电器 LDDJ（JWXC-H340）。

⑤ 区间轨道辅助继电器 QGFJ（JWXC-1700）。

3. 轨道电路

64D 型继电半自动闭塞，在每个车站两端进站信号机的内需装设一段不小于 25 m 的轨道电路。其作用：一是监督列车的出发，使发车站闭塞机闭塞；二是监督列车的到达，然后由接车站值班员办理到达复原。由于这两个作用（特别是第一个作用）的重要性，即轨道电路的动作直接影响行车安全，所以要求轨道电路不仅要稳定可靠的工作，而且要能满足"故障—安全"的要求。

继电半自动闭塞的发车轨道电路应采用闭路式。因为当轨道电路发生断线或瞬间断电等故障时，轨道继电器衔铁落下，使闭塞机处于闭塞状态。而继电半自动的接车轨道电路应采用开路式。因为当发生断线或瞬间断电故障时，轨道继电器不动作，不会使闭塞机构成虚假到达。单线继电半自动闭塞区段由于接、发车轨道电路是共用的，故采用闭路式为好。

当采用一段开路式轨道电路时只要一处断线，列车出发时就会产生闭塞机不闭塞的故障，可能造成重大行车事故。所以为保证行车安全，不准许只采用一段开路式轨道电路。

由以上分析，单线继电半自动闭塞专用轨道电路最好采用两段：一段开路式和一段闭路式。这样，既能满足接车轨道电路的要求，又能满足发车轨道电路的要求。

4. 闭塞电源

闭塞电源应连续不间断地供电，且应保证继电器的端电压不低于工作值的 120%，以保证闭塞机的可靠动作。64D 型继电半自动闭塞采用直流 24 V 电源，可以采用交流电源整流供电，也可以采用干电池等供电。

继电半自动闭塞的电源分为线路电源和局部电源，前者用于向邻站发送信号，后者供本站闭塞电路用。当站间距离较短，线路电源和局部电源相差不多时，两者可共用一组电源；当两站间距离较长，外线环线电阻超过 250 Ω 时，允许适当提高线路电源电压。一个车站两端的闭塞机电源应分别设置，为的是如果一端的电源发生故障，不致影响另一端。同时只要所控制的那个区间无车运行，就可更换电池。半自动设备的供电电源根据所在车站联锁方式的不同而不同。在电气集中车站，半自动闭塞的局部电源可以和电气集中继电器控制电源合用。凡是电源屏中设置半自动闭塞线路电源的，可直接引用。若电源屏中未设半自动闭塞线路电源，则必须在半自动闭塞组合中设一台 ZG-130/0.1 型整流器专供线路电源。ZG-130/0.1型整流器的直流输出电压有 50 V、80 V、130 V 三种，可根据需要选用。

5. 闭塞机外线

继电半自动闭塞的外线一般是与站间闭塞电话线共同使用的，但随着干线电缆（光缆）的发展，最好将它们分开。

单线继电半自动闭塞机应采用两根外线。虽然在一根外线和一根地线的情况下闭塞机也能工作，但为了防护外界电源对闭塞机的干扰，提高闭塞电话的通话质量，应采用两根外线。

当闭塞外线为架空明线时，一般采用 4.0 mm 镀锌铁线，其环线电阻每千米 22 Ω。当采用电缆线路时，由于电缆线径只有 0.9 mm，其环线电阻每千米为 57 Ω，若在线路电源电压一定的情况下，则闭塞机的控制距离将要缩短。为提高闭塞机的控制距离，可在线路继电器上并联二极管。其电路如图 1-3 所示。

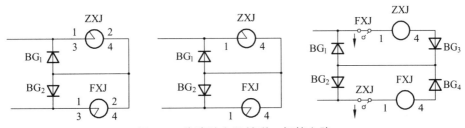

图 1-3　线路继电器并联二极管电路

三、64D 型继电半自动闭塞办理手续及传递信息

（一）办理手续

64D 型继电半自动闭塞要求两个车站的值班员共同办理闭塞手续，其办理手续分正常办

理、取消闭塞和事故复原三种。根据列车运行情况和设备状态分别采用。现对它们的办理步骤叙述如下：

1．正常办理

所谓正常办理是指两站间列车的正常运行及闭塞机处于正常状态时的办理方法，共有五个步骤，分别为：

1）发车站向接车站请求发车

发车站应先检查控制台上的接、发车表示灯处于灭灯状态，并确认区间空闲后，通过闭塞电话与接车站联系，然后按下闭塞按钮，向接车站发送请求发车信号。此时，接车站电铃鸣响。当发车站值班员松开闭塞按钮后，接车站自动向发车站发送自动回执信号，使发车站发车表示灯亮黄灯，同时电铃鸣响。当发完自动回执信号后，接车站接车表示灯也亮黄灯。说明请求发车手续已完成。

2）接车站值班员同意发车站发车

接车站如果同意发车站发车，接车站值班员在确认接车表示灯亮黄灯后，按下闭塞按钮，向发车站发送同意接车信号。此时，接车站接车表示灯黄灯灭绿灯亮，发车站发车表示灯也由黄灯改点绿灯，同时电铃鸣响。

至此，两站间完成一次列车占用区间的闭塞手续办理。闭塞机处于"区间开通"状态，表示接车站同意发车站发车，发车站至接车站区间开通，发车站出站信号机可以开放。

3）列车从发车站出发

发车站发车表示灯亮绿灯，表示得到接车站同意，闭塞机开通，发车站即可办理发车进路，出站信号机开放，列车可以出发，当出发列车驶入出站信号机内时出站信号机自动关闭。同时发车站发车表示灯变为红灯，并自动向接车站发送出发通知信号，使接车站接车表示灯也改点红灯，同时电铃鸣响。

至此，双方站的闭塞机均处于"区间闭塞"状态，表明该区间有一列列车在运行，此时双方站的出站信号机均不能再次开放。

4）接车站值班员开放进站信号，列车进入接车站

接车站值班员在同意接车后，应准备好列车进路。当接车表示灯由绿变红及电铃鸣响后（说明列车已从邻站开出），应根据列车在区间运行时分的长短，及时建立接车进路，开放进站信号机，准备接车。当列车到达接车站，进入接车站进站信号机内第一个轨道区段时，接车站的发车表示灯和接车表示灯都亮红灯，表示列车到达。此时，接车站进站信号机自动关闭。

5）到达复原

列车全部进入接车站股道后，接车进路解锁。接车站值班员在确认列车完整到达后，拉出闭塞按钮（或按下复原按钮），办理到达复原。此时，接车站接、发车表示灯的红灯均熄灭，同时向发车站发送到达复原信息，使发车站的发车表示灯红灯熄灭，电铃鸣响。解除闭塞，使双方站闭塞机复原。至此，两站闭塞机恢复定位状态。

2．取消复原

在下列情况下，经双方站同意后，由发车站办理取消闭塞手续（拉出闭塞按钮或按下复原按钮），从而使双方站闭塞机复原。

（1）发车站请求发车后，接车站同意前。如果接车站不同意对方站发车，或发车站需取消发车时，可办理取消复原。

（2）发车站请求发车，接车站同意接车后，在发车站出站信号机开放之前。此时，如需取消闭塞，也须经两站值班员联系后，办理取消复原。

此外，在电气集中联锁车站，发车站开放出站信号机后，列车尚未出发之前也可以办理取消复原，此时须经两站值班员电话联系后，确认列车未出发，发车站值班员先办理进路的取消或人工解锁（视列车接近的情况而定）。在出站信号机关闭，发车进路解锁后，再按下复原按钮，办理取消复原。

以上几种情况的取消复原，执行者均为发车站值班员，如由接车站值班员办理取消复原则是无法实现的。

3．事故复原

在下列情况下，经双方车站值班员同意后，由发生事故一方打开铅封，拉出（或按下）事故按钮，办理事故复原。

（1）闭塞机电源断电需要重新恢复，或轨道电路等设备故障引起闭塞机不能正常复原时。

（2）对电锁器联锁车站，发车站在开放出站信号后，由于运行情况变更而要停止发车或特殊运营（机外调车等）情况时。

办理事故复原由于不检查任何条件，行车安全完全靠人为保证，所以必须由车站值班人员确认区间没有列车占用，进行登记手续后才能破封办理，并且破封后不准连续使用，使用后应及时加铅封或修复。

（二）64D 型继电半自动闭塞传递的信息

按照继电半自动闭塞的办理手续，发车站必须办理请求发车，并取得接车站的同意才能开放出站信号发车，这就要求两站间按照一定的顺序传递信息。如图 1-4 所示是 64D 继电半自动闭塞两站间传信息示意图。

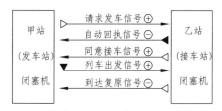

图 1-4　64D 继电半自动闭塞两站间传信息示意图

在确定信息数量和特征时，值得注意以下两点：

① 避免干扰电流脉冲。

② 避免采用互易性脉冲。

为了做到这两点并简化设备，采用非互易的极性脉冲作为信息的特征。

按照半自动闭塞的基本要求，两站间办理闭塞应传递以下信息：

① 请求发车正信息（人工控制）。

② 自动回执负信息（自动控制）。

③ 同意接车正信息（人工控制）。

④ 通知出发正信息（列车控制）。

⑤ 解除闭塞，即到达复原负信息（人工控制）。

⑥ 取消闭塞负信息（人工控制）。

⑦ 事故复原负信息（人工控制）。

上述七种信息中⑥、⑦为非正常情况下使用。①、③、④是与行车直接有关的信息，采用正信息。这三个信息是按照办理闭塞顺序来区分信息的内容，例如闭塞机在定位时，发车站请求发车，向接车站发送的正信息即为请求发车正信息。同意接车信息是构成允许发车的信息，为了提高安全性，在它前面增加了一个非互易的负极性的自动回执信息。此负信息是以电路状态及发送信息的车站和其他三种负信息进行区别。最后三种信息是使闭塞机恢复正常状态的信息，其特征要与正常办理的信息有所区别。

任务二　单线继电半自动闭塞电路的构成及动作原理

一、64D 型继电器半自动闭塞电路构成

64D 型继电器半自动闭塞共用八个单元电路：线路继电器电路、信号发送器电路、发车接收器电路、接车接收器电路、闭塞继电器电路、复原继电器电路、轨道复示继电器电路和表示灯电路。

（一）线路继电器电路

线路继电器电路如 QJTC-01 中（64D 继电半自动闭塞原理图）图 1 所示。线路继电器电路的作用是发送和接受闭塞信号。它由正线路继电器 ZXJ 和负线路继电器 FXJ 组成。在每个闭塞区间两端的线路继电器是对称的，每端串联两个线路继电器，ZXJ 接收正极性的闭塞信号，FXJ 接收负极性的闭塞信号。线路继电器之所以采用偏极继电器，是因为偏极继电器具有电流极性的特性。为降低继电器的工作电压，线路继电器两个线圈并联使用。

为了向线路发送正负两种极性的闭塞信号，在线路继电器电路中接有两组 ZDJ 的接点和两组 FDJ 的接点。ZDJ 吸起时向线路上发送正极性的闭塞信号。FDJ 吸起时向线路上发送负极性的闭塞信号。由于 ZDJ 和 FDJ 的两组接点是互相照查的，所以两个继电器同时吸起时，不会向线路上发送任何闭塞信号。

为防护外线混电，电路由 ZDJ 和 FDJ 的双断接点通断电源，因此当一条外线混电时，不会引起线路继电器的错误动作。

闭塞电话与线路继电器电路共用一对外线，为防止直流闭塞信号进入电话机，在闭塞电话电路中串联两个 2 μF 的电容器。

甲站请求向乙站发车，按下 BSA，使 ZDJ 吸起，向乙站送正极性的请求发车信号，使乙站 ZXJ 吸起，励磁电路为：

甲站 ZD—ZDJ32—31—外线 X1—乙站 ZDJ31—33—FDJ21—23—ZXJ1、3—2、4—FXJ2、4—1、3—ZDJ23—21—FDJ33—31—外线 X2—甲站 FDJ31—33—ZDJ21—22—FD

乙站 ZXJ 吸起后，使 HDJ 吸起。甲站松开 BSA，乙站 ZXJ 落下，使 TJJ 吸起，TJJ 吸起后与正在缓放中的 HDJ 共同接通 FDJ 电路，FDJ 吸起后向甲站发送负极性的自动回执信号，使甲站的 FXJ 吸起，励磁电路为：

乙站 ZD—FDJ32—31—外线 X2—甲站 FDJ31—33—ZDJ21—23—FXJ1、3—2、4—ZXJ2、4—1、3—FDJ23—21—ZDJ33—31—外线 X1—乙站 ZDJ31—33—FDJ21—22—FD

乙站同意甲站发车，按下 BSA，由于 TJJ 已吸起，使 BSJ 落下，接通 ZDJ 电路，向甲站发送正极性的同意接车信号，使甲站的 ZXJ 吸起，励磁电路为：

乙站 ZD—ZDJ32—31—外线 X1—甲站 ZDJ31—33—FDJ21—23—ZXJ1、3—2、4—FXJ2、4—1、3—ZDJ23—21—FDJ33—31—外线 X2—乙站 FDJ31—33—ZDJ21—22—FD

列车从甲站出发，驶入进站信号机内方第一个轨道区段时，GDJ 落下，使 BSJ、ZKJ、KTJ 相继落下，在 BSJ 已落下和 KTJ 因 ZKJ 缓放尚未落下时，使 ZDJ 吸起，向乙站发送正极性的出发通知信号，使乙站 ZXJ 吸起，乙站 ZXJ 的励磁电路与请求发车时乙站的 ZXJ 励磁电路一样。

列车到达乙站，乙站在确认整列到达后办理到达复原，按下 FUA，使 FDJ 吸起，向甲站发送负极性的到达复原信号，使甲站 FXJ 吸起，其励磁电路与接收自动回执信号时相同。

取消复原时，甲站按下 FUA 后，使 FDJ 吸起，向乙站发送负极性的取消复原信号，使乙站的 FXJ 吸起，励磁电路为：

甲站 ZD—FDJ32—31—外线 X2—乙站 FDJ31—33—ZDJ21—23—FXJ1、3—2、4—ZXJ2、4—1、3—FDJ23—21—ZDJ33—31—外线 X1—甲站 ZDJ31—33—FDJ21—22—FD

为了引起车站值班员的注意，在收到对方站发来的各种闭塞信号时电铃都鸣响，为此用 ZXJ21—22 或 FXJ21—22 接通电铃电路。

（二）信号发送器电路

信号发送器电路如 QJTC-01（64D 继电半自动闭塞原理图）中图 2 所示。

其作用是发送闭塞信号。它由正电继电器 ZDJ 和负电继电器 FDJ 组成。ZDJ 吸起向闭塞外线发送正极性的闭塞信号；FDJ 吸起向闭塞外线发送负极性的闭塞信号。

QJTC-01

1. ZDJ 电路

ZDJ 吸起向闭塞外线发送请求发车信号、同意接车信号和出发通知信号三种正极性的闭塞信号。

1）请求发车信号

这是闭塞机在定位状态时才能发出的信号，此时 ZDJ 的励磁电路要检查的条件是：

区间空闲，闭塞机在定位状态（BSJ↑）；

双方站未请求发车（HDJ↓）；

本站闭塞机未转到接车状态（TJJ↓）；

本站闭塞机也未转到准备开通状态（ZKJ↓）。

请求发车信号的控制条件是 BSA，当本站值班员按下闭塞按钮时，经过 BSA11-12 接通

ZDJ 励磁电路，ZDJ 吸起后向闭塞外线发送正极性的请求发车信号。

因为 BSA 是自复式按钮，所以当车站值班员松开 BSA 后，即断开 ZDJ 电路。

为了保证电路的可靠动作，要求发送的闭塞信号有足够的长度，故 ZDJ 和 FDJ 电路，共用由电阻 R_1 和电容器 C_1 构成的阻容缓放电路。电容器 C_1 平时经过 ZDJ11-13 和 FDJ11-13 处于充电状态。当 ZDJ 吸起时，经过 ZDJ11-12 使 C_1、R_1 并联在 ZDJ 的线圈上。而当 FDJ 吸起时，经过 ZDJ11-13 和 FDJ11-12 使 C_1、R_1 并联在 FDJ 的线圈上。当 ZDJ 或 FDJ 断电时，C_1 向 ZDJ 或 FDJ 的线圈放电，使其缓放，其缓放时间应不小于 1.6 s。

因 C_1 采用经常充电的方式，所以 ZDJ 和 FDJ 只缓放不缓吸，缓放时间稳定，保证闭塞信号长度的一致，从而不受本站值班员按压按钮时间长短的影响。

ZXJ51-53 和 FXJ51-53 接到信号发送的电路中，其作用是保证闭塞机在接收完对方站发来的闭塞信号后，才能使 ZDJ 或 FDJ 落下，以防止车站值班员抢先办理闭塞时使电路无法动作。

2）同意接车信号

这是在收到对方站的请求发车信号、本站闭塞机转为接车状态后才能发送的信号，此时 ZDJ 的励磁电路要检查一下条件：

闭塞机转为接车状态（TJJ↑）；

车站值班员同意接车，按下 BSA（BSA11-12）；

闭塞机转为闭塞状态（BSJ↓）。

HDJ31-33 是综合电路是并入的，它保证在发送回执信号时断开 ZDJ 的励磁电路，以保证自动回执信号的脉冲长度。当 HDJ 落下时，证实自动回执信号已发完。

3）出发通知信号

这是在列车自发车站出发，进入发车站进站信号机内第一个轨道区段时，闭塞机自动发出的信号，此时 ZDJ 的励磁电路要检查以下条件：

列车出发进入进站信号机内第一个轨道电路区段（GDJ↓）；

闭塞机转入闭塞状态（BSJ↓）。

应该指出的是，在出发通知信号电路中并没有 GDJ 的后接点，它是通过 BSJ21-23 来证明的。因为在发车站的 BSJ 电路中，此时 KTJ 是吸起的，当列车出发进入轨道电路区段时，GDJ 落下，BSJ 才落下。

列车出发通知信号是自动接通和断开的。电路的接通条件是 BSJ21-23，而断开的条件是 KTJ31-32。因为列车出发时，电路动作顺序是 GDJ↓→BSJ↓→ZKJ↓→KTJ↓，且 ZKJ 的线圈上并联电容器 C_2，有一定的缓放时间，当 ZKJ 落下后，KTJ 才落下。所以此时的 ZDJ 电路由 BSJ 的落下来接通，用 KTJ 的落下来断开，以保证 ZDJ 有一定的吸起时间。

2. FDJ 电路

FDJ 吸起向闭塞外线发送自动回执信号、到达复原信号、取消复原信号和事故复原信号等四种负极性的闭塞信号。

1）自动回执信号

这是接车站接收到请求发车信号之后，自动向发车站发送的证实信号，此时 FDJ 的励磁电路要检查的条件是：

本站闭塞机在定位状态（BSJ↑）；

收到请求发车信号（HDJ↑）；

本站闭塞机已转为接车状态（TJJ↑）。

TCJ 第二组接点用来区分是自动回执电路还是到达复原电路。当 TCJ 落下，FDJ 吸起时，向闭塞外线发送的是自动回执信号；当 TCJ 吸起，FDJ 吸起时，向闭塞外线发送的是到达复原信号。这样，可使自动回执和到达复原电路合用一组 HDJ 的前接点。

TJJ21-22 和 HDJ21-22 在电路中起着自动接通和断开自动回执电路的作用。用 TJJ21-22 接通 FDJ 电路，开始发送自动回执信号。HDJ 经过一段时间的缓放后落下，用 HDJ21-22 断开 FDJ 电路，终止发送自动回执信号。

自动回执信号的脉冲长度近似等于 HDJ 和 FDJ 缓放时间之和，起控制作用的是 HDJ 缓放时间的长短。FDJ 吸起后经 FDJ11-12 接通 C_1 放电电路，使 FDJ 有足够的缓放时间。

2）到达复原信号

这是在列车完整到达接车站后，由接车站值班员办理到达复原时发送的信号，此时 FDJ 的励磁电路要检查的条件是：

收到出发通知信号（TCJ↑）；

列车到达本站（HDJ↑）；

列车出清接车站接车进路第一个轨道电路区段（GDJ↑）；

"接车定位条件"是结合车站联锁设备情况，用能证实接车进路解锁的继电器接点来接通：本站值班员办理到达复原，按下 FUA。

TJJ21-23 接点，是为了进一步证实列车已从对方站出发而加入的。TCJ 第二组接点和 TJJ 第二组接点是区分电路用的，加入这两个条件后，自动回执电路和到达复原电路可共用一组 HDJ21-22 接点。

3）取消复原信号

这是在本站请求发车后和列车尚未出发之前由车站值班员办理取消闭塞时发送的信号，此时 FDJ 的励磁电路要检查的条件是：

本站办理请求发车并收到自动回执信号（BSJ↑和 ZKJ↑）；

出站信号机未开放（XZJ↑）；

本站值班员办理取消复原按下 FUA（FUA11-12）。

为了防止列车出发后，进入发车轨道电路之前，行驶在电路无法检查的"危险区段"（存在于非集中联锁车站）上时错误地取消闭塞，造成列车在没有闭塞的情况下进入区间，FDJ 为取消复原而励磁的电路里要检查 XZJ 前接点。

"接车定位条件"不是本电路的必要条件，是合并电路时加入的。

4）事故复原信号

这是当闭塞机发生故障不能正常复原，而办理事故复原时发送的信号。因为故障情况可能随时发生，所以在事故复原电路中，除 ZXJ 和 FXJ 后接点外，不检查任何条件，只要车站值班员按下事故按钮（SGA11-12），即可构成 FDJ 的励磁电路。

松开 SGA，FDJ 落下。

3. 发车接收器电路

发车接收器电路的作用是记录发车站闭塞机的状态。它由选择继电器 XZJ、准备开通继电器 ZKJ 和开通继电器 KTJ 组成。

1）XZJ 电路

XZJ 电路有两个作用：一是区分自动回执信号和复原信号（到达复原、取消复原、事故复原）；二是请求发车后检查出站信号机是否开放。XZJ 电路如 QJTC-01（64D 继电半自动闭塞原理图）中图 3 所示。

QJTC-01

自动回执信号和复原信号都是从对方站发来的负极性脉冲，为了区分这两种代表不同意义的负极性信号，在 ZKJ 和 FUJ 电路分别检查 XZJ31-32 和 XZJ61-63.XZJ 吸起时，通过 XZJ31-32 证明接收的是自动回执信号；而 XZJ 落下时，通过 XZJ61-63 证明接收的是复原信号。

XZJ 是当办理请求发车时经过 ZDJ42-41 吸起的，然后经 XZJ11-12 自闭，并一直保持到收到同意接车信号 KTJ 吸起和车站值班员开放出站信号机后，才落下。开放出站信号机前，XZJ 吸起，允许调车和取消闭塞；出站信号机开放后，XZJ 落下，则不允许调车和取消闭塞。这样，在出站信号机开放前后，闭塞机状态就有了一个变化。

当本站办理取消复原时，用 FDJ61-63 断开 XZJ 电路；当对方站办理事故复原时，用 FUJ31-33 断开 XZJ 电路。

当一个区间两端的车站值班员同时办理请求发车，按下 BSA 时，两站的 XZJ 都能吸起并自闭，但是由于两个正极性的闭塞信号在外线相顶，双方都收不到自动回执信号。在这种情况下，如某站再次办理请求发车，接车站在发送自动回执信号时，FDJ 吸起，用其第六组后接点断开 XZJ 的自闭电路，使 XZJ 落下。

若在因故障收不到对方站发来的自动回执信号的情况下办理事故复原时，也是用 FDJ61-63 断开 XZJ 自闭电路。

电路中的 BSJ31-32 是与 ZKJ 共用的，它表明只有闭塞机在定位状态（BSJ 吸起）时，才能办理请求发车，XZJ 才能吸起。

XZJ 要有一定的缓放时间。是因为在办理取消复原时，FDJ61-63 接点一断开，XZJ 就要落下，这样 XZJ21-22 将切断 FDJ 的励磁电路，为使 FDJ 可靠吸起，XZJ 应缓放。为此在 XZJ 的线圈上并联 C_3、R_3 缓放电路。

2）ZKJ 电路

ZKJ 电路如 QJTC-01（64D 继电半自动闭塞原理图）中图 3 所示。其作用是接收自动回执信号。当收到自动回执信号时，ZKJ 吸起并自闭，将闭塞机转至准备开通状态。

ZKJ 的励磁条件是：

区间空闲，闭塞机在定位状态（BSJ↑）；

本站已办理请求发车（XZJ↑）；

收到了对方站的自动回执信号（FXJ↑）。

吸起后经 ZKJ11-12 自闭。

QJTC-01

ZKJ 的失磁条件是：列车出发，区间闭塞时由 BSJ31-32 断开其自闭电路，或本站办理取消复原时，用 FDJ61-63 断开自闭电路。

在办理取消复原时，用的是 FDJ 的后接点，而不用 FUJ 的后接点来断开 ZKJ 的自闭电路。这是因为在请求发车后办理取消复原时，FDJ 吸起后即向对方站发送取消复原信号，而本站的 FUJ 要经过 FDJ61-62 才能吸起。如果本站的 FUJ 电路因故障不能吸起，则若用 FUJ 后接点时即不会使 ZKJ 落下，这就发生对方站闭塞机复原，本站闭塞机仍保留着发车条件的故障，这不符合"故障—安全"原则。而用 FDJ61-63 断开 ZKJ 的自闭电路，就防止了上述故障，保证在办理取消复原时双方闭塞机工作的一致性。

ZKJ 要求有一定的缓放时间（不小于 0.32 s）以保证办理取消复原时使 FDJ 可靠吸起，这和 XZJ 的缓放要求是相似的。ZKJ 的缓放还有另一个作用，即当列车出发时，因 BSJ 先落下，ZKJ 缓放，使 KTJ 也缓放，这样才能通过 BSJ21-23 和 KTJ31-32 构成 ZDJ 励磁电路，从而能可靠发送列车出发通知信号，并使之有足够的长度。

3）KTJ 电路

KTJ 电路的作用是接收对方站发来的同意接车信号，并将闭塞机转到开通状态。其电路如 QJTC-01（64D 继电半自动闭塞原理图）中图 3 所示。其励磁条件是：

闭塞机收到自动回执信号（ZKJ↑）；

闭塞机收到同意接车吸信号（ZXJ↑）；

半自动闭塞用轨道电路良好（GDJ↑）；

吸起后经 KTJ11-12 自闭。

QJTC-01

KTJ 的失磁条件和 ZKJ 的一样，所以当 ZKJ41-42 断开时，KTJ 也落下。

在发车接收器电路中 XZJ、ZKJ 和 KTJ 按办理闭塞的顺序依次动作，保证了两站间在区间空闲、电路动作正常的情况下，必须往返三次不同极性的闭塞信号时，发车站闭塞机才能表示"区间开通"，从而提高了发车接收器电路的抗干扰能力。

4. 接车接收器电路

接车接收器电路的作用是记录接车站闭塞机的状态。它由回执到达继电器 HDJ，同意接车继电器 TJJ 和通知出发继电器 TCJ 组成。

1）HDJ 电路

HDJ 电路如 QJTC-01（64D 继电半自动闭塞原理图）中图 4 所示。它有两个作用：一是接收对方站发来的请求发车信号，与 TJJ 一起构成自动回执信号电路；二是记录列车到达。因为这两个作用不是同时完成的，所以可由

QJTC-01

一个继电器来兼用，而设计两组电路，用 TCJ 第五组接点来区分这两组电路。在收到列车出发通知信号之前，因 TCJ 落下，此时 HDJ 吸起作为发送回执信号之用；而在收到列车出发信号之后，因 TCJ 吸起，此时 HDJ 吸起作为记录列车到达之用。

HDJ "自动回执"电路的励磁条件是：

区间空闲（BSJ↑）；

收到对方站的请求发车信号（ZXJ↑）。

电路中的 ZKJ51-53 是为了区别请求发车信号和同意接车信号用的，因为两者都使 ZXJ 吸起，这样当发车站闭塞机转到准备开通状态之后，再收到同意接车信号时，由于 ZKJ51-53 断开，所以不会错误构成 HDJ 电路。

随着请求发车信号的终止，ZXJ 落下，HDJ 依靠 C_2 和 R_2 组成的电路缓放。在 HDJ 落下后，停止发送自动回执信号。

HDJ "到达"电路的励磁条件是：

收到列车出发通知信号（TCJ↑）

接车进路已建立；

列车到达进入进站信号机内第一个轨道电路区段（GDJ↓）。

HDJ 吸起后自闭。

在办理到达复原时，TCJ 落下后断开 HDJ 自闭电路，HDJ 落下。

在 HDJ 的"到达"电路中加入了 TJJ51-53 接点，其作用是，因为 GDJ 在 TCJ 吸起后才能吸起，如果在 HDJ 的"到达"电路中没有 TJJ51-53 接点，那未在列车出发前，接车站过早地开放进站信号机，则在 TCJ 吸起后 GDJ 尚未吸起之前，会使 HDJ 错误吸起，造成列车虚假到达的故障。加入 TJJ51-53 接点后，它们的动作顺序是 TCJ↑→GDJ↑→TJJ↓。由于 TCJ 吸起后 GDJ 尚未吸起时，TJJ 处于吸起状态，即防止了上述错误。

电路中接有"接车反位条件"，是为了在进站信号机未开放前，可以利用正线进行调车作业，此时 HDJ 不会吸起。

对 HDJ 要求有一定的缓放时间（不小于 0.6 s）。因为在接收请求发车信号时，HDJ 经 ZXJ11-12 吸起，当请求发车信号终了，ZXJ 落下时，则断开 HDJ 的励磁电路，但是要用 ZXJ11-13 和 HDJ61-62 构成 TJJ 的励磁电路，而用 TJJ21-22 吸和 HDJ21-22 构成 FDJ 的励磁电路发送自动回执信号，因此为了使 TJJ 可靠吸起，并可靠地发送自动回执信号，要求 HDJ 缓放。它是通过在 HDJ 的线圈上并联 C_2、R_2 而实现的。C_2、R_2 是与 ZKJ 共用的，用 ZKJ 的第八组接点来区分。

2）TJJ 电路

TJJ 电路如 QJTC-01（64D 继电半自动闭塞原理图）中图 4 所示。其作用是接收请求发车信号。TJJ 吸起后将闭塞机转为接车状态，并为发送同意接车信号做好准备。

TJJ 的励磁条件是：

闭塞机在定位状态（BSJ↑）；

收到请求发车信号（HDJ↑）；

请求发车信号结束（ZXJ↓）；

吸起后经 TJJ81-82、TJJ11-12 自闭。

QJTC-01

TJJ 的失磁条件是：收到对方站的列车出发通知信号，用 GDJ11-13 落下断开其自闭电路。收到对方站的取消复原信号，用 FUJ51-53、FUJ61-63 落下断开自闭电路。

在 TJJ 的励磁电路中，加入 FUJ61-63 接点，是防止在办理到达复原时，因 BSJ 吸起后，HDJ 落下前，使 TJJ 错误吸起。

在 TJJ 的自闭电路中，加入 FUJ61-63 接点的作用是：在发车站办理请求发车以后（FBD 亮黄灯），办理取消复原时，用以切断 TJJ 的自闭电路。加入 BSJ51-53 接点的作用是，在接车站办理同意接车后，（JBD 亮绿灯时），发车站办理取消复原时，使街车站的 FBD 不闪红灯。因此，接车站的 FUJ 先吸起，在 BSJ 尚未吸起的瞬间 TJJ 会落下，使 FBD 闪红灯。若加入 BSJ51-53 接点后，在上述情况下，TJJ 就不会落下，当 BSJ 吸起后，才断开 TJJ 的自闭电路，从而避免了 FBD 闪红灯的现象。

在 TJJ 的电路中，TJJ81-82 接点的作用是：防止 TJJ 的自闭电路断线后，由于车站值班员错误办理闭塞而使两站闭塞机错误复原。当发车站办理请求发车收到自动回执信号后 FBD 亮黄灯，由于接车站的 TJJ 自闭电路断线而不能自闭，所以在发完自动回执信号后，TJJ 落下，JBD 无显示。如果接车站此时办理请求发车，XZJ 吸起自闭，其请求发车信号送到发车站后变成了同意接车信号，使发车站的 FBD 亮绿灯。发车站办理发车进路开放出站信号机，列车出发进入发车站进站信号机内方第一个轨道区段时，FBD 亮红灯，并向接车站发送列车出发通知信号。由于接车站的 BSJ 仍处在吸起状态，所以使列车出发通知信号变成请求发车信号，并向发车站送出自动回执信号，而接车站的 TJJ 吸起后不再自闭而落下。由于发车站的 BSJ 在列车出发时已落下，此时在收到自动回执信号后，因 FUJ 的吸起又使其吸起，FBD 红灯熄灭，闭塞机复原。如果发车站值班员继续错误办理请求发车，接车站在发送自动回执信号时，因 FDJ 的吸起切断了 XZJ 的自闭电路使其落下，而 TJJ 吸起后因不能自闭又落下，此时接车站的闭塞机复原，发车站的 FBD 亮黄灯。若发车站值班员再次错误办理取消闭塞，则造成列车在区间运行时两站闭塞机均恢复定位，这绝不能允许。为此，在 TJJ 励磁电路中的 HDJ61-62 接点上并联 TJJ81-82，构成另一条自闭电路。这样，如果 TJJ 的自闭电路断线，则 TJJ 会经过 BSJ51-52、ZXJ11-13、TJJ81-82 和 FUJ61-63 而保持自闭。当接车站值班员办理同意接车时，由于 BSJ 的落下而使 TJJ 也落下，使故障导向安全。

3）TCJ 电路

TCJ 电路如 QJTC-01（64D 继电半自动闭塞原理图）中图 4 所示。其作用是接收列车出发通知信号。

励磁条件是：

闭塞机在接车闭塞状态（BSJ↓、TJJ↑）；

收到出发通知信号（ZXJ↑）；

吸起后经 TCJ11-12 自闭；

当闭塞机恢复时，用 BSJ41-43 断开自闭电路。

在收到列车出发通知信号后，如果接车站轨道电路发生故障，TCJ 吸起后 GDJ 未吸起，则 TJJ 不会落下。此时经过 TCJ11-12、TJJ62-61、FXJ23-21 接通电铃电路，使电铃连续鸣响，发出报警，以便在列车到达前及时修复轨道电路。

QJTC-01

5. 闭塞继电器电路

闭塞继电器 BSJ 电路的作用是反映区间的闭塞状态。BSJ 吸起时，表示区间空闲，闭塞机在定位状态；BSJ 落下，表示区间闭塞，闭塞机在闭塞状态。

BSJ 电路如 QJTC-01（64D 继电半自动闭塞原理图）中图 5 所示。BSJ 平时处于吸起并经过 BSJ11-12、TJJ41-43、KTJ41-43 自闭。

作为发车站，当办理发车后，列车出发进入进站信号机内方第一个轨道电路区段时，BSJ 落下。

QJTC-01

BSJ 的失磁条件是：

出站信号机已开放，由 XZJ41-42 断开一条电路；

列车出发进入进站信号机内第一个轨道电路区段，由 GDJ41-42 断开另一条电路。

作为接车站，办理接车时，BSJ 的失磁条件是：

收到请求发车信号，由 TJJ41-43 断开一条电路；

车站值班员同意接车按下 BSA，由 BSA21-23 断开另一条电路。

在办理接车，为了防止车站值班员过早按下 BSA 影响自动回执信号的发送，将 FDJ41-42 和 HDJ41-42 接点并联在 BSA21-23 接点上，从而保证了在发送自动回执信号期间，即使车站值班员过早地按下 BSA，也不会使 BSJ 落下，不影响发送自动回执信号。

在 BSJ 的自闭电路中，KTJ42 与 GDJ43 相连，KTJ43 与 GDJ41 相连，在两接点上再并联 XZJ41-42。这样连接可使 BSJ 在平时未办理闭塞或已办理闭塞出站信号机开放后，其自闭电路均接通。当列车出发进入进站信号机内方第一个轨道电路区段时，才断开 BSJ 自闭电路。当列车运行在无联锁区段（对电锁器联锁车站而言）时，任何一盒继电器断线落下，都能达到"故障—安全"要求。如 BSJ 断线，直接使闭塞机闭塞；GDJ 断线，相当于列车出发进入轨道电路区段，也使闭塞机闭塞；ZKJ 断线，使 KTJ 和 GDJ 都落下；KTJ 断线时，即使 BSJ 不落下，出站信号机已关闭，XZJ 早已落下，发车站不能办理取消复原，也不能再办理发车手续。这样就保证了安全。

另外，这种接法避免了发车站在请求发车后（FBD 亮黄灯）办理取消复原时，FBD 闪红灯的现象。如果 KTJ43 与 GDJ43 相连，当发车站 ZKJ 吸起后办理取消复原，若 XZJ 缓放时间不足，会使 BSJ 瞬时落下，造成 FBD 闪红灯。

在 BSJ 电路中加入 XZJ41-42 接点的作用，是在收到同意接车信号但出站信号机未开放之前，进行站内调车作业时车列进入发车轨道电路区段时，GDJ 落下，BSJ 仍保持吸起，不影响闭塞机的工作。

当本站或对方站办理复原时，由于 FUJ 吸起，使 BSJ 吸起并自闭。

6. 复原继电器电路

复原继电器 FUJ 电路的作用是用来使闭塞机复原，其电路图如 QJTC-01（64D 继电半自动闭塞原理图）中图 6 所示。

它的励磁有如下 4 种情况：

（1）对方站办理复原（取消复原时本站为接车站，到达复原时本站为发车站）时 FUJ 的励磁条件为：

收到对方站发来的负极性脉冲（FXJ↑）；

QJTC-01

并证实此负极性脉冲是复原信号而不是自动回执信号（XZJ↓）；

电路中 TCJ61-63 接点的作用是为了保证接车站收到列车出发通知信号（TCJ↑）后，区间有列车运行时，即使发车站送来复原信号或外线上有负极性脉冲干扰（FXJ↑），也不能使接车站 FUJ 吸起，以保证列车在区间运行的安全。

（2）在本站办理到达复原（本站为接车站）或取消复原（本站为发车站）时，FUJ 的励磁条件为：

车站值班员按下 FUA，使 FDJ 吸起（FDJ61-62）；

办理到达复原时，GDJ61-62 表示列车出清接车站进站信号机内方第一个轨道电路区段；而在办理取消复原时，GDJ61-62 表示列车在发车站尚未出发；

吸起后经 FUJ11-12 自闭。FDJ 落下后使 FUJ 复原。

（3）在本站办理事故复原时，车站值班员按下 SGA，FDJ 吸起后，FUJ 即吸起。

FUJ 吸起后经 FUJ11-12 自闭，直到 FDJ 落下后 FUJ 才落下。由于 FDJ 有足够的缓放时间，所以车站值班员在办理复原时，只要按下 SGA 即可，不必过长。

（4）为中途折返列车复原用的励磁条件

当在路用列车或机外调车需越出进站信号机占用区间时，车站值班员都应该按照发车手续办理闭塞，然后开放出站信号机。当路用列车或机外调车进入区间后，两站闭塞机闭塞。

待路用列车或调车车列返回到本站时，由本站值班员确认后，按下 SGA 使 FUJ 吸起，办理事故复原。此时对方站的 TCJ 已吸起，为使对方站的闭塞机复原，需要对方站车站值班员在听到电铃声时按下 FUA。然后通过 TCJ61-62 和 FUA21-22 使 FUJ 吸起，从而使闭塞机复原。

7. 轨道继电器电路

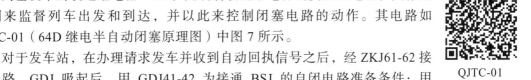

闭塞机中的轨道继电器 GDJ，是现场轨道继电器的复示继电器，其作用是用来监督列车出发和到达，并以此来控制闭塞电路的动作。其电路如 QJTC-01（64D 继电半自动闭塞原理图）中图 7 所示。

QJTC-01

对于发车站，在办理请求发车并收到自动回执信号之后，经 ZKJ61-62 接通电路。GDJ 吸起后，用 GDJ41-42 为接通 BSJ 的自闭电路准备条件；用 GDJ71-72 使 FBD 亮黄灯。当列车进入发车站进站信号机内方第一个轨道电路区段时，GDJ 落下，以监督列车出发。

对于接车站，在收到列车出发通知信号之后，经 TCJ41-42 接通电路。此时 GDJ 吸起后，用 GDJ11-13 断开 TJJ 的自闭电路；在 FDJ 和 FUJ 电路中，用 GDJ21-22 和 GDJ61-62 监督列车出清轨道电路区段，以便办理到达复原。当列车进入进站信号机内方第一个轨道电路区段时，GDJ 落下，在 HDJ 电路中，用 GDJ51-53 监督列车到达。

8. 表示灯电路

表示灯电路的作用是用于表示闭塞机的各种状态。发车表示灯 FBD 和接车表示灯 JBD 电路如 QJTC-01（64D 继电半自动闭塞原理图）中图 8 所示。

QJTC-01

FBD 有如下 5 种状态：

定位状态：BSJ↑，无表示；

请求发车：BSJ↑，GDJ↑，亮绿灯；

区间开通，BSJ↑，KTJ↑，亮绿灯；

发车闭塞，BSJ↓，亮红灯；

列车到达：作为接车站时，TCJ↑，HDJ↑，亮红灯。

JBD 有如下 4 种状态：

定位状态：BSJ↑，无表示；

邻站请求发车：BSJ↑，TJJ↑，亮黄灯；

同意接车：BSJ↓，TJJ↑，亮绿灯；

接车闭塞：TCJ↑，亮红灯。

表示灯电路中每个接点的作用如下：

在办理接车时，必须保证 FBD 灭灯，为此在 FBD 的三个点灯电路都检查了 TCJ 和 TJJ 的后接点。当收到发车站的请求发车信号时，和向发车站发送同意接车信号时，用 TJJ 后接点切断 FBD 的点灯电路；当收到发车站的列车出发通知信号时，用 TCJ 后接点切断 FBD 的点灯电路。为了简化表示灯电路，在列车到达时 JBD 和 FBD 都亮红灯，此时经过 TCJ71-72 和 HDJ71-72 接通 FBD 的红灯电路。

在接车站，当收到列车出发通知信号时，TCJ 吸起后使 JBD 亮红灯，表示列车已从对方站出发。而在 JBD 亮黄灯或绿灯时，为了保证列车未出发，所以须检查 TCJ 的后接点和 TJJ

的前接点。为了防止接车站值班员在办理接车时过早地按下 BSA，在 JBD 的黄灯电路中加入 HDJ51-53，以保证在发完自动回执信号 JBD 亮黄灯后，当车站值班员看到亮黄灯时再按下 BSA，向对方站发送同意接车信号。

在发车站，为了在办理请求发车后，能随时监督轨道电路的状态，以免影响发车，在 FBD 的黄灯电路中检查 GDJ 的前接点。

二、64D 型继电半自动闭塞电路状态分析

继电半自动闭塞是以继电器电路来实现分界点之间联系的半自动闭塞。半自动闭塞发送、接收、记录各种状态以及控制开放出站信号都需要采用继电器来完成。64D 继电半自动闭塞发送两种不同的极性脉冲，采用了两个继电器：一个用来发送正极性脉冲，称为正电继电器，用 ZDJ 表示；另一个用来发送负极性脉冲，称为负电继电器，用 FDJ 表示。为了接收正、负极性的脉冲，采用了两个偏极继电器：接收正脉冲的称正线路继电器。用 ZXJ 表示；接收负脉冲的称负线路继电器，用 FXJ 表示。

为了对继电半自动闭塞电路构成原理有所了解，按照办理行车闭塞顺序设定各种状态来阐述。

下面以正常办理过程为例来阐述各种状态及其主要继电器的动作。

零状态：这一状态为区间空闲，闭塞机定位的正常状态。为了区分闭塞机定位还是区间有列车占用，需要用一个继电器来表示，这个继电器称为闭塞继电器 BSJ。为了实现"故障—安全"，闭塞机在正常状态时 BSJ 为吸起。零状态就是以闭塞继电器 BSJ 吸起，其他继电器落下来表示。

第一状态：发送和接收"请求发车"信息。

发车站为了发送"请求发车"正信息，需按压闭塞按钮 BSA，只要闭塞机处于零状态，即可使正电继电器 ZDJ 吸起，向线路发送正脉冲。为了在发出正信息后，使闭塞机由零状态转为第一状态，准备接收自动回执信息，用选择继电器 XZJ 的吸起记录这一状态。接车站用正线路继电器 ZXJ 的吸起接收到"请求发车"正信息后，为了记录这一状态并编制"自动回执"负信息，设置了回执到达继电器 HDJ（并兼做列车到达记录用）。

第一状态的终止是：发车站 BSJ↑，XZJ↑，其他继电器落下；接车站 BSJ、HDJ，其他继电器落下。

第二状态：发送和接收"自动回执"信息。

接车站接收到"请求发车"正信息后即 ZXJ。为编制和记录"回执信息"，使用了同意接车继电器 TJJ，它的吸起记录了这一状态，并与回执到达继电器 HDJ 的缓放编制出"自动回执"信息。HDJ 落下后自动终止回执信息。

发车站接收到"自动回执"负信息（负线路继电器 FXJ）后，为了记录这一信息，使用了准备开通继电器 ZKJ。ZKJ 继电器吸起准备接收"同意接车"信息，并启动轨道复示继电器 GDJ 工作。

第二状态的终止是：发车站 BSJ、XZJ、GDJ 吸起；接车站 BSJ、TJJ 吸起。

第三状态：发送和接收"同意接车"信息。

接车站值班人员同意接车，必须按压闭塞按钮 BSA，为了记录这一步，可以使闭塞继电器 BSJ 落下，并用 BSJ 的后接点编制出"同意接车"正信息。闭塞继电器 BSJ 落下，说明接车站已经交出了发车权，不能再办理发车手续。

在发车站，为了记录收到的"同意接车"正信息，需要使用一个开通继电器 KTJ，用 KTJ 的吸起条件构成开放出站信号机的联锁条件。

第三状态的终止是：发车站 BSJ、XZJ、ZKJ、GDJ、KTJ 均吸起；接车站只有 TJJ 吸起。

第四状态：发送和接收列车"通知出发"信息。

在发车站，列车出发必须开放出站信号机，采用选择继电器 XZJ 的落下记录出站信号机的开放，并使发车站不能再办理取消闭塞（对于非电气集中联锁车站）。

当列车出发进入短小轨道电路时，轨道继电器 GJ 落下，轨道复示继电器 GDJ 也落下，自动关闭出站信号机，并切断闭塞继电器 BSJ 的励磁电路，BSJ 落下，实现区间占用表示。用 BSJ 后接点和准备开通继电器 ZKJ 的缓放编制出"通知出发"正信息。

在接车站，为了记录"通知出发"正信息，采用了一个通知出发继电器 TCJ，并用其前接点接通轨道复示继电器 GDJ 电路，准备接车进路。GDJ 吸起切断 TJJ 的励磁电路。

第四状态的终止是：发车站全部继电器落下；接车站 TCJ 和 GDJ 吸起。

第五状态：列车到达，并发送和接收"解除闭塞"信息。

在接车站，开放进站信号机，列车进入短小轨道电路使 GDJ 落下。当列车尾部出清轨道电路时 GDJ 又吸起，说明列车已全部进入车站，为了记录这一状态，采用了回执到达继电器 HDJ。

列车到达接车站，车站值班员确认列车完全到达后，拉出 BSA（或按下 FUA），编制出"解除闭塞"信息，并使本站复原继电器 FUJ 励磁吸起，使闭塞机恢复正常状态。

在发车站，收到"解除闭塞"负信息后，复原继电器 FUJ 的吸起记录了这一状态，并使闭塞机恢复正常状态。

第五状态的终止是：两站闭塞机恢复正常状态，两站的闭塞继电器 BSJ 都励磁吸起。

对于取消复原和事故复原时各继电器的动作及结果，可参考上述分析过程自行归纳。

三、64D 型继电半自动闭塞在办理过程中的动作分析

64D 型继电半自动闭塞机在定位状态时，除 BSJ 吸起外，其他继电器均处于落下状态；两站的发车表示灯 FBD 和接车表示灯 JBD 都熄灭。为了便于叙述，以甲站为发车站、乙站为接车站，按办理闭塞手续的顺序说明电路动作程序。

（一）正常办理

1. 甲站请求向乙站发车

甲站请求向乙站发车的电路动作程序如 QJTC-02（64D 型继电半自动闭塞办理及电路动作程序）所示。

QJTC-02

单线继电半自动闭塞，由于相邻两站间的区间用一对闭塞机。因此在闭塞电路设计上，即可既为发车站，又可作为接车站使用。当甲站先按下闭塞按钮时，甲站就成为发车站，而乙站则成为接车站；反之亦然。

甲站要向乙站发车，甲站值班员按下 BSA，此时甲站的 ZDJ 吸起。ZDJ 吸起后，一方面使本站的 XZJ 吸起并自闭，给电容器 C_3 充电；另一方面向乙站发送一个正极性脉冲的请求发车信号，使乙站的 ZXJ 吸起。

在乙站，ZXJ 吸起后，一方面接通电铃电路，使电铃鸣响；另一方面使 HDJ 吸起，并给电容器 C_2 充电。

当甲站值班员松开 BSA 后，ZDJ 因电容器 C_1 的放电而缓慢落下后，请求发车信号结束，使乙站的 ZXJ 落下，电铃停响，并断开了 HDJ 的励磁电路。在 ZXJ 落下和 HDJ 缓放的时间里接通了 TJJ 电路，使 TJJ 吸起并自闭。TJJ 吸起后与 HDJ 共同接通 FDJ 的励磁电路，FDJ 吸起后向甲站发送一个负极性脉冲的自动回执信号。

在甲站，当收到自动回执信号时 FXJ 吸起。FXJ 吸起后，一方面使电铃鸣响，另一方面经 XZJ 的前接点使 ZKJ 吸起并自闭。ZKJ 吸起后一方面给电容 C_2 充电，另一方面接通了 GDJ 的励磁电路，使 FBD 亮黄灯，表示请求发车。

在乙站，当 HDJ 缓放落下后，一方面断开了 FDJ 的励磁电路，当 FDJ 因电容器 C_1 的放电而缓放落下后，结束自动回执信号；另一方面使 JBD 亮黄灯，表示对方站请求发车。

至此，甲站闭塞机中有 BSJ、XZJ、ZKJ 和 GDJ 吸起，FBD 亮黄灯，表示本站请求发车；乙站闭塞机中有 BSJ 和 TJJ 吸起，JBD 亮黄灯，表示邻站请求发车。

2. 乙站同意甲站发车

乙站同意甲站发车的电路动作程序如 QJTC-02（64D 型继电半自动闭塞办理及电路动作程序）所示。

QJTC-02

乙站值班员看到接车表示灯亮黄灯，待电铃停止鸣响后，按下 BSA，表示同意接车。此时由于乙站的 TJJ 已吸起，所以使 BSJ 落下。BSJ 落下后，一方面使 JBD 亮绿灯，另一方面接通 ZDJ 电路。ZDJ 吸起后，向甲站发送一个正极性脉冲的同意接车信号。

在甲站，当收到同意接车信号后，ZXJ 吸起，一方面接通电铃电路使之鸣响，另一方面接通 KTJ 电路，使 KTJ 吸起并自闭，且接通 FBD 的绿灯电路，使其亮绿灯，表示邻站同意发车。

当乙站值班员松开 BSA 后，ZDJ 经电容器 C_1 放电而缓放落下后，停止发送同意接车信号，使甲站的 ZXJ 落下。

至此，甲站有 BSJ、XZJ、ZKJ、KTJ、GDJ 吸起，FBD 亮绿灯；乙站只有 TJJ 吸起，JBD 亮绿灯，表示从甲站至乙站方向的区间开通。

3. 列车从甲站出发

列车从甲站出发的电路动作程序如 QJTC-02（64D 型继电半自动闭塞办理及电路动作程序）所示。

QJTC-02

甲站值班员看到发车表示灯亮绿灯，即可办理发车进路，开放出站信号机，此时 XZJ 落下。当列车出发驶入出站信号机内，出站信号机自动关闭。当列车驶入进站信号机内方第一个轨道区段时，由于 GDJ 落下，使 BSJ、ZKJ 和 KTJ 相继落下。因为 ZKJ 的缓放，其落下后才使 KTJ 落下，所以在 BSJ 已落下和 KTJ 尚未落下的时间里，使 ZDJ 吸起，向乙站发送一个正极性脉冲的出发通知信号。

在乙站，收到出发通知信号后，使 ZXJ 吸起并接通 TCJ 励磁电路，使 TCJ 吸起并自闭。TCJ 吸起后又使 GDJ 吸起，准备接车。GDJ 吸起后断开了 TJJ 的自闭电路，使 TJJ 落下。

至此，甲站的继电器全都落下，FBD 亮红灯；乙站只有 TCJ 和 GDJ 吸起，JBD 亮红灯。表示两站闭塞机转入"区间闭塞"状态，甲站到乙站方向的区间闭塞，并有一列列车占用。

4. 列车到达乙站

列车到达乙站时的电路动作程序如 QJTC-02（64D 型继电半自动闭塞办理及电路动作程序）所示。

QJTC-02

乙站值班员看到接车表示灯由绿灯亮为红灯，电铃鸣响后，表明列车已由甲站开出，应及时建立接车进路，开放进站信号机，准备接车。当列车到达乙站，进入乙站进站信号机内方第一个轨道区段时，由于 GDJ 落下，使 HDJ 吸起并自闭，发车表示灯 FBD 亮红灯。此时，乙站进站信号机自动关闭。列车出清该轨道区段后，GDJ 重新吸起。

至此，乙站有 TCJ、GDJ 和 HDJ 吸起，JBD 和 FBD 都亮红灯，表示列车到达。甲站闭塞机状态无变化，FBD 仍亮红灯。

5. 到达复原

乙站办理到达复原时的电路动作程序如 QJTC-02（64D 型继电半自动闭塞办理及电路动作程序）所示。

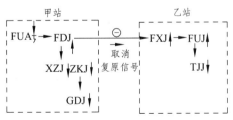

QJTC-02

列车全部进入乙站股道后，接车进路解锁。乙站值班员在确认列车完整到达后，按下 FUA，办理到达复原。此时乙站的 FDJ 吸起，FDJ 吸起后，一方面接通本站的 FUJ 电路，另一方面向甲站发送一个负极性脉冲的到达复原信号。

在乙站，由于 FUJ 吸起，使 BSJ 吸起并自闭。BSJ 吸起后，使 TCJ、GDJ 和 HDJ 相继落下，JBD 和 FBD 的红灯熄灭。

在甲站，当收到到达复原信号时，FXJ 吸起，它一方面接通电铃电路使之鸣响，另一方面使 FUJ 吸起。FUJ 吸起后又使 BSJ 吸起并自闭，使 FBD 红灯熄灭。

至此，甲乙两站闭塞机中只有 BSJ 吸起，两站的接、发车表示等均熄灭，两站闭塞机恢复定位状态，表示区间空闲。

办理取消复原可分为三种情况，它们的电路动作程序如下：

甲站收到自动回执信号，FBD 亮黄灯之后；当甲站请求发车之后，乙站同意接车之前，FBD 亮黄灯时，如果乙站不同意甲站发车，或甲站需要取消发车时，经双方联系后，可由甲站值班员按下复原按钮办理取消复原。

此时在甲站闭塞机中有 BSJ、XZJ、ZKJ 吸起并自闭，GDJ 也已吸起，FBD 亮黄灯；乙站有 BSJ 和 TJJ 吸起并自闭，JBD 亮黄灯。甲站值班员办理取消复原时的电路动作程序如图 1-5 所示。

图 1-5　甲站 FBD 亮黄灯后办理

在甲站，当甲站值班员按下 FUA 后，当 FDJ 吸起，FDJ 吸起后，用他的后接点断开 ZKJ 和 XZJ 的自闭电路；用 ZKJ 的前接点断开 GDJ 电路；用 GDJ 的前接点断开 FBD 的黄灯电路。同时，经 FDJ 前接点，通过外线向乙站发送一个负极性的取消复原信号。

在乙站，当收到负极性的取消复原信号时，FXJ 吸起。FXJ 吸起后使电铃鸣响，同时接通 FUJ 励磁电路。FUJ 吸起后，用 FUJ 的后接点断开 TJJ 的自闭电路；TJJ 落下后，又用其前接点断开 JBD 的黄灯电路。

至此，两站闭塞机中只有 BSJ 吸起，表示灯都熄灭，闭塞机恢复定位。

甲站收到同意接车信号，FBD 亮绿灯，尚未开放出站信号机之前。此时，需要取消闭塞，经两站值班员联系后，由甲站值班员按下 FUA，办理取消复原。

在这种情况下，甲站闭塞机中除 BSJ、XZJ、ZKJ 和 GDJ 吸起外，尚有 KTJ 吸起，FBD 亮绿灯。乙站闭塞机中只有 TJJ 吸起，JBD 亮绿灯。此时办理取消复原的电路动作程序如图 1-6 所示。

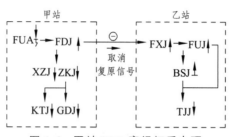

图 1-6　甲站 FBD 亮绿灯后办理

当甲站值班员按下 FUA 时，使 FDJ 吸起。FDJ 吸起后，用其后接点段开 ZKJ 和 XZJ 的自闭电路；ZKJ 落下后，用其前接点断开 KTJ 的自闭电路和 GDJ 电路。KTJ 落下后，用其前接点断开 FBD 绿灯电路，FBD 熄灭。

在乙站，当收到取消复原信号时，FXJ 吸起。FXJ 吸起后，使电铃鸣响，同时使 FUJ 吸起。FUJ 吸起后，使 BSJ 吸起并自闭。用 BSJ 的后接点断开 TJJ 的自闭电路和 JBD 的绿灯电路，JBD 熄灭。

至此，两站闭塞机中只有 BSJ 吸起，表示灯都熄灭，闭塞机恢复定位。

在电气集中联锁车站，甲站开放出站信号机之后，列车尚未出发之前。

在这种情况下要取消闭塞时，需经两站值班员电话联系后，确认列车未出发，甲站值班员先人工解锁发车进路。在出站信号机关闭，发车进路解锁后，XZJ 重新吸起；再按下 FUA，办理取消复原。其电路动作程序同前。

（二）事故复原

由于事故复原不检查任何条件，行车安全完全靠两站值班员进行保证，所以在办理事故复原时，两站值班员必须充分确认列车未出发，区间无车占用，列车完整到达，双方出站信号机均关闭，然后由发生故障的一方车站值班员打开铅封，按下事故按钮，办理事故复原。

根据继电半自动闭塞使用方法的规定，只准在下列三种情况下使用事故复原：

1. 闭塞机停电恢复时

闭塞机停电恢复后，BSJ 等所有继电器均落下，FBD 亮红灯，闭塞机处于发车闭塞状态。此时，停电车站的值班员打开铅封，按下 SGA，使闭塞机复原。其电路动作程序如图 1-7 所示。

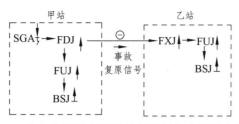

图 1-7　停电恢复后办理事故复原时的电路动作程序

当甲站按下 SGA 后，使 FDJ 吸起。FDJ 吸起后，一方面使 FUJ 吸起，继而使 BSJ 吸起并自闭，用 BSJ 的后接点段开 FBD 红灯电路，使甲站闭塞机恢复定位；另一方面向乙站发送一个负极性的事故复原信号，使乙站的 FXJ 吸起，电铃鸣响。FXJ 吸起后，使 FUJ 吸起。继而使 BSJ 吸起并自闭，用 BSJ 后接点断开 FBD 红灯电路，使乙站闭塞机恢复定位。

2. 当列车到达接车站后，因轨道电路故障不能办理到达复原时

当列车到达，进入并出清接车站进站信号机内方第一个轨道电路区段后，因轨道电路故障，轨道继电器不能再次吸起，若此时接车站值班员按下 FUA，则因 GDJ 的落下，不能使 FDJ 吸起，故 FUJ、BSJ 也不能吸起，闭塞机不能复原。而应经双方车站值班员电话联系，确认列车整列到达，根据列车调度员命令，由接车站值班员登记破封，按下 SGA，办理事故复原，其电路动作程序如图 1-8 所示。

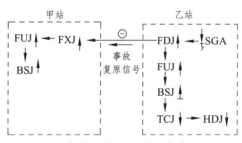

图 1-8　接车站轨道电路故障办理事故

3. 装有钥匙路签的车站办理由区间返回原发车站的路用列车时

当路用列车由区间返回发车站后，发车站闭塞机中的继电器全部处于落下状态，FBD 亮红灯，接车站闭塞机中的 TCJ 和 GDJ 在吸起状态，JBD 亮红灯，两站闭塞机均处于闭塞状态。此时，发车站值班员向司机取回钥匙路签放入控制台，登记破封，用事故按钮办理事故复原，是 FDJ 吸起。FDJ 吸起后，一方面使 FUJ 吸起，继而使 BSJ 吸起并自闭，从而断开 FBD 红灯电路，使闭塞机恢复定位；另一方面接车站发送一个负极性的事故复原信号，使接车站的 FXJ 吸起并接通电铃电路，接车站值班员在电铃鸣响过程中，应按下 FUA，使本站闭塞机中的 FUJ 吸起，继而使 BSJ 吸起并自闭，TCJ 和 GDJ 相继落下，JBD 红灯熄灭，闭塞机恢复定位。

路用列车由区间返回原发车站时办理事故复原的电路动作程序如图 1-9 所示。

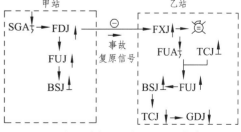

图 1-9　路用列车由区间返回原发车站时

未装钥匙路签的车站，需办理由区间返回原发车站的路用列车时，应停止使用半自动闭塞，改用电话闭塞。

四、64D 型继电半自动闭塞电路的改进

64D 型继电半自动闭塞，为了在处理故障时使半自动闭塞设备复原而专设了事故按钮，从电路设计上来看，不检查区间是否有车占用等条件，只要按下事故按钮，闭塞设备就能复原。因此，平时事故按钮应加铅封，必须使用时，由相邻两站的值班员确认区间空闲后，应按严格的检查和登记制度，并根据调度员的命令，由发生故障车站的值班员打开铅封，按压事故按钮，从而使闭塞设备复原。这种操作，只按一次按钮就可使已建立的闭塞复原。若误按了事故按钮，也会使不该取消的闭塞取消，显然，这种工作方式是很不安全的。为此，对事故复原电路进行改进，采用"延时确认、两次办理"的方式。这种办理的方式是：当第一次按压事故按钮后，用音响和红色闪光灯来提醒车站值班员，以引起注意，延时 30 s 后，音响停止，闪光表示仍然亮灯。值班员应在 13 s 以内第二次按压事故按钮，这时原半自动闭塞的事故复原电路生效，半自动设备复原。显然，两次动作要比一次动作的可靠性高得多。

事故复原延时电路如图 1-10 所示。

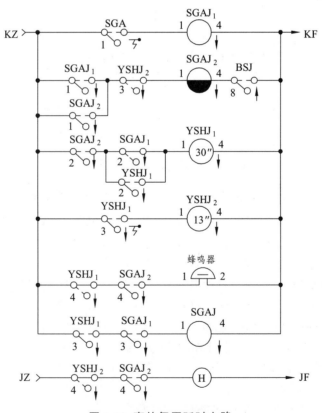

图 1-10 事故复原延时电路

事故按钮 SGA 和事故按钮继电器仍用原电路的设备。另外增设了：第一事故按钮继电器 SGAJ1（JWXC-1700 型）；第二事故按钮继电器 SGAJ2（JWXC-H340 型）；第一、第二时间继电器 YSHJ1、YSHJ2（JSBXC-850），YSHJ1 延时 30 s，YSHJ2 延时 13 s。报警指示灯选用发光二极管；音响报警器可用语音提示器、蜂鸣器或电铃。

事故复原延时电路的动作程序如下：

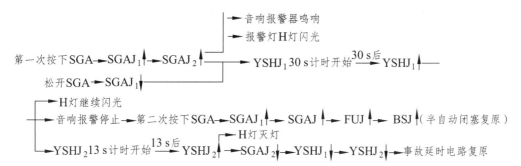

从上述事故复原电路动作程序中可知，在设计事故复原延时电路时，未改动原定型电路，只是在事故按钮继电器 SGAJ 动作之前增加了一些电路环节，从而达到延时、报警、确认的目的。若车站值班员第一次按压 SGA 确属误办，则不会第二次按压 SGA。这样，音响停止 13 s 后闪光灯灭灯，第一次按压 SGA 所预办的延时电路会自动恢复到常态，不会误动事故复原电路，也不影响以后事故复原的正常办理。如果车站值班员在第一次按压 SGA 后的 30 s 内第二次按压，则重新延时 30 s，故障复原无效。

五、半自动闭塞与继电联锁设备的结合

为了使继电半自动闭塞与车站继电联锁设备发生联锁关系，使得半自动闭塞电路也能反映车站是否已排列好锁闭好发车进路或接车进路，列车是否出发和到达；而车站联锁电路开放出站信号机必须检查已办好区间闭塞手续，区间开通。因此，它们必须有结合电路。

现以 6502 电气集中为例，说明 64D 型继电半自动闭塞和电气集中联锁的结合电路。

（一）半自动闭塞结合

64D 型继电半自动闭塞的按钮盒表示灯设在电气集中控制台上，如图 1-11 所示。

为了与电气集中相统一，按钮都采用二位自复式。因为电气集中所用的按钮接点是单组的，故需增设 BSAJ、FUAJ 和 SGAJ 三个按钮继电器。为电路结合之用，以及提高电路定型

QJTC-03

QJTC-04

率，还增设了接近电铃继电器 DLJ、接车锁闭继电器 JSBJ、发车锁闭继电器 FSBJ 和作为闭塞线路电源的硅整流器 ZG，这些设备连同半自动闭塞原有的 13 个继电器，一般做成定型组合，称为半自动闭塞组合 B1、B2，放在组合架上。若采用改进的电路，则增加半自动组合 B。B1、B2 组合内的继电器及类型如 QJTC-03/04（B1、B2 组合内部配线图）所示。

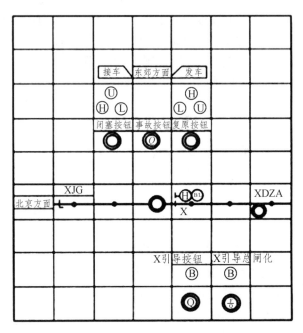

图 1-11　64D 型继电半自动闭塞区段车站控制台面板图（局部）

（二）结合电路

64 型继电半自动闭塞与 6502 电气集中的结合电路如图 1-12 所示。

1. 按钮继电器电路

用闭塞按钮继电器 BSAJ、复原按钮继电器 FUAJ 和事故复原继电器 SGAJ 分别反映 BSA、FUA 和 SGA 的状态。按下某按钮时，相应的按钮继电器吸起，松开后随即落下。

2. 接车锁闭继电器电路

接车锁闭继电器 JSBJ 平时落下，当进站信号机开放后（列车信号复示继电器 LXJF 吸起），列车驶入接近区段（接近轨道复示继电器 JGJF 落下）时，JSBJ 吸起并自闭。自闭电路中检查进站信号机内第一个道岔区段的进路继电器的后接点（如图 1-13 中 1DG/2LJ），排列经由该区段的进路时，进路继电器 2LJ 落下。列车进站驶过该区段后，2LJ 吸起。当列车出清接车进路的第一个道岔区段，待其解锁 1DG 的 2LJ 励磁后才断开 JSBJ 的自闭电路。从而实现对列车的到达进行"两点检查"。这样，任何一段轨道电路故障或错误动作，都不会造成列车的虚假到达。

3. 发车锁闭继电器电路

发车锁闭继电器 FSBJ 平时吸起。电路中的 ZCJ 是发车口部位的照查继电器，排列向 1DG 的列、调车进路时，ZCJ 落下，而在 1DG 道岔区段解锁后，ZCJ 吸起。ZJ 是终端继电器，向 1DG 排列调车进路时吸起，使 FSBJ 不落下，不致影响行车。当办理发车进路时，用 ZCJ 和 ZJ 都落下来说明以该发车口为终端建立并锁闭了发车进路，使 FSBJ 落下，从而断开发车定位条件。直到发车进路解锁，才能再次构成此条件。此联锁条件的作用是控制闭塞机能否取消闭塞，使闭塞机复原。

4. 接近电路继电器电路

列车由对方站出发后，通知出发继电器 TCJ 吸起，用其第 3 组前接点接通电容器 C_3 电路，向 C_3 充电。当列车驶入接车站的接近区段时，接近轨道继电器 JGJ 落下，接通电铃继电器 DLJ 电路。由 C_3 向 DLJ 放电，使之瞬间吸起。在 DLJ 吸起时间内，接近电铃鸣响。

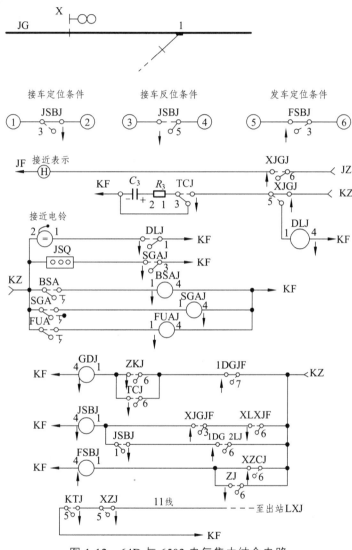

图 1-12　64D 与 6502 电气集中结合电路

（三）结合设计

在 64D 型继电半自动闭塞电路中要进行以下结合设计。

（1）在 FDJ 电路中的"接车定位条件"处加入"确认列车进站"条件——JSBJ 的第 3 组后接点。当列车到达接车站并出清进站信号机内的第一个轨道电路区段后，JSBJ 落下，为办理到达复原时 FDJ 的励磁准备好条件。对于电气集中车站，列车进站后，进站信号机自动关闭，列车完全进入股道后，接车进路自动解锁，此时 JSBJ 落下，自动构成接车定位条件。但这只能说明列车已经到达或进入股道，并不能证实到达列车是否完整，所以，还必须由车站值班员确认列车完整后，才能按下 FUA 办理到达复原手续，构成 FDJ 的励磁条件。

（2）在 HDJ 电路中的"接车反位条件"处加入"接车锁闭"条件——JSBJ 的第 5 组前接点。进站信号机开放后，列车进站进入轨道电路区段，闭塞电路才能构成列车到达状态。在电气集中车站要求对列车的到达进行"两点检查"。当进站信号机开放后列车进入进站信号机的接近区段时，才能构成列车到达的条件，从而实现第一点检查。这样允许接车站在区间闭塞后尚未开放进站信号机之前，进行站内调车。第二点检查是由 HDJ 电路中的轨道继电器 GDJ 第 5 组后接点来完成，用以证明列车占用过接车进路的第一个轨道区段。这样，就检查了列车顺序地驶过了接近区段和进站信号机内方第一个轨道电路区段，若任何一段轨道电路故障或错误动作，都不会造成列车的虚假到达。

（3）在 XZJ 电路中"发车定位条件"处加入 FSBJ 第 3 组前接点，以便在未建立发车进路前，XZJ 吸起，允许调车和取消闭塞；而出站信号机开放后，XZJ 落下，就不允许调车和取消闭塞。对电子集中联锁的车站来说，因道岔区段全部装设轨道电路，列车是否出发，电路能检查。开放出站信号机后，因故不需要发车，可取消发车进路，当出站信号机关闭后，只要发车进路解锁（FSBJ 吸起），就说明列车确实没有越过出站信号机。由于取消复原的 FDJ 电路中检查了 XZJ 的吸起，所以用发车进路解锁条件来控制 XZJ 的吸起，实际上就满足了检查有车是否越过出站信号机的要求。

在 XZJ 电路中将 ZDJ43 和 KTJ22 间连起来，在出站信号机关闭和进路解锁后，使 XZJ 再次吸起，以便办理取消复原或进行站内调车作业。

（4）在 GDJ 电路中接入进站信号机内方第一个轨道继电器的前接点，这里因接车和发车用同一个轨道继电器，所以必须选用进站信号机内方的第一个轨道区段。

在 6502 电气集中电路中，要进行以下结合设计：

在出站信号机的列车信号继电器 LXJ 电路中接入闭塞条件予以控制，即用半自动闭塞的开通继电器 KTJ 前接点来控制出站信号机的开放。在 11 线网络（LXJ 电路）的发车口部位，接入 KTJ 的第 5 组前接点和 XZJ 的第 5 组后接点，用前者证明闭塞机开通允许发车，用后者证明确已排除取消闭塞的可能。为了满足联锁电路双断控制的要求，用 KTJ 的第 5、6 两组前接点来控制出站信号机的开放。6502 电路只需单断控制，用 KTJ 的第 5 组前接点，第 6 组前接点可作为备用接点。

六、半自动闭塞与计算机联锁设备的结合

现以 TYJL-II 为例介绍 64D 型继电半自动闭塞与计算机联锁设备的结合。参照 QJTC-05（64D 型继电半自动闭塞微机驱动电路图）。

（一）结合电路

1. 按钮继电器电路

计算机联锁一般采用显示器和鼠标作为控制盒显示设备，"闭塞按钮""事故按钮""复原按钮"都通过鼠标进行操作，微机闭塞按钮继电器 WBSAJ、微机复原按钮继

QJTC-05

电器 WFUAJ、微机事故按钮继电器 WSGAJ 由计算机联锁驱动。计算机联锁还驱动微机照查继电器 WZCJ，作为联锁条件的检查。

计算机联锁采集 WSGAJ、WZCJ 的前后接点，作为回读，由 WBSAJ、WFUAJ、WSGAJ 分别接通 BSAJ、FUAJ、SGAJ 电路。

2. 接车锁闭继电器电路

接车锁闭继电器 JSBJ 的励磁电路由接近区段轨道复示继电器 JGJF 后接点和列车信号继电器 LXJ 前接点接通，自闭电路中有锁闭继电器 SJ 后接点。LXJ 和 SJ 由计算机联锁驱动。

3. 发车锁闭继电器电路

由 WZCJ 的前接点接通发车锁闭继电器 FSBJ 电路。

（二）结合设计

计算机联锁设备与 64D 型继电半自动闭塞中的结合设计与继电联锁（如 6502 电气集中）设备的相同。对于计算机联锁，KTJ 和 XZJ 前后接点为计算机联锁所采集，作为开放出站信号机的条件。

七、64D 型继电半自动闭塞故障分析及处理（见表 1-1）

表 1-1　64D 型继电半自动故障分析及处理

序号	故障现象	检查步骤	分析处理
1	发车站按下 BSA 后不能办理请求发车	① 发车站按下 BSA 后，观察 ZXJ 是否↑，电铃是否鸣响； ② 按下 BSA 后，观察发车站 ZDJ 是否↑； ③ 按下 BSA 后，发车站 ZDJ↑接车站 ZXJ 未↑	① 接车站电铃鸣响，说明发车站正常； ② ZDJ 不↑检查 ZDJ 的电路； ③ 检查外线有关的电路
2	发车站按下 BSA 后，JBD 不亮黄灯	① 检查 TJJ 是否↑； ② 若 TJJ 没↑，检查发车站按下 BSA 时接车站 ZXJ 和 HDJ 是否↑	① 若 TJJ 已↑检查表示灯电路； ② 若 ZXJ 和 HDJ 已↑TJJ 不↑可能是 HDJ 缓放时间不够或 HDJ 并联的阻容元件坏
3	发车站按下 BSA 后发车站 FBD 不亮黄灯	① 发车站电铃是否鸣响； ② 检查 ZKJ 是否↑； ③ 若 ZKJ 已↑，应检查 GDJ 是否↑； ④ 若 GDJ 已↑，应检查表示灯电路	① 发车站电铃未响说明 FXJ 未↑； ② 若 ZKJ 不↑应观察请求发车后 XZJ 和 FXJ 是否↑； ③ GDJ 不↑，可能是现场 GDJ 的连接线
4	接车站按下 BSA 后同意接车后 JBD 不变绿灯，发车站 FBD 不变绿灯	① 检查发车站的 KTJ 是否↑； ② 若 KTJ 已↑，则是表示灯电路	若 KTJ 不↑，接车站应按下 BSA 看发车站 ZXJ 是否↑，若已↑，检查 KTJ 的励磁电路

序号	故障现象	检查步骤	分析处理
5	列车出发双方表示灯不亮	检查轨道电路是否有问题，是否是轻型轨道车	检查分路是否良好
6	列车出发后发车站FBD变红灯接车站JBD不亮灯	① 检查接车站TCJ是否↑； ② 若TCJ已↑，则是表示灯电路	若TCJ未↑发车站人为送正电，检查接车站ZXJ是否↑，TCJ的励磁电路是否接通
7	列车到达后，接车站FBD不亮红灯	① 观察接车站的HDJ是否↑； ② 若HDJ没↑，再检查GDJ的外线是否连接良好； ③ 检查接车站HDJ励磁电路是否能接通	① HDJ↑说明是表示灯电路； ② 闭塞机内的GDJ是否与现场的GDJ动作一致
8	列车到达后，JBD和FBD都亮红灯，但不能办理到达复原	① 按下BSA观察FDJ是否↑； ② 如果FDJ不↑，应检查FDJ的励磁电路； ③ 检查FUJ和BSJ是否↑	① 如果FDJ，则进一步检查FUJ的励磁电路； ② 检查列车是否出清轨道区段
9	接车站办理到达复原时，发车站不能复原	① 观察发车站的FXJ是否↑，电铃是否鸣响； ② 进一步观察发车站FUJ是否↑	如果FXJ不↑，可能是外线路断电或混线；如果发车站的FXJ↑时间很短FUJ来不及↑，可能是接车站的C_1断线或失效
10	接车站办理到达复原后，JBD又亮黄灯	① 检查接车站FBD并联的电容C_1是否断线或失效； ② 检查接车站HDJ并联的电容C_2容量是否过大	① 电容C_1断线或失效，使FDJ无缓放时间FDJ↓，FUJ随之↓，但HDJ还在缓放，所以TJJ↑并自闭，使JBD又亮黄灯； ② HDJ缓放时间超过FDJ的缓放时间，也会产生这种现象
11	区间空闲，双方站都没办理，闭塞机错误取得显示	① 检查瞬间是否中断电源； ② 检查是否混入外电源； ③ 检查闭塞电话串联的电容器是否被击穿	① 如瞬间中断电源FBD亮红灯； ② 如外线混一下正电双方JBD都亮黄灯； ③ 电容器击穿后，拨电话时有可能引起ZXJ或FXJ错误动作
12	安装后，一方拉出SGA办理事故复原时本站复原，对方站JBD亮黄灯	① 检查本站线路电源的极性是否接反了； ② 检查对方站的线路继电器极性是否接反了	有检查步骤中任一种故障，在发送故障复原信号时都使对方ZXJ↑，TJJ↑并自闭，从而使JBD亮黄灯
13	安装好后，一方拉出SGA办理复原时，两方面连续地相互发送正电源	① 检查两站间外线是否接反了； ② 检查线路电源是否接反了； ③ 检查线路继电器的极性是否接反了	有检查步骤中任一项，两站传送信号发生错误，如果两站间，外线接反了，送出的事故复原信号到对方站成了请求发车信号，对方站有送来回执，此时本站ZXJ↑，然后向对方站发送回执信号结果来回传送正信号

思考题

1. 什么是半自动闭塞？简述 64D 型继电半自动闭塞的设备组成。

2. 64D 型继电半自动闭塞两站间传递几个正信息？说明发送这些正信息的时机和条件。

3. 64D 型继电半自动闭塞有几个自动发送的信息？说明它们是如何实现自动发送的。

4. 试述选择继电器 XZJ 的作用。

5. 试述闭塞继电器 BSJ 的作用，在正常办理过程中，两站的 BSJ 在何时落下，又在何时吸起？

6. 当两站的值班员同时办理请求发车（同时按下 BSA 又同时松开）时，其闭塞机的状态如何？如何恢复？

7. 在接车站同意接车后（JBD 亮绿灯），发车站办理取消复原时，如何切断 TJJ 的自闭电路？

项目二　自动闭塞的基本知识

【项目描述】

自动闭塞就是根据列车运行及有关闭塞分区状态自动变换信号显示，而司机凭信号行车的闭塞方法。其特征为：把站间划分为若干闭塞分区，有分区占用检查设备（即轨道电路或计轴设备），可以凭通过信号机的显示行车，也可以凭机车信号或列车运行控制的车载信号行车；站间能实现列车追踪；办理发车进路时自动办理闭塞手续，自动变换信号显示。

任务一　自动闭塞概述

半自动闭塞虽然具有设备简单、使用方便、维修容易、投资少、安装快等优点，但也具有以下缺点：

（1）半自动闭塞必须由人工办理闭塞手续、列车到达接车站后必须经人工确认整列列车到达后才能办理到达复原，手续烦琐。

（2）半自动闭塞利用车站来隔离列车，即相邻两站间的区间同时只允许一列列车运行，不能充分发挥铁路线路（特别是复线）的能力，区间通过能力低。

（3）半自动闭塞区间没有区间空闲及线路完好检查设备，不能确保列车在区间的运行安全。

随着我国国民经济的发展，我国的铁路逐渐向高密度、高速度、高安全性方面发展，半自动闭塞已远远不能满足铁路形势的发展，必须采用自动闭塞。

一、自动闭塞概念

自动闭塞是根据列车运行及有关闭塞分区的状态，自动变换通过信号显示而司机凭信号机显示行车的闭塞方法。双线单向自动闭塞如图 2-1 所示，它将一个区间划分为若干个小的

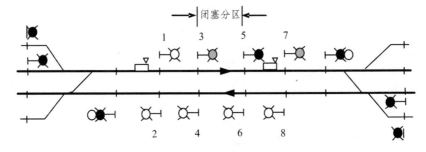

图 2-1　双线单向自动闭塞示意图

分区，即闭塞分区，在每个闭塞分区的入口处装设一架通过信号机，用以防护该闭塞分区；每个闭塞分区都装设轨道电路（或计轴设备），通过轨道电路将列车和通过信号机的显示联系起来，使通过信号机的显示能根据列车的运行自动变换。因为闭塞作用的完成不需要人工参与，故称自动闭塞。

自动闭塞不需要办理闭塞手续，减轻了车站值班人员的劳动强度；而且由于区间划分成闭塞分区，可用最小运行间隔时间开行追踪列车，从而大大提高区间通过能力；整个区间装设了连续的轨道电路，可以自动检查轨道的完整性，提高了行车安全的程度。

二、自动闭塞通过信号机的命名

自动闭塞区段的通过信号机以该信号机所在地点坐标的公里数和百米数来命名，下行编为单数，上行编为偶数。如举例区间设备平面布置图中下行线路坐标 K879 + 990 处的信号机命名为 8799；上行线路坐标 K879 + 550 处的信号机命名为 8796。在此需要说明的是，K879 + 990表示的意义是该信号机距离此铁路线"零点"坐标的距离为 879 km + 990 m。

在教学中，为了讲课方便，一般将下行线路上的通过信号按奇数顺序编号，上行线路上的通过信号机按偶数顺序编号，如图 2-1 中的 1、3、5、7 和 2、4、6、8 等信号机。

三、闭塞分区的命名

闭塞分区以防护该闭塞分区的通过信号机后面加"G"的方法命名，如举例区间设备平面图中信号机 8799 防护的闭塞分区命名为 8799G。在图 2-1 中，信号机 1 防护的闭塞分区命名为 1G，依此类推。

四、通过信号机定位显示方式

为提高区间的通过能力，保证列车经常在绿灯下运行，规定自动闭塞区段的通过信号机以显示进行信号为定位，即一般通过信号机显示绿灯为定位，进站信号机前方第一架通过信号机以显示黄灯为定位。

五、自动闭塞的分类

在我国铁路的发展过程中，采用的自动闭塞种类比较多，一般按照运营和技术上的特征进行以下分类。

（一）按行车组织方法可分为单向自动闭塞和双向自动闭塞

在单线区段，只有一条线路，既要运行上行列车，又要运行下行列车。为了调整双方向列车的运行，在线路的两侧都要装设通过信号机，这种自动闭塞称为单线双向自动闭塞，如图 2-2 所示。

在双线区段，以前一般采用列车单方向运行方式，即一条铁路线路只允许下行方向列车运行，而在另一条线路则只允许上行列车运行。为此，对于每一条铁路线路仅在一侧装设通过信号机，这样的自动闭塞称为双线单向自动闭塞，如图2-1所示。

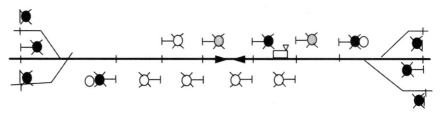

图 2-2　单线双向自动闭塞

为了充分发挥铁路线路的运输能力，在双线区段的每一条线路上都能双方向运行列车，这样的自动闭塞称为双线双向自动闭塞，如图2-3所示。正方向设置通过信号机，反方向运行的列车按机车信号运行。

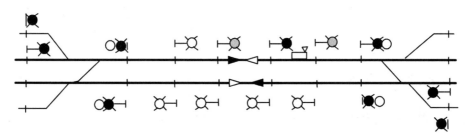

图 2-3　双线双向自动闭塞

（二）按通过信号机的显示制式可分为三显示自动闭塞和四显示自动闭塞

三显示自动闭塞的通过信号机具有三种显示，能预告列车运行前方两个闭塞分区的状态，如图2-3所示。当通过信号所防护的闭塞分区有车占用时显示红灯；只有当它防护的闭塞分区空闲时显示黄灯；当其运行前方有两个及以上闭塞分区空闲时显示绿灯。

我国早期的自动闭塞都是三显示自动闭塞，但在三显示自动闭塞区段，列车超过显示黄灯的通过信号机时就要减速，至次架显示红灯的通过信号机前必须停车，因此要求每个闭塞分区的长度绝对不能小于列车的制动距离。随着列车速度和密度的不断提高，特别是随着我国高速铁路的发展，列车制动距离越来越长，要用两个闭塞分区作为制动距离，但这样列车运行密度又会降低，只能采用缩短闭塞分区的长度而增加信号机显示的方法来解决，即采用四显示自动闭塞。

四显示自动闭塞是在三显示自动闭塞的基础上增加一种绿黄显示，如图2-4所示。四显示自动闭塞能预告列车运行前方三个闭塞分区的状态，列车以规定速度越过绿黄显示时开始减速，使列车在抵达黄灯显示下时不大于黄灯规定的速度，保证列车在红灯显示前停车；而对于低速、制动距离短的列车，在绿黄显示下可以不减速。

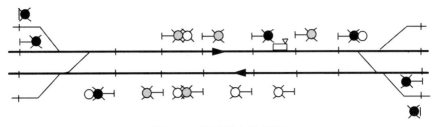

图 2-4　四显示自动闭塞

四显示自动闭塞能缩短闭塞分区的长度，进而缩短列车行动间隔，提高区间通过能力。我国目前在建的和改建的线路大部分采用四显示自动闭塞。

（三）按设备安置方式可分为分散安装式自动闭塞和集中安装式自动闭塞

分散安装式自动闭塞的设备都放置在线路上每个信号点处。分散安装方式造价较低，但闭塞设备大多是电子设备且安装在铁路沿线，由于受列车的震动及环境温度影响较大，故障率较高，也不利于信号人员维护。集中安装式自动闭塞的设备集中放置在相近的车站机械室内，用电缆与通过信号相联系。集中安装式自动闭塞极大地改善了设备的工作条件，提高了设备的稳定性和可靠性，十分便于维修，但需要大量电缆，造价较高。目前，自动闭塞均采用集中安装式。

（四）按传递的信息特征可分为交流计数电码自动闭塞、极频自动闭塞和移频自动闭塞

交流计数电码自动闭塞以交流计数电码轨道电路为基础，以钢轨作为传输通道传递信息，以不同长度的电码脉冲和间隔作为信息特征来控制通过信号机的显示。这种自动闭塞设备存在机械磨损比较严重、信息量少、信号显示应变时间长的制约，不能满足铁路高速发展的要求，现在已被淘汰。后经改造为微电子设备后，也存在信息量少的影响。

极性频率脉冲自动闭塞（简称极频自动闭塞）以极性频率脉冲轨道电路为基础，以钢轨作为通道传递信息，用不同极性和不同数目的脉冲作为信息特征来控制通过信号机的显示。这种自动闭塞对于电气化区段交直流断续干扰的防护性较差，而且由于信息量少，现在也被淘汰。

移频自动闭塞以移频轨道电路为基础，用钢轨作为通道传递信息，以不同频率低频信号调制不同频率的载频信号形成的移频信号作为信息特征来控制通过信号机的显示。这种自动闭塞对载频信号和低频信号的频率要求较高。

（五）按是否设置钢轨绝缘可分为有绝缘自动闭塞和无绝缘自动闭塞

为了分割闭塞分区，要在闭塞分区的分界处装设钢轨绝缘。但钢轨绝缘的设置不利于线路向长钢轨、无缝化方向发展，钢轨绝缘损坏率也较高，影响了设备的稳定工作，且增加了维修工作量和费用。在电气化区段，为了能使牵引电流顺利通过钢轨绝缘，必须安装扼流变压器，增加了投资。随着我国高速铁路的发展，钢轨绝缘处的轨缝对车轮的冲击不可忽视，是一种安全隐患。为了解决这些问题，研制出了无绝缘自动闭塞。无绝缘自动闭塞以无绝缘轨道电路为基础，用电气绝缘节代替了原来的钢轨绝缘，为铁路线路的无缝化、高速化奠定

了基础。我国目前在建的和改建的区间自动闭塞都采用无绝缘自动闭塞。

（六）按设备技术手段可分为传统的自动闭塞和装备列车运行自动控制系统的自动闭塞

前面介绍的几种自动闭塞都属于传统的自动闭塞。传统的自动闭塞一般设地面通过信号机，装备有机车信号，保证列车按照空间间隔制运行的技术方法是用信号或凭证来实现的。目前，传统的自动闭塞一般适用于列车最高运行速度在 160 km/h 及以下的区段。

装备列车运行自动控制系统（简称列控系统或 ATC 系统）的自动闭塞可分为三类：固定闭塞、准移动闭塞和移动闭塞。

固定闭塞：列控系统采取分级速度控制模式时，采用固定闭塞方式。运行列车间的空间间隔是若干个闭塞分区，闭塞分区数依划分的速度级别而定。一般情况下，闭塞分区是用轨道电路或计轴装置来划分的，它具有列车定位和占用轨道的检查功能。固定闭塞的追踪目标点为前行列车所占用闭塞分区的始端，后行列车从最高速开始制动的计算点为要求开始减速的闭塞分区的始端，这两个点都是固定的，空间间隔的长度也是固定的，所以称为固定闭塞。

准移动闭塞：准移动闭塞方式的列控系统采取目标距离控制模式（又称连续式一次速度控制）。目标距离控制模式根据目标距离、目标速度及列车本身的性能确定列车制动曲线，不设定每个闭塞分区速度等级，采用一次制动方式。准移动闭塞的追踪目标点是前行列车所占用闭塞分区的始端，当然会留有一定的安全距离，而后行列车从最高速开始制动的计算点是根据目标距离、目标速度及列车本身的性能计算决定的。目标点相对固定，在同一闭塞分区内不依前行列车的走行而变化,而制动的起始点是随线路参数和列车本身性能不同而变化的。空间间隔的长度是不固定的，由于要与移动闭塞相区别，所以称为准移动闭塞。

移动闭塞：移动闭塞方式的列控系统也采取目标距离控制模式（又称连续式一次速度控制）。目标距离控制模式根据目标距离、目标速度及列车本身的性能确定列车制动曲线，采用一次制动方式。移动闭塞的追踪目标点是前行列车的尾部，当然会留有一定的安全距离，后行列车从最高速开始制动的计算点是根据目标距离、目标速度及列车本身的性能计算决定的。目标点是前行列车的尾部，与前行列车的走行距离和速度有关，是随时变化的，而制动的起始点是随线路参数和列车本身性能不同而变化的。空间间隔的长度是不固定的，所以称为移动闭塞。其追踪运行间隔要比准移动闭塞更小一些。移动闭塞一般采用无线通信和无线定位技术来实现。

任务二 自动闭塞的基本原理

自动闭塞通过轨道电路（或计轴器）自动检查闭塞分区的占用情况，根据轨道电路的占用和空闲状态，自动改变通过信号机的显示，以指挥列车运行。每一轨道电路都有发送设备和接收设备,发送设备要根据列车运行前方闭塞分区的状态和信号机的显示发送对应的信息，在闭塞分区空闲的情况下，接收设备收到此信息后，控制对应的 GJ 吸起，并控制通过信号机显示；在列车占用时，发送设备发送的相关信息被机车信号接收，控制机车信号的显示。

一、三显示自动闭塞的基本原理

图 2-5 为三显示自动闭塞原理图。三显示自动闭塞通过信号机采用三显示机构的色灯信号机，灯位排列从上向下依次为黄、绿、红。通过信号机平时显示绿灯，当该信号机防护的区段有车占用或轨道电路发生故障时，信号机显示红灯。

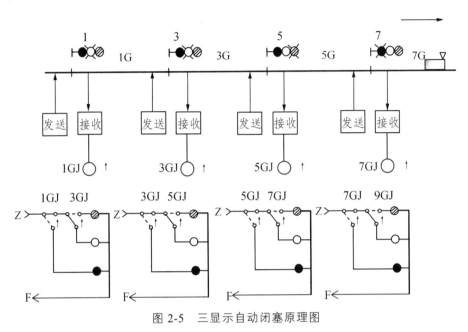

图 2-5　三显示自动闭塞原理图

它有三种显示，显示意义如下：

一个绿色灯光——准许列车按规定速度运行，表示运行前方至少有两个闭塞分区空闲。

一个黄色灯光——要求列车注意运行，表示运行前方只有一个闭塞分区空闲。

一个红色灯光——列车必须在该信号机前停车。

现以图 2-5 中的 3 信号点为例说明其工作原理。

当列车占用 3G 闭塞分区时，由于列车轮对的分路，3G 的接收设备收不到信息而使 3GJ 落下，3 信号机显示红灯，同时控制 1G 闭塞分区的发送设备向 1G 发送与红灯对应的信息；当列车进入 5G 闭塞分区，5GJ 落下，出清 3G 分区后，3GJ 吸起，3 信号机显示黄灯；当列车进入 7G 分区，7GJ 落下，出清 5G 分区后，5GJ 吸起，则 3 信号机显示绿灯，同时控制 3G 闭塞分区的发送设备向 3G 发送与绿灯对应的信息。

其他信号机的显示可以此类推，在此不再一一重述。

由此可见，通过信号的显示是随着列车的运行自动变换的。

二、四显示自动闭塞原理

图 2-6 为四显示自动闭塞原理图，由于图中位置有限，只画出 3 信号机点灯电路图。四显示自动闭塞通过信号机仍采用三显示机构的色灯信号机，但灯位排列自上而下依次为绿、红、黄。它有四种显示，显示意义如下：

一个绿灯——准许列车按规定速度运行，表示运行前方至少有三个闭塞分区空闲。

一个绿灯和一个黄灯——准许列车按规定速度运行，要求注意准备减速，表示运行前方有两个闭塞分区空闲。

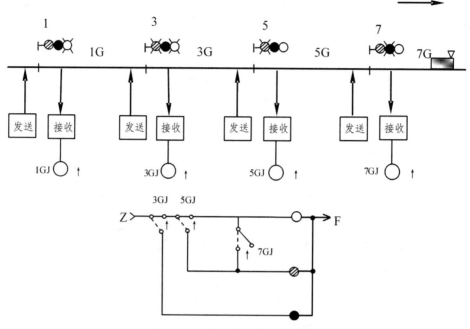

图 2-6 四显示自动闭塞原理图

一个黄灯——要求列车减速运行，按规定限速要求越过该信号机，表示运行前方只有一个闭塞分区空闲。

一个红灯——列车必须在该信号机前停车。

现以 3 信号点为例说明工作原理。

当 3G 闭塞分区有车占用时，3GJ 落下，3 信号机显示红灯，同时控制 3G 分区的发送设备发送与红灯对应的信息；当列车进入 5G 分区，3GJ 落下，出清 1G 分区后，1GJ 吸起，3 信号机显示黄灯，同时控制 3G 分区的发送设备发送与黄灯对应的信息；当列车进入 7G 分区，7GJ 落下，出清 5G 分区后，5GJ 吸起，3 信号机显示一个黄灯和一个绿灯，同时控制 3G 分区的发送设备发送与绿黄灯对应的信息；当列车进入 9G 分区，9GJ 落下，出清 7G 分区后，7GJ 吸起，3 信号机显示绿灯，同时控制 3G 分区的发送设备发送与绿灯对应的信息。

任务三　铁路自动闭塞技术条件

一、主题内容与适用范围

本标准规定了铁路自动闭塞的技术要求、主要设备、供电系统、设备的可靠性及电力牵引区段的技术要求。

本标准适用于标准轨距铁路列车速度为 120 km/h 及其以下铁路自动闭塞，是制造和设计自动闭塞的技术准则，是研究自动闭塞的指导方向。地方或工业企业专用铁路可参照本标准。

二、引用标准

引用标准是《铁路信号自动闭塞电力供应技术条件》（TB 1775）、《铁路电力牵引供电设计规范》（TB 10009）。

三、一般技术要求

（1）自动闭塞制式分三显示和四显示两种。在设计自动闭塞时，一般应采用三显示自动闭塞，当三显示自动闭塞不能满足运行要求时，可装设四显示自动闭塞。

（2）双线区段一般设单方向自动闭塞，特殊需要时，可设双方向自动闭塞。

（3）三显示自动闭塞的列车追踪时隔，一般线路采用 8 min，在条件允许的情况下可采用 6~7 min。

（4）自动闭塞应有与本轨道电路信息相同的连续式机车信号。当技术发展既有制式的信息难以满足运输要求时，可叠加其他信息。

（5）自动闭塞电路及设备满足铁路信号"故障—安全"原则。监测和报警电路可采用非"故障—安全"电路。

（6）自动闭塞设备在下列条件下应能正常工作。

① 环境温度：电子设备 – 25~60 ℃；其他设备 – 40~60 ℃。

② 相对湿度：不大于 90%（当温度为 25 ℃ 时）。

③ 大气压力：74.8~106 kPa（海拔高度相当于 2500 m 以下）。

④ 振动频率：1~35 Hz，加速度幅值 5 m/s。

（7）自动闭塞有分散和集中两种设置方式。控制系统的电子设备用于分散设置时，应采用双套设备；用于集中设置时，经过经济技术比较亦可采用双套设备。

（8）自动闭塞区段当电源停电恢复后，电路应能自动恢复正常状态。

四、技术要求

（1）自动闭塞区段的通过信号机采用经常点灯方式、并能连续反映所防护闭塞分区的空闲及占用情况。

（2）在双向运行的自动闭塞区段，在同一线路上当一个方向的通过信号机开放后，则另一方向的通过信号机须在灭灯状态，与其衔接的车站向同一条线路发车的出站信号机开放后，则对方站不得向该线路开放出站信号。

（3）自动闭塞通过信号机的设置位置除应满足列车牵引计算的有关规定外，还应符合下列原则：

① 通过信号机应设在闭塞分区或所间区间的分界处，不应设在停车后可能脱钩的处所，并尽可能不设在启动困难的地点。

② 在确定的运行时隔内按三个或四个闭塞分区排列通过信号机时，应使列车经常在绿灯下运行。

③ 当遇有长大上坡道或从编组站、技术作业站发车，按确定的运行时隔不能满足三个闭塞分区排列通过信号机的要求时，可按两个闭塞分区排列。按三个闭塞分区排列运行时隔时允许增加 1 min，按两个闭塞分区排列时，不得增加运行时分，同时还包括司机确认信号时间。

（4）当进站或通过信号机红灯故障灭灯时，其前一架通过信号机应自动显示红灯。

（5）在自动闭塞区段，当闭塞分区被占用或有关轨道电路设备失效时，防护该闭塞分区的通过信号机应自动关闭亮红灯。

（6）在双向运行区段，当有关轨道电路设备失效时，经两站有关人员确认后，可通过规定的手续改变运行方向。

（7）三显示自动闭塞分区的最小长度，应满足列车的制动距离（该制动距离包括机车信号、自动停车设备动作过程中列车所走行的距离，其动作时间不应大于 14 s），其长度不应小于 1200 m，但采用不大于 8 min 运行时隔时，不得小于 1000 m，进站信号机前方第一个闭塞分区长度，一般不大于 1500 m。

（8）四显示自动闭塞必须有超速防护设备。

（9）四显示自动闭塞，每个闭塞分区长度，应满足速差制动所需的列车制动距离。

（10）在车站正线上同方向列车信号机之间的距离应满足有关闭塞分区规定的要求。

因条件限制，同方向相邻两架指示列车运行的主体信号机间的距离小于制动距离时，按下列方式处理。

① 当两架列车信号机间的距离小于 400 m 时，前架信号机的显示必须完全重复后架信号机的显示。

② 当两架列车信号机间的距离小于制动距离时，后架信号机若在关闭状态，则前架信号机不准开放。

（11）在自动闭塞区段内，当货物列车在设于上坡道上的通过信号机停车后起动困难时，在该信号机上应装设容许信号。但在进站信号机前方第一架通过信号机上不得装设容许信号。

（12）自动闭塞必须采用闭路式轨道电路。

（13）轨道电路应能实现一次调整，在空闲状态下，当道砟电阻为最小标准值，钢轨阻抗为最大标准值，且交流电源电压为最低标准值时，轨道电路设备应稳定可靠工作，此时，轨道电路入口端机车短路的最小信号电流值应保证机车信号稳定可靠工作。当电源电压和道砟电阻为最大标准值时，用标准分路电阻（0.06 Ω）在轨道电路任意点进行分路，接收设备应确保不工作。

（14）轨道电路的设计长度应不大于极限传输长度的 80%。

（15）轨道电路钢轨绝缘破损时，通过信号机不应错误地出现升级显示。

（16）轨道电路在工频交流、断续电流和其他迷流干扰的作用下，应有可靠的防护性能。

（17）在电化区段发生扼流变压器断线时，在两根轨条中无牵引电流及最不利道砟电阻的条件下，接收设备应确保不工作，若不能满足此要求，亦应满足扼流变压器断线条件下轨道电路的分路要求。

（18）当自动闭塞设备故障或外电干扰时，不得使敌对信号开放。

（19）自动闭塞信号显示由黄或绿变红的应变时间不应大于 4 s。

（20）三显示自动闭塞信息量不应少于 4 个信息，四显示自动闭塞不应少于 5 个信息。

（21）自动闭塞的故障监测和报警设备应满足以下技术要求：

① 监测和报警设备发生故障时，应不影响自动闭塞设备正常工作。

② 监测设备应能连续监督有关设备工作状态。无论主机或副机发生故障均应向车站报警，在双机并联使用时，其中一机故障应不中断系统的正常工作，当采用主副机倒换方式时，若主机发生故障应能自动接入副机工作。

③ 监测设备应能准确地判断故障地点和故障性质。

（22）自动闭塞应有防雷设施，并应符合铁路信号有关防雷的规定。

五、主要设备

（1）自动闭塞主要设备应采用国家或行业标准产品。

（2）自动闭塞区段的通过信号机及站内正线上的列车信号机应采用高柱色灯信号机。

（3）自动闭塞区段的通过信号机应采用双灯丝灯泡，并应设灯丝转换设备。

六、供电系统

（1）自动闭塞供电应符合 TB1775 有关规定。

（2）自动闭塞高压电源一般应采用 10 kV 三相对地绝缘的供电系统，低压电源应采用 200 V 对地绝缘的供电系统。

（3）为保证自动闭塞设备正常工作，电源电压的波动范围为 ±10%。

（4）自动闭塞区段应采用双回路供电方式，当条件不具备时，经过技术经济比较，亦可采用单回路供电方式，但应设低压联络设备。

（5）自动闭塞高压供电线路的两路供电电源应具备自动互换功能，其互换时间不得超过 0.25 min。

七、设备的可靠性

（1）每一轨道电路系统平均无故障时间（MTBF）应不少于 4 年（不包含轨道本身及灯泡故障）。

（2）电磁元件应满足铁道部规定的有关要求。

（3）采用电子元件，其实用效率（故障率）应不低于六级（L）。

八、电力牵引区段的技术要求

（1）电力牵引供电系统应满足 TBJ9 的有关规定。

（2）自动闭塞电气化区段，凡通过牵引电流的钢轨，一般采用一根焊接线和一根塞钉式接续线并联运用方式，在上述方式有困难时，可采用两根塞钉式接续线。

（3）在距接触网支柱及接触网带电部分5 m范围内的金属结构物均需接地。但这些接地部分不得直接接向钢轨，可采用专用地线或接至扼流变压器中心点。

（4）信号设备与牵引变电设备带电部分的距离不得小于2 m，与回流线的距离不得小于1 m。

（5）交流电力牵引区段，应采用非工频轨道电路，牵引电流不平衡系数不得大于5%。

（6）在区间及站内正线上各轨道区段应采用双扼流双轨条轨道电路，站内到发线的一端及与其相衔接的道岔区段的侧线分支可采用单扼流双轨条轨道电路。

（7）交流电力牵引区段吸上线应与轨道电路扼流变压器的中心线相连接，当吸上线的设置地点距轨道电路送受电端大于500 m时，可在该点设置一个专用扼流变压器供吸上线联结之用。

（8）信号电缆同一芯线上，一端接地另一端对地的感应纵电动势应不大于60 V。

（9）信号设备应设专用地线接地或接至扼流变压器的中点，干线信号电缆的铠装钢带及金属护套亦应采用专用地线接地。

任务四　移频自动闭塞概述

移频自动闭塞是采用频率参数作为控制信息的自动闭塞制式。我国铁路早期采用的移频4信息、8信息和18信息移频自动闭塞，引进法国的UM71无绝缘自动闭塞和我国目前正在使用的ZPW-2000系列无绝缘自动闭塞均为移频自动闭塞，只是频率参数不相同。

一、移频自动闭塞的基本概念

移频自动闭塞是以移频轨道电路为基础的自动闭塞。它选用频率参数作为控制信息，采用频率调制的方法，把低频（F_c）搬移到较高频率（载频f_0）上，以形成振幅不变、频率呈低频信号的幅度作周期性变化的调频信号。将此信号用钢轨作为传输通道来控制通过信号机的显示，达到自动指挥列车运行的目的。移频信号的波形如图2-7所示。

从图中可以看出，移频信号是f_1和f_2两种频率交替变化的信号，而且f_1和f_2两种频率都是以载频f_0为中心做上下偏移，偏移的范围是一个定值，两者在单位时间内的变化次数与低频信号的频率相同，即单位时间内频率变化的次数由低频调制信号F_C决定。

当低频调制信号输出低电位时，载频f_0向下偏移Δf（称为频偏），为$f_1 = f_0 - \Delta f$，叫作低端载频（或下边频）；当低频调制信号输出高电位时，载频f_0向上偏移Δf，为$f_2 = f_0 + \Delta f$，叫作高端载频（或上边频）。

由于低端载频和高端载频的交替变换是接近于突变性的，好似频率在移动，因此称为移频信号。应用这种移频信号作为控制信息的轨道电路叫移频轨道电路，以此为基础的自动闭塞称为移频自动闭塞。

在移频轨道电路中传输的信息实际是f_1和f_2两种频率交替变化的信号，所以载频实际上是不存在的。

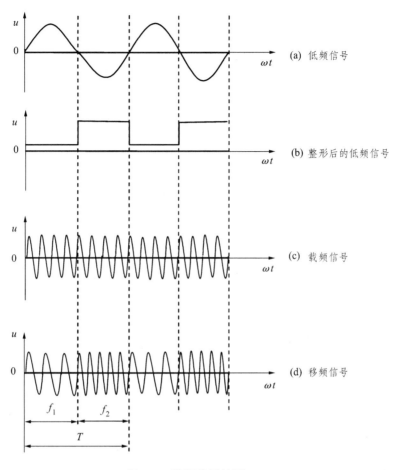

图 2-7 移频信号波形

在移频自动闭塞中，低频信号用于控制通过信号的显示和机车信号显示，而载频 f_0（又称中心载频）则为运载低频信号之用，其目的是提高抗干扰能力。

二、中心载频的选择和配置

在同一条线路上，如果相邻轨道电路采用一种中心载频，则在钢轨绝缘双破损时，会造成相邻轨道电路信息的互串，使信号机错误显示，这是非常危险的。为了防止钢轨绝缘双破损后相邻轨道电路产生错误动作，相邻轨道电路应采用不同的中心载频。

在复线区段，移频信号即是信号源，也是干扰源。为了防止复线区段上、下行线路之间存在的邻线干扰，上、下行线路也应采用不同的中心载频。

总之，为了防止相邻轨道电路和邻线的干扰，要采用四种中心载频。

ZPW-2000 移频自动闭塞采用的标准中心载频为 1700 Hz、2000 Hz、2300 Hz、2600 Hz。在实际使用中，每一种中心载频又分为 1 型和 2 型两种。具体使用情况如下：下行线路采用 1700-1 型 1701.4 Hz、2300-1 型 2301.4 Hz、1700-2 型 1698.7 Hz、2300-2 型 2298.7 Hz 交替配置。

上行线路 2000-1 型 2001.4 Hz、2600-1 型 2601.4 Hz、2000-2 型 1998.7 Hz、2600-2 型 2598.7 Hz 交替配置。

三、频偏的选择

频偏选择过大，信号能量比较分散，邻线和相邻轨道电路的干扰也增大，而且不利于信息的解调，所以频偏要选择小一些。ZPW-2000 移频自动闭塞采用的频偏为 $\Delta f = 11$ Hz。

四、低频信号的选择

在三显示或四显示自动闭塞区段，由于通过信号机只有三种或四种显示，只需要两种或三种低频信号就可以了（无信息为红灯信号）。但是自动闭塞均有机车信号配合使用，由于运营的要求，机车信号应比地面信号有更多的显示，特别在高速铁路上，机车信号应有不同的速度信息，因此要有多种低频信号。ZPW-2000 移频自动闭塞采用的低频信号有 18 种，从 10.3 ~ 29 Hz，每隔 1.1 Hz 一个，呈等差数列分布。具体到每一种低频信号代表的意义，将在本书项目三中介绍。

五、ZPW-2000 移频自动闭塞的基本工作原理

在移频自动闭塞区段，移频信息的传输是按照运行列车占用闭塞分区的状态，迎着列车的运行方向，自动地向前方闭塞分区传递信息的。如图 2-8 所示，介绍移频自动闭塞的基本工作原理。

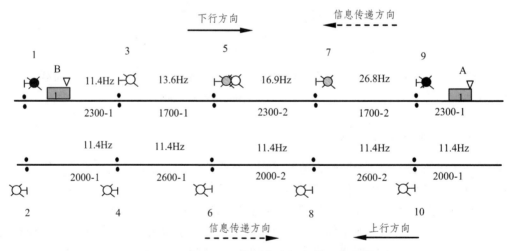

图 2-8　ZPW-2000 移频自动闭塞的工作原理

下行线路有两列列车 A、B 运行，A 列车运行在 9G 分区，B 列车运行 1G 分区。由于 9G 有车占用，防护该闭塞分区的通过信号机 9 显示红灯，这时 9 信号点的发送设备自动向前方闭塞分区 7G 发送 26.8 Hz 调制的中心载频为 1698.7 Hz 的移频信号。当 7 信号点的接收设备收到该移频信号后，控制 7 信号机显示黄灯。此时 7 信号点的发送设备自动向前方闭塞分区 5G 发送 16.9 Hz 调制的中心载频为 2298.7 Hz 的移频信号。当 5 信号点的接收设备收到该移频信号

后，控制 5 信号机显示绿黄灯。此时 5 信号点的发送设备自动向前方闭塞分区 3G 发送 13.6 Hz 调制的中心载频为 1701.4 Hz 的移频信号。当 3 信号点的接收设备收到该移频信号后，控制 3 信号机显示绿灯。此时 3 信号点的发送设备自动向前方闭塞分区 1G 发送 11.4 Hz 调制的中心载频为 2 301.4 Hz 的移频信号。续行列车 B 在 1G 按规定速度运行。如果列车 A 由于某种原因停在 9G 分区，则当续行列车 B 进入 3G 分区，司机见到通过信号 5 显示绿黄灯，则应注意减速运行。当续行列车 B 进入 5G 分区，司机见到通过信号 7 显示黄灯，则应进一步减速运行。当续行列车 B 进入 7G 分区，司机见到通过信号 9 显示红灯，司机采取制动措施，使列车 B 停在通过信号机 9 前方。这样，就可根据列车占用闭塞分区的状态，自动改变地面信号机的显示，准确地指挥列车的运行，实现自动闭塞。

思考题

1. 什么是自动闭塞？简述自动闭塞的种类？
2. 通过信号机如何命名？说明 6341 信号机的含义？
3. 什么是三显示？什么是四显示？说明二者的异同？
4. 什么是移频自动闭塞？什么是载频、上边频、下边频、频偏？
5. ZPW-2000 系列自动闭塞选用的载频有哪些？频偏是多少？
6. ZPW-2000 系列自动闭塞选用的低频有哪些？

项目三 ZPW-2000A 型无绝缘移频自动闭塞系统

【项目描述】

ZPW-2000A 型无绝缘移频自动闭塞是在法国 UM71 无绝缘轨道电路技术的基础上，结合我国国情进行技术再开发研制而成的国产化自动闭塞系统。该系统继承了 UM71 的高载频，抗干扰能力较强和近乎完善的防雷系统的优势，具有较为完备的轨道电路传输安全性技术及参数优化的传输系统，成为我国目前安全性高、传输性能好、具有自主知识产权的一种先进自动闭塞制式，为"机车信号作为主体信号"创造了必备的安全基础条件。目前，已成为我国普通铁路干线和客运专线推广使用的闭塞系统。

任务一 系统概论

一、ZPW-2000A 型无绝缘移频自动闭塞系统技术条件

（1）ZPW-2000 系列无绝缘轨道电路，满足以机车信号为主体信号的自动闭塞系统要求，适用于电气化牵引区段和非电气化牵引区段的区间及车站轨道电路区段，也可用于机械绝缘节轨道电路区段。电气化牵引区段工作环境：轨道回流 ≤1000 A，不平衡系数 ≤10%。

（2）ZPW-2000 系列无绝缘轨道电路采用调谐式电气绝缘节，沿钢轨按规定距离敷设补偿电容，进行传输补偿。

（3）ZPW-2000 系列无绝缘轨道电路采用标准载频为：1700 Hz、2000 Hz、2300 Hz、2600 Hz。传输的低频调制信号频率为 $10.3 + n \times 1.1$ Hz，$n = 0 \sim 17$，即从 10.3 ~ 29 Hz，每隔 1.1 Hz 一个，呈等差数列，共 18 个：10.3、11.4、12.5、13.6、14.7、15.8、16.9、18、19.1、20.2、21.3、22.4、23.5、24.6、25.7、26.8、27.9、29 Hz。它们的信息码如表 3-1 所列。

表 3-1 低频频率信息码

编号	频率（Hz）	信息码	信息定义	说　明
F18	10.3	L3	准许列车按规定的速度运行，表示运行前方 5 个闭塞分区空闲	列车运行速度 ≤200 km/h 自动闭塞区段列车超速防护
F17	11.4	L	准许列车按规定的速度运行	
F16	12.5	L2	准许列车按规定的速度运行，表示运行前方 4 个闭塞分区空闲	列车运行速度 ≤200 km/h 自动闭塞区段列车超速防护系统所用

编号	频率（Hz）	信息码	信息定义	说明
F15	13.6	LU	准许列车按规定的速度注意运行	
F14	14.7	U2	要求列车减速到规定的速度等级越过接近的地面信号机，并预告次一架地面信号机显示两个黄色灯光	
F13	15.8	LU2	要求列车减速到规定的速度等级越过接近的地面信号机，并预告次一架地面信号机显示一个黄色灯光	在列车运行速度≤160 km/h，列车制动到停车需要 3 个闭塞分区
F12	16.9	U	要求列车减速到规定的速度等级越过接近的地面信号机，并预告次一架地面信号机显示一个红色灯光	
F11	18	UU	要求列车限速运行，表示列车接近的地面信号机开放经道岔侧向位置进路	
F10	19.1	UUS	要求列车限速运行，表示列车接近的地面信号机开放经 18 号及以上道岔侧向位置进路，且次一架信号机开放经道岔直向或 18 号及以上道岔侧向位置进路；或表示列车接近有分歧道岔线路所的地面信号机开放经 18 号及以上道岔侧向位置进路	
F9	20.2	U2S	要求列车减速到规定的速度等级越过接近的地面信号机，并预告次一架地面信号机显示一个黄色闪光和一个黄色灯光	
F8	21.3	L5	准许列车按规定的速度运行，表示运行前方 7 个及以上闭塞分区空闲	200 km/h 动车组在客运专线上运行所用
F7	22.4	U3	要求列车减速到规定的速度等级越过接近的地面信号机，表示接近的地面信号机显示一个黄色灯光，并预告次一架信号机为进站或接车进路信号机且显示一个红色灯光	仅适用于双红灯防护的自动闭塞区段第三接近区段
F6	23.5	L4	准许列车按规定的速度运行，表示运行前方 6 个闭塞分区空闲	200 km/h 动车组在客运专线上运行所用
F5	24.6	HB	表示列车接近的进站或接车进路信号机开放引导信号，或通过信号机显示容许信号	
F4	25.7	HUS	实现 1700/2300 Hz 模式与 2000/2600 Hz 模式之间的切换	自动切频码
F3	26.8	HU	要求及时采取停车措施	
F2	27.9			在反向站间闭塞及站内闭环电码化作为检测码用
F1	29	H	要求列车采取紧急停车措施	适用双红灯防护的自动闭塞区段

（4）两相邻平行 ZPW-2000 系列无绝缘轨道电路采用相同载频时，必须具备可靠的邻线干扰防护能力。

（5）ZPW-2000 系列无绝缘轨道电路必须满足双线双向运行要求。

（6）ZPW-2000 系列无绝缘轨道电路发送器输出电压，波动±3%时，轨道电路接收器必须实现一次调整。

（7）ZPW-2000 系列无绝缘轨道电路必须工作可靠并符合故障—安全原则。出现故障后，不能造成地面信号和机车信号显示升级。

（8）ZPW-2000 系列无绝缘轨道电路采用计算机技术，通过硬、软件措施实现轨道电路系统的安全。

（9）ZPW-2000 系列无绝缘轨道电路（单套设备）平均故障间隔时间（MTBF）≥4.38×104 h/区段。

（10）ZPW-2000 系列无绝缘轨道电路计算机软件的安全性完善度等级应为 4 级。

（11）ZPW-2000 系列无绝缘轨道电路电子设备有关电源、外部接口及电磁兼容等环境条件的设计应采用与安全性完善等级相适应的设计方法。

（12）ZPW-2000 系列无绝缘轨道电路硬件和软件结构应实现模块化、标准化、系列化合软件化管理。

（13）ZPW-2000 系列无绝缘轨道电路应能向其他系统提供数据。

（14）ZPW-2000 系列无绝缘轨道电路与其他系统通信时，应采用统一、专用的安全通信协议。

（15）ZPW-2000 系列无绝缘轨道电路应具备自检和在线监测联网功能。

（16）ZPW-2000 系列无绝缘轨道电路同序列号设备必须具备互换条件，有条件时，与 UM71 轨道电路设备也能实现互换。

（17）ZPW-2000 系列无绝缘轨道电路必须具备实现数字化升级的条件。

二、ZPW-2000A 型无绝缘移频自动闭塞系统特点

ZPW-2000A 型无绝缘移频自动闭塞系统是 ZPW-2000 系列无绝缘移频自动闭塞在我国普通铁路干线推广使用的闭塞系统。其特点如下：

（1）充分肯定、保持 UM71 无绝缘轨道电路整体结构上的优势。为防止信号发生越区传输，区间载频配置为。

下行按…1700-1、2300-1、1700-2、2300-2、1700-1…顺序设置方式。

上行按…2000-1、2600-1、2000-2、2600-2、2000-1…顺序设置方式。

区间载频布置如图 3-1 所示。其中，-1 为原载频 + 1.4 Hz；-2 为原载频 − 1.3 Hz。如 1700-1 即 1701.4 Hz，1700-2 即 1698.7 Hz。

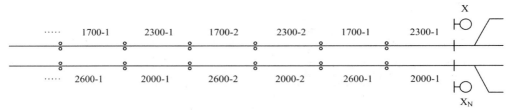

图 3-1　区间载频布置示意图

（2）解决了调谐区断轨检查，实现轨道电路全程断轨检查。

（3）减少调谐区分路死区。

（4）实现对调谐单元断线故障的检查。

（5）实现对拍频干扰的防护。

（6）通过系统参数优化，提高了轨道电路传输长度。

（7）提高机械绝缘节轨道电路传输长度，实现与电气绝缘节轨道电路等长传输。

（8）轨道电路调整按固定轨道电路长度与允许最小道砟电阻方式进行。既满足了 $1\,\Omega\cdot km$ 标准道砟电阻、低道砟电阻最大传输长度要求，又为一般长度轨道电路最大限度提供了调整裕度，提高了轨道电路工作稳定性。

（9）用 SPT 国产铁路数字信号电缆取代法国 ZCO3 电缆，减小铜芯线径，减少备用芯组，加大传输距离，提高系统技术性能价格比，降低工程造价。

（10）采用长钢包铜引接线取代 75 mm² 铜引接线，利于维修。

（11）系统中发送器采用 "$N+1$" 冗余，接收器采用成对双机并联运用，提高系统可靠性，大幅度提高单一电子设备故障不影响系统正常工作的时间。

三、ZPW-2000A 型无绝缘轨道电路系统构成

ZPW-2000A 型无绝缘轨道电路系统构成如图 3-2 所示。

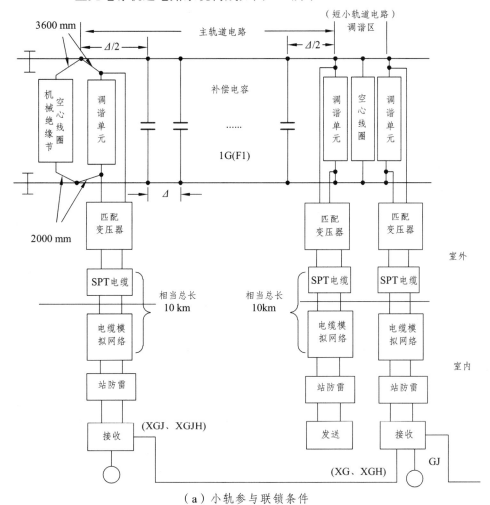

（a）小轨参与联锁条件

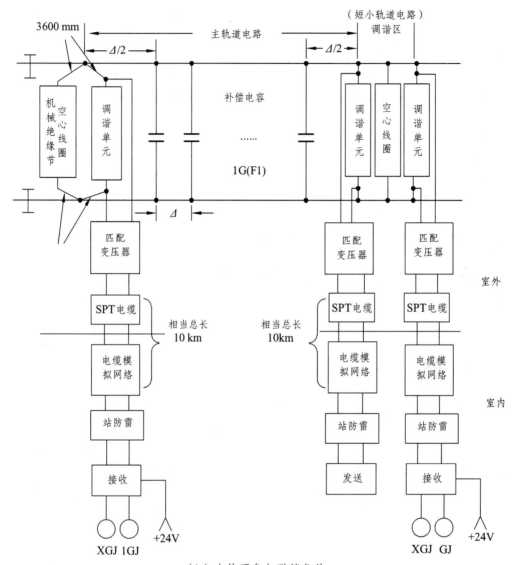

（b）小轨不参与联锁条件

图 3-2　系统原理框图

（一）室外部分

1. 调谐区（JES-JES）

按 29 m 设计，实现两相邻轨道电路电气隔绝。

2. 机械绝缘节

由"机械绝缘节空心线圈"与调谐单元并接而成，其电气特性与电气绝缘节相同。

3. 匹配变压器

一般条件下，按 0.25 ～ 1.0 Ω · km 道砟电阻设计，实现轨道电路与 SPT 传输电缆的匹配连接。

4．补偿电容

根据通道参数兼顾低道砟电阻道床传输，考虑容量，使传输通道趋于阻性，保证轨道电路良好传输性能。

5．传输电缆

SPT 型铁路信号数字电缆，$\phi 1.0\,mm$，一般条件下，电缆长度按 10 km 考虑。根据工程需要，传输电缆长度也可按 12.5 km、15 km 考虑。

6．调谐区设备引接线

该接线采用 3600 mm、2000 mm 钢包铜引接线构成，用于 BA、SVA、SVA 等设备与钢轨间的连接。

（二）室内部分

1．发送器

发送器用于产生高精度、高稳定移频信号源。系统采用 "$N+1$" 冗余设计。故障时，通过 FBJ 接点转至 "$+1$" FS。

2．接收器

ZPW-2000A 型无绝缘轨道电路将轨道电路分为主轨道电路和调谐区短小轨道电路两个部分，并将短小轨道电路视为列车运行前方主轨道电路的所属"延续段"。

接收器除接收本主轨道电路频率信号外，还同时接收相邻区段小轨道电路的频率信号。接收器采用 DSP 数字信号处理技术，将接收到的两种频率信号进行快速傅氏变换（FFT），获得两种信号能量谱的分布，并进行判决。

上述"延续段"信号由运行前方相邻轨道电路接收器处理，并将处理结果形成小轨道继电器执行条件，如图 3-3 所示。

系统采用成对双机并联运用方式。（原理见后）

3．衰耗盘

衰耗盘用于实现主轨道电路、小轨道电路的调整。

给出发送接收故障、轨道占用表示及发送、接收用 +24 电源电压、发送功出电压、接收 GJ、XGJ 测试条件。

4．电缆模拟网络

设在室内，按 0.5 km、0.5 km、1 km、2 km、2 km、2×2 km 六段设计，用于对 SPT 电缆的补偿，总补偿距离为 10 km。

（三）系统防雷

认真贯彻铁路信号设备雷电电磁脉冲防护技术条件及铁路电子设备用防雷保安器有关行业标准的规定，在总结区间自闭设备防雷运用基础上，确定 ZPW-2000 无绝缘移频自动闭塞系统的方案。

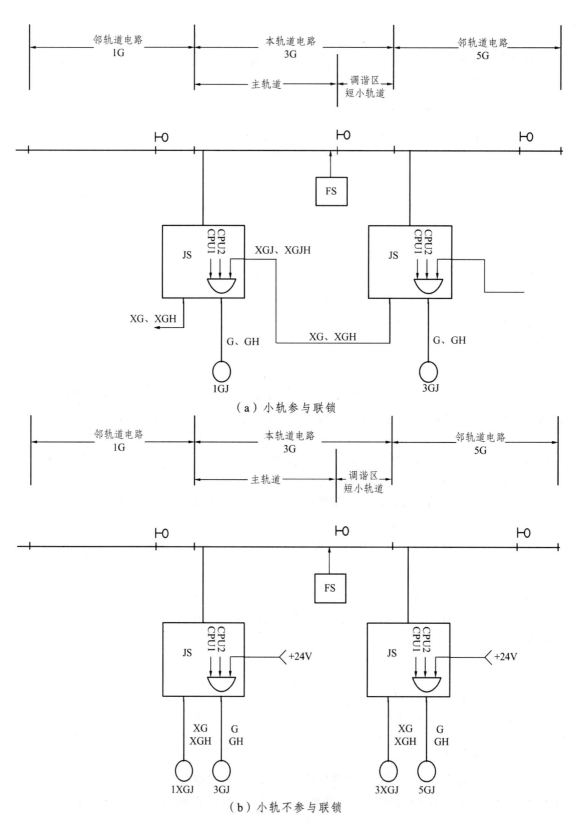

（a）小轨参与联锁

（b）小轨不参与联锁

图 3-3　轨道电路原理图

系统防雷可分为室内和室外两部分：

1．室外

（1）一般防护从钢轨引入的雷电信号，含横向和纵向防护。

横向：限制电压在 AC75 V、10 kA 以上。

纵向：

① 根据设计，一般可通过空心线圈中心线直接接地进行纵向雷电防护。

② 在不能直接接地时，应通过空心线圈中心线与地间加装横纵向防雷元件。

电化牵引区段考虑牵引回流不畅条件下，出现的纵向不平衡电压峰值，限制电压选在 AC500 V、5 kA 以上。非电化区段则只考虑 50 Hz、AC220 V 电流影响，纵向限制电压选在 AC280 V（或 AC275 V），10 kA 以上。

（2）防雷地线电阻要严格控制在 10 Ω以下。

对于采取局部土壤取样不能真实代表地电阻的石质地带，必须加装长的铜质地线，具体长度需视现场情况定。

（3）对于多雷及其以上地区，特别对于石质地层的地区，有条件应加装贯通地线。

在电化区段，该地线为区间防雷、安全、电缆等地线以及上下行等电位连接线共同使用。该贯通地线与两端车站地网线相连接。

2．室内

防护由电缆引入的雷电信号。

横向：限制电压在 AC280 V、10 kA 以上。

纵向：利用低转移系数防雷变压器进行防护。

QJTC-06

二、系统框图

系统框图如 QJTC-06（ZPW-2000A 移频轨道电路系统框图）所示。

任务二　电气绝缘节

一、作　用

电气绝缘节由调谐单元、空心线圈及 29 m 钢轨组成，用于实现两相邻轨道电路间的电气隔离，即完成电气绝缘节的作用。

二、几个基本电路

（一）LC 串联电路

LC 串联电路及电抗、阻抗曲线如图 3-4 所示。

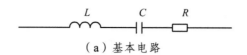

（a）基本电路

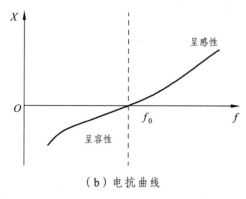

（b）电抗曲线

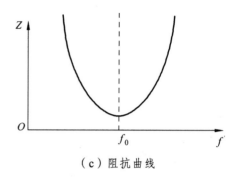

（c）阻抗曲线

图 3-4　LC 串联电路

特点：在谐振点 f_0 处有一零点，阻抗为纯电阻 R，$f < f_0$ 阻抗为容性：

$$Z = R + j\left(\omega L - \frac{1}{\omega C}\right) = R + j\frac{1}{\omega C'}$$

其等效电容 C' 由下式得

$$\frac{1}{\omega C'} = \frac{1}{\omega C} - \omega L$$

$$C' = \frac{C}{1 - \omega^2 LC}$$

$f > f_0$ 阻抗为感性，则

$$Z = R + j\left(\omega L - \frac{1}{\omega C}\right) = R + j\omega L'$$

其等效电感 L' 为

$$\omega L' = \omega L - \frac{1}{\omega C}$$

$$L' = L - \frac{1}{\omega^2 C}$$

（二）LC 并联电路

LC 并联电路及电抗、阻抗曲线如图 3-5 所示。

特点：在谐振点处，有一极点，阻抗最大。

谐振点 f_0 处，阻抗 Z 为

$$Z = (R_v + j\omega L_v) // \left(R + j\frac{1}{\omega C}\right)$$

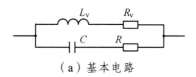

（a）基本电路

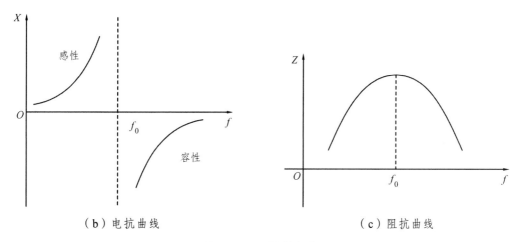

（b）电抗曲线　　　　　　　　（c）阻抗曲线

图 3-5　LC 并联电路

回路 Q 值为 $Q = Q_1 /\!/ Q_2 = \dfrac{\omega L_\mathrm{v}}{R_\mathrm{v}} /\!/ \dfrac{1}{R\omega C}$。

在电气绝缘节中 Q 一般取 5～10。

（三）LC 串并联电路

LC 串并联电路及电抗、阻抗曲线如图 3-6 所示。

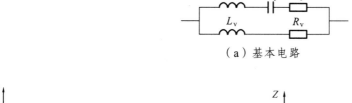

（a）基本电路

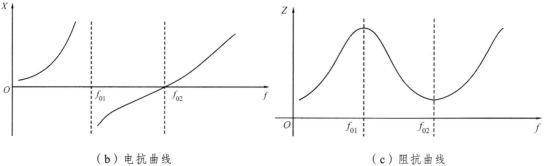

（b）电抗曲线　　　　　　　　（c）阻抗曲线

图 3-6　LC 串并联电路

特点：

◆ 在 f_{02} 处有一串联谐振点（零点），阻抗最小，为 L_1C_1 串联谐振点。

◆ 在 f_{01} 处有一并联谐振点（极点），阻抗最大，为电感 L_v 与 L_1C_1 构成的等效电容

$$C'\left(=\frac{C_1}{1-\omega_{01}^2 L_1 C_1}\right)$$ 的并联谐振点。（以上忽略 R 因素）

（四）LC 并联电路

LC 并联电路及电抗、阻抗曲线如图 3-7 所示。

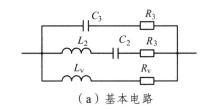

（a）基本电路

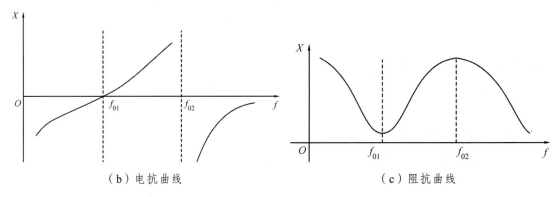

（b）电抗曲线　　　　　　　　（c）阻抗曲线

图 3-7　LC 并联电路

特点：

◆ 在 f_{01} 处有一串联谐振点（零点），阻抗最小，为 L_2C_2 串联谐振点。

◆ 在 f_{02} 处有一并联谐振点（极点），阻抗最大，为电感 L_v 与 L_2C_2 构成的等效电感

$$L'\left(=L_2-\frac{1}{\omega_2^2 C_2}\right)$$ 并联后与 C_3 的并联谐振。

三、电气绝缘节工作原理

电气绝缘节长 29 m，在两端各设一个调谐单元（下称 BA），对于较低频率轨道电路（1700 Hz、2000 Hz）端，设置 L_1、C_1 两元件的 F_1 型调谐单元；对于较高频率轨道电路（2300 Hz、2600 Hz）端，设置 L_2、C_2、C_3 三元件的 F_2 型调谐单元。如图 3-8 所示。

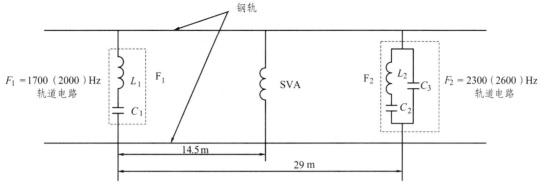

图 3-8　电气绝缘节工作原理图

"f_1"（f_2）端 BA 的 L_1C_1（L_2C_2）对 "f_2"（f_1）端的频率为串联谐振，呈现较低阻抗（数十毫欧姆），称 "零阻抗" 相当于短路，阻止了相邻区段信号进入本轨道电路区段，见图 3-4（c）（图 3-6（c）右端）。

"f_1"（f_2）端的 BA 对本区段的频率呈现电容性，并与调谐区钢轨、SVA 的综合电感构成并联谐振，呈现较高阻抗，称 "极阻抗"（约 2 Ω），相当于开路。以此减少了对本区段信号的衰耗，见图 3-5（c）（图 3-7（c）右端）。

四、空心线圈 SVA 作用

（1）平衡牵引电流回流。

SVA 设置在 29 m 长调谐区两个调谐单元的中间，由于它对于 50 Hz 牵引电流呈现甚小的交流阻抗（约 10 mΩ），故能起到对不平衡牵引电流电动势的短路作用，如图 3-9 所示。

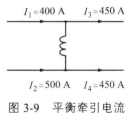

图 3-9　平衡牵引电流

设 I_1、I_2 有 100A 不平衡电流，可近似视为短路，则有 $I_3 = I_4 = \dfrac{I_1 + I_2}{2} = 450\,(\text{A})$。

由于 SVA 对牵引电流的平衡作用，减小了工频谐波对轨道电路设备的影响。

（2）对于上、下行线路间的两个 SVA 中心线可做等电位连接，一方面平衡线路间牵引电流，另一方面可保证维修人员安全；如图 3-10 所示。

（3）作抗流变压器如图 3-11 所示。

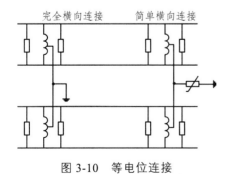

图 3-10　等电位连接　　　　　　　　　图 3-11　抗流变压器

如在道岔斜股绝缘两侧各装一台 SVA，二中心线连接。应该指出，SVA 作抗流变压器时，其总电流≤200 A（长时间通电）。

（4）SVA 对 1700 Hz 感抗值仅有 0.35 Ω，对 2600 Hz 也只有 0.54 Ω。在调谐区中，不能把它简单作为一个低阻值分路电抗进行分析，而应将其作为并联谐振槽路的组成部分。SVA 参数的适当选择，可为谐振槽路提供一个较为合适的 Q 值，保证调谐区工作的稳定性。

（5）机械绝缘节空心线圈（SVA'）。

对于进站和出站口均设有机械绝缘节。为使机械绝缘节轨道电路与电气绝缘节轨道电路有相同的传输参数和传输长度。根据 29 m 调谐区四种载频的综合阻抗值，设计 SVA'，并将该 SVA'与 BA 并联，即可获得预期效果。根据计算和室内外试验，SVA'标称数值如表 3-2 所示。

表 3-2　SVA'标称数值

载频（Hz）	L（μH）	R（mΩ）
1700	29.6	29.6
2000	28.44	33.58
2300	28.32	33.75
2600	28.25	35.7

注：钢包铜引接线数值已减除。

任务三　发送器

一、作　用

（1）产生由 18 种低频信号调制 8 种载频（上下行各四种）共 18×8 种高精度、高稳定的移频信号。

（2）产生足够功率的输出信号。

（3）调整轨道电路。

（4）对移频信号特征的自检测，故障时给出报警及"$N+1$"冗余运用的转换条件。

二、原理框图及电原理

（一）原理框图

同一载频编码条件、低频编码条件源，以反码形式分别送入两套微处理器 CPU1、CPU2 中，其中 CPU1 控制"移频发生器"产生低频控制信号为 F_c 的移频信号。移频键控信号 FSK 分别送至 CPU1、CPU2 进行频率检测。检测结果符合规定后，即产生控制输出信号，经"控制与门"使"FSK"信号送至"滤波"环节，实现方波-正弦波变换。功放输出的 FSK 信号，送至两 CPU 进行功出电压检测。两 CPU 对 FSK 信号的低频、载频和幅度特征检测符合要求后，使发送报警继电器 FBJ 励磁，并使经过功放的 FSK 信号输出至轨道。当发送输出端短路时，经检测使"控制与门"有 10 s 的关闭（装死或称休眠保护），发送器原理如图 3-12 所示。

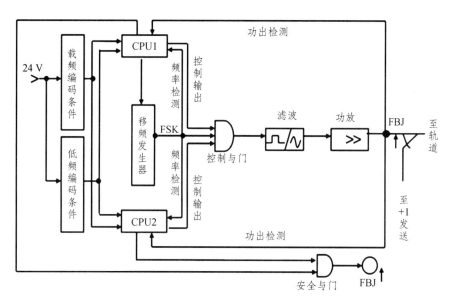

图 3-12　发送器系统原理框图

（二）低频和载频编码条件的读取

低频和载频编码条件读取时，为了消除配线干扰采用"功率型"电路。

考虑到"故障—安全"原则，应将 24 V 直流电源变换成交流，呈动态检测方式，并将外部编码控制电路与 CPU 等数字电路有效隔离，如图 3-13 所示。

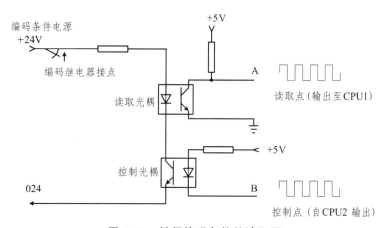

图 3-13　低频编码条件的读取图

图 3-13 所示为 CPU 对 18 路低频或 8 路载频编码条件的读取电路。

依"编码继电器接点"接入"编码条件电源"（＋24 V）。为消除配线干扰，采用＋24 V 电源及电阻 R 构成"功率型"电路。

考虑"故障—安全"，电路中设置了读取光耦、控制光耦。由 B 点送入方波信号，当＋24 V

编码条件电源接通时，即可从"读取光耦"受光器 A 点获得与 B 点相位相同的方波信号，送至 CPU，实现编码条件的读取。

"控制光耦"与"读取光耦"的设置，实现了对电路元件故障的动态检查。任一光耦的发光源，受光器发生短线或击穿等故障时，"读取光耦" A 点都得不到动态的交流信号。以此实现"故障—安全"。

另外，采用光电耦合器也实现了外部编码控制电路与 CPU 数字电路的隔离。

对于 18 路低频选择电路，该电路分别进行设置，共 18 个。对于载频电路则接四种频率及 1、2 型设置，共 6 个。

（三）功率放大器

功率放大器电路的构成如图 3-14 所示。

在电路设计中，考虑了以下情况：

（1）鉴于输出功率较大，直接由 B_5 通过功率管推动 B_6 需要 B_5 有较大的输出功率，增加了前级电路负荷。为此，在构成功率放大器过程中，V30（V18）选用达林顿大功率三极管，并由 V25、V29 与 V30（V20、V19 与 V18）构成多级复合放大。这样，大大减轻了前级的负荷。

（2）二极管 V24（V21）用于 V25（V20）反向过压的保护。

（3）V26（V17）也构成过电流保护。当 V25（V20）I_c 过高时，V26（V17）将导通，构成对后级的"钳位"控制。

（4）V28（V16）用于 V30（V18）输入过流的保护。当过流时，通过 R_{54}、R_{51}（R_{43}、R_{79}）分压使 V28（V16）导通，使 V29（V19）截止。

（5）为了解决 eb 死区所造成的交越失真，由 R_{55} 和二极管 V23、V22 给定的偏压，使得 V25（V20）的 eb 结处于放大状态。

（6）发送电平级别电压如表 3-3 所示。

表 3-3 发送电平级别电压

电平级	连接端子		电压	备注
1	1-11	9-12	170	常用级，站内电码化固定用一级
2	2-11	9-12	156	常用级
3	3-11	9-12	135	常用级
4	4-11	9-12	110	常用级
5	5-11	9-12	77	常用级
6	1-11	4-12	62	
7	3-11	5-12	58	
8	2-11	4-12	46	
9	1-11	3-12	35	
10	4-11	5-12	33	

注：区间常用 1～5 电平级；
    站内电码化：固定用 1 级。

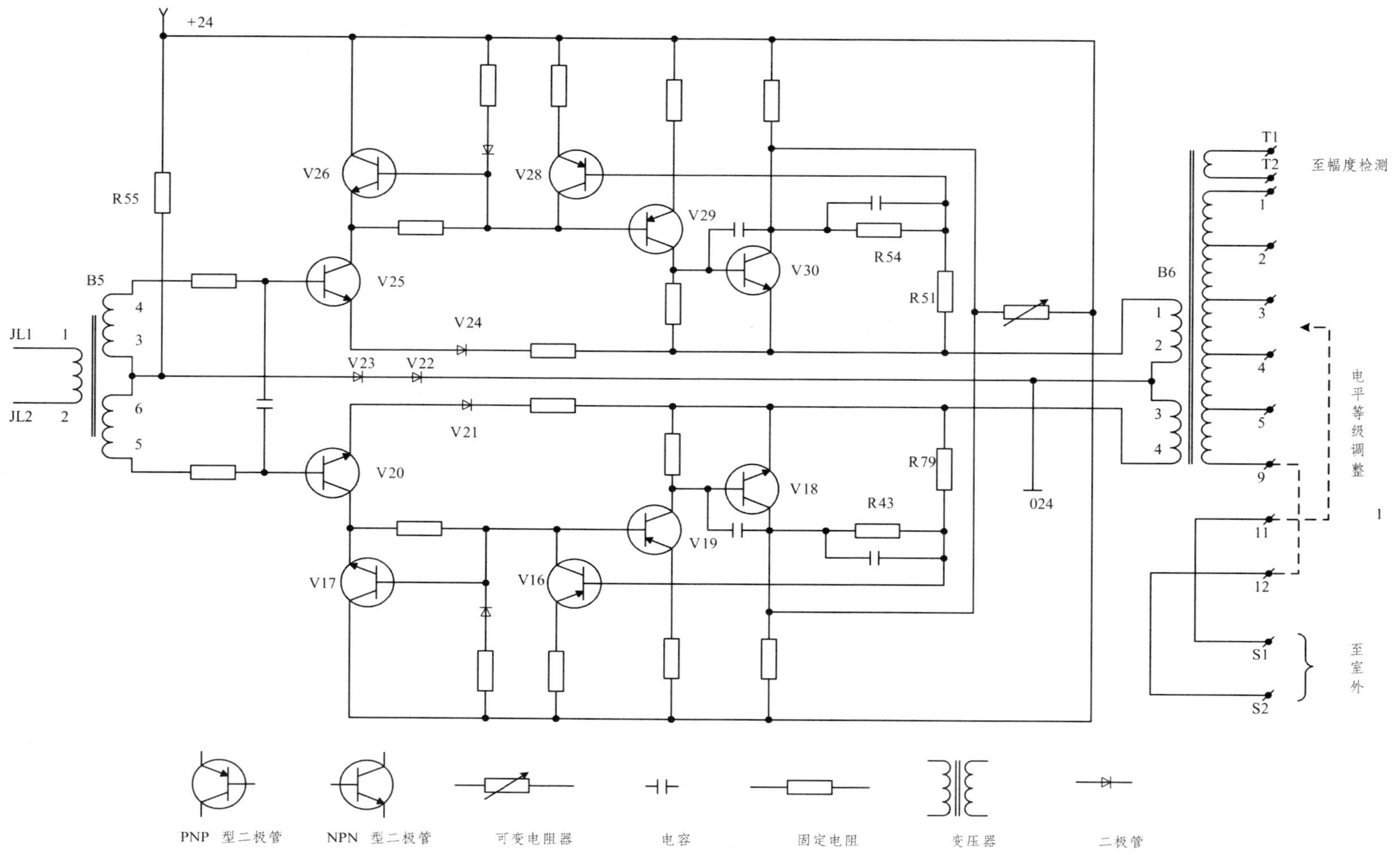

图 3-14 功率放大器

（四）安全与门电路

数字电路中，为保证"故障—安全"，采用相互独立的两路非"故障—安全"数字电路，该电路由统一外控条件控制，每路数字电路对信息执行结果判断符合要求后，各自送出一组连续方波动态信号。另外，专门设计一个有两个分立元件构成的具有"故障—安全"保证的"安全与门"，对两组连续方波动态信号进行检查。

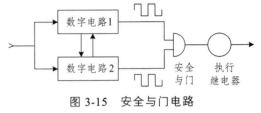

图 3-15 安全与门电路

"安全与门"在确认两组动态信号同时存在条件下，方可驱动执行继电器，其原理框图如图3-15 所示。

两数字电路间的联系为数字交换或自检、互检及闭环检查等。

发送器"安全与门"电路如图 3-16 所示。

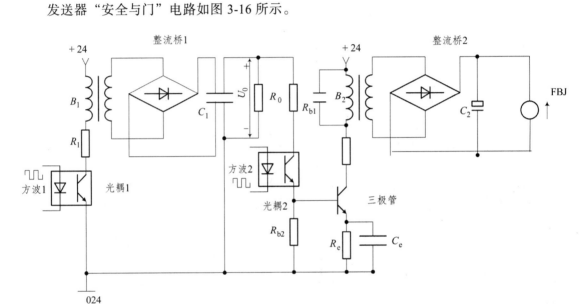

图 3-16 安全与门电路

方波 1、方波 2 分别表示由 CPU1、CPU2 单独送出的方波动态信号。"光耦 1""光耦 2"用于模拟电路与数字电路间的隔离。

变压器 B_1 将"方波 1"信号变化读出，经"整流桥 1"整流及电容 C_1 滤波，在负载 R_0 上产生一个独立的直流电源 U_0。该独立电源反映了方波 1 的存在，并作为执行电路开关三极管的基级偏置电源。

"方波 2"信号通过"光耦 2"控制开关三极管偏置电路。

在"方波 1""方波 2"同时存在的条件下，通过变压器 B_2，"整流桥 2"整流及电容滤波使发送报警继电器（FBJ）励磁。

由以上分析可以看出，FBJ↑反映"方波 1""方波 2"的同时存在。电路中，R_1 用于限流。C_1 采用四端头，为检查电容断线，防止独立电源 U_0 出现较大的交流纹波。R_{b1} 为上偏置电阻，R_{b2} 作为漏泄电阻，保证无"方波 2"信号时，三极管的可靠关闭。R_e 作为"光耦 2"长期固定导通时的恒流保护，同时作为 FBJ 继电器电压的调整。C_e 为交流旁路电容。采用

B_1、B_2变压器耦合提取交流信号、都为了保证电路的"故障—安全"。

（五）发送器"$N+1$"冗余系统原理

1. 发送器外线连接示意图

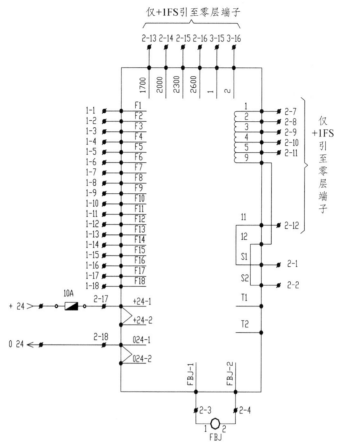

图 3-17　发送器外线连接示意图

2. 发送器端子代号及用途说明

表 3-4　发送器端子代号及用途说明

序号	代　号	用　　途
1	D	地线
2	＋24-1	＋24 V 电源外引入线
3	＋24-2	载频编码用＋24 V 电源（＋1FS 除外）
4	024-1	024 电源外引入线
5	024-2	备用
6	1700	1700 Hz 载频
7	2000	2000 Hz 载频
8	2300	2300 Hz 载频

序号	代　号	用　途
9	2600	2600 Hz 载频
10	−1	1 型载频选择
11	−2	2 型载频选择
12	F1~F18	29 Hz~10.3 Hz 低频编码选择线
13	1~5、9、11、12	功放输出电平调整端子
14	S1、S2	功放输出端子
15	T1、T2	测试端子
16	FBJ-1 FBJ-2	外接 FBJ（发送报警继电器端子）

注：低频编码及＋1FS 载频编码电源取自 2-17 端子。

3. 发送器插座板底视图

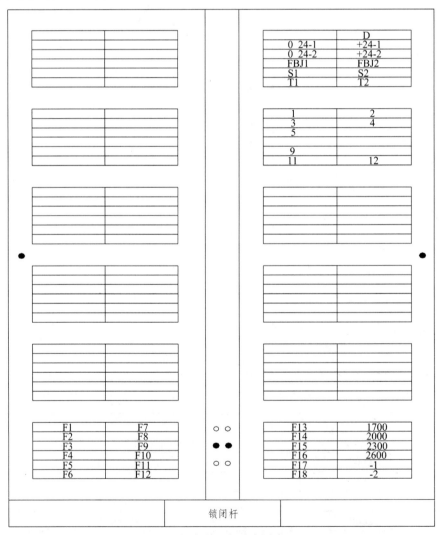

图 3-18　发送器插座板底视图

4. 发送器"N+1"冗余系统原理接线图

发送器"N+1"冗余系统原理接线图如 QJTC-07 所示。

三、发送器技术指标

（1）低频频率：

$10.3 + n \times 1.1$ Hz，$n = 0 \sim 17$

即：10.3 Hz、11.4 Hz、12.5 Hz、13.6 Hz、14.7 Hz、15.8 Hz、16.9 Hz、18 Hz、19.1 Hz、20.2 Hz、21.3 Hz、22.4 Hz、23.5 Hz、24.6 Hz、25.7 Hz、26.8 Hz、27.9 Hz、29 Hz。

（2）载频频率：

下行：	1700-1	1701.4 Hz
	1700-2	1698.7 Hz
	2300-1	2301.4 Hz
	2300-2	2298.7 Hz
上行：	2000-1	2001.4 Hz
	2000-2	1998.7 Hz
	2600-1	2601.4 Hz
	2600-2	2598.7 Hz

（3）频偏：± 11 Hz。

（4）输出功率：

70 W（400 Ω 负载）。

（5）技术指标如表 3-5 所示。

表 3-5　发送器技术指标

序号	项　目		指标范围	备　注
1	低频频率		$F_c \pm 0.03$ Hz	F_c 为 10.3～29 Hz（共 18 个信息）
2	载频频率	1700-1 1700-2 2300-1 2300-2 2000-1 2000-2 2600-1 2600-2	1701.4 Hz ± 0.15 Hz 1698.7 Hz ± 0.15 Hz 2301.4 Hz ± 0.15 Hz 2298.7 Hz ± 0.15 Hz 2001.4 Hz ± 0.15 Hz 1998.7 Hz ± 0.15 Hz 2601.4 Hz ± 0.15 Hz 2598.7 Hz ± 0.15 Hz	
3	输出电压（1 电平）		161～170 V	直流电源电压为 25 V ± 0.1 V 400 Ω 负载
	输出电压（2 电平）		146～154 V	
	输出电压（3 电平）		128～135 V	
	输出电压（4 电平）		104.5～110.5 V	
	输出电压（5 电平）		75～79.5 V	
4	故障转换时间		≤1.6 s	故障至 FBJ 后接点闭合
5	绝缘电阻		不少于 200 MΩ（500 V）	引线与机壳

QJTC-07

任务四 接收器

一、作 用

接收器接收端及输出端均按双机并联运用设计，与另一台接收器构成相互热机并联运用系统（或称 0.5 + 0.5），保证接收系统的高可靠运用。

（1）用于对主轨道电路移频信号的解调，并配合与送电端相连接调谐区短小轨道电路的检查条件，动作轨道继电器。

（2）实现对与受电端相连接调谐区短小轨道电路移频信号的解调，给出短小轨道电路执行条件，送至相邻轨道电路接收器。

（3）检查轨道电路完好，减少分路死区长度，还用接收门限控制实现对 BA 断线的检查。

二、框图及原理

（一）接收器双机并联运用原理框图

接收器由本接收"主机"及另一接收"并机"两部分构成，如图 3-19 所示。

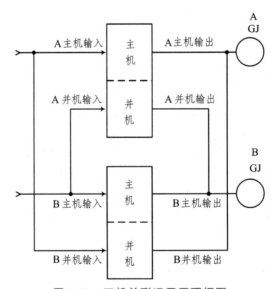

图 3-19 双机并联运用原理框图

ZPW-2000A 系统中 A、B 两台接收器构成成对双机并联运用，即：

A 主机输入接至 A 主机，且并联接至 B 并机；

B 主机输入接至 B 主机，且并联接至 A 并机。

A 主机输出与 B 并机输出并联，动作 A 主机相应执行对象（AGJ）；

B 主机输出与 A 并机输出并联，动作 B 主机相应执行对象（BGJ）。

（二）接收器原理框图

主轨道 A/D、小轨道 A/D：模数转换器，将主机、并机输入的模拟信号转换成计算机能处理的数字信号。

CPU1、CPU2：是微机系统，完成主机、并机载频判决、信号采样、信息判决和输出驱动等功能。

安全与门 1～4：将两路 CPU 输出的动态信号变成驱动继电器（或执行条件）的直流输出。

载频选择电路：根据要求，利用外部的接点，设定主机、并机载频信号，由 CPU 进行判决，确定接收盒的接收频率。

接收盒根据外部所确定载频条件，送至两 CPU，通过各自识别，并通信、比较确认一致，视为正常，不一致时，视为故障并报警。外部送进来的信号，分别经过主机、并机两路模数转换器转换成数字信号。两套 CPU 对外部四路信号进行单独的运算，判决处理。表明接收信号符合幅度、载频、低频要求时，就输出 3kHz 的方波，驱动安全与门。安全与门收到两路方波后，就转换成直流电压带动继电器。如果双 CPU 的结果不一致，安全与门输出不能构成，且同时报警。电路中增加了安全与门的反馈检查，如果 CPU 有动态输出，那么安全与门就应该有直流输出，否则就认为安全与门故障，接收盒也报警。如果接收盒收到的信号电压过低，就认为是列车分路，如图 3-20 所示。

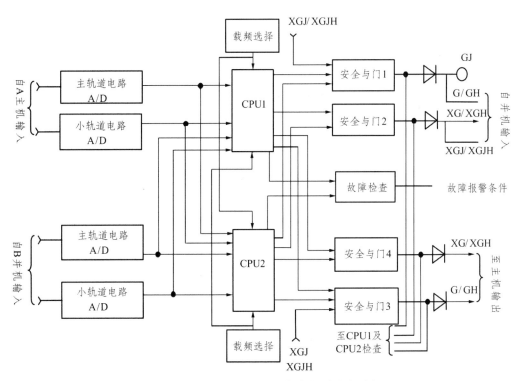

（a）接收器原理框图（小轨参与联锁条件）

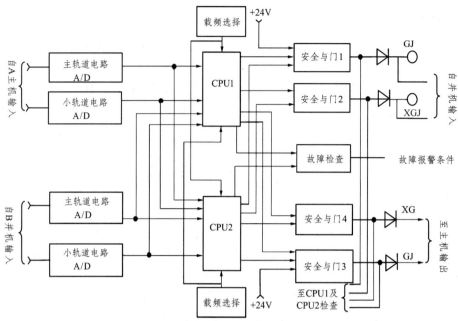

（b）接收器原理框图（小轨不参与联锁条件）

图 3-20　接收器原理框图

三、接收器双机并联运用原理

（一）接收器外线连接示意图

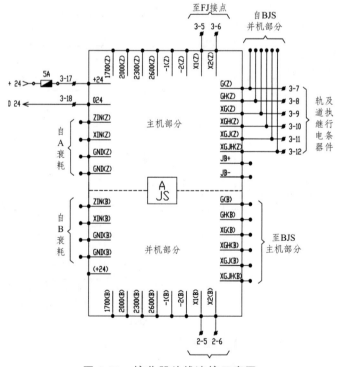

图 3-21　接收器外线连接示意图

（二）接收器端子代号及用途说明

表 3-6　接收器端子代号及用途说明

序号	代　号	用　　途
1	D	地线
2	＋24	＋24 V 电源
3	（＋24）	＋24 V 电源（由设备内给出，用于载频及类型选择）
4	024	024 V 电源
5	1700（Z）	主机 1700 Hz 载频
6	2000（Z）	主机 2000 Hz 载频
7	2300（Z）	主机 2300 Hz 载频
8	2600（Z）	主机 2600 Hz 载频
9	1（Z）	主机 1 型载频选择
10	2（Z）	主机 2 型载频选择
11	X1（Z）	主机小轨道 1 型载频选择
12	X2（Z）	主机小轨道 2 型载频选择
13	ZIN（Z）	主机轨道信号输入
14	XIN（Z）	主机邻区段小轨道信号输入
15	GIN（Z）	主机轨道信号输入共用回线
16	G（Z）	主机轨道继电器输出线
17	GH（Z）	主机轨道继电器回线
18	XG（Z）	主机小轨道继电器（或执行条件）输出线
19	XGH（Z）	主机小轨道继电器（或执行条件）回线
20	XGJ（Z）	主机小轨道检查输入
21	XGJH（Z）	主机小轨道检查回线
22	1700（B）	并机 1700 Hz 载频
23	2000（B）	并机 2000 Hz 载频
24	2300（B）	并机 2300 Hz 载频
25	2600（B）	并机 2600 Hz 载频

序号	代号	用 途
26	1（B）	并机小轨道 1 型载频选择
27	2（B）	并机小轨道 2 型载频选择
28	X1（B）	并机正向运行选择
29	X2（B）	并机反向运行选择
30	ZIN（B）	并机轨道信号输入
31	XIN（B）	并机邻区段小轨道信号输入
32	GIN（B）	并机轨道信号输入共用回线
33	G（B）	并机轨道继电器输出线
34	GH（B）	并机轨道继电器回线
35	XG（B）	并机小轨道继电器（或执行条件）输出线
36	XGH（B）	并机小轨道继电器（或执行条件）回线
37	XGJ（B）	并机小轨道检查输入
38	XGJH（B）	并机小轨道检查回线
39	JB＋	接收故障报警条件"＋"
40	JB－	接收故障报警条件"－"

（三）接收器插座底板视图

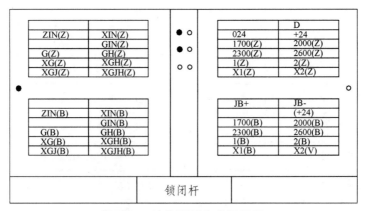

图 3-22 接收器插座底板视图

注：● 为鉴别销位置

（四）接收器双机并联运用原理接线图

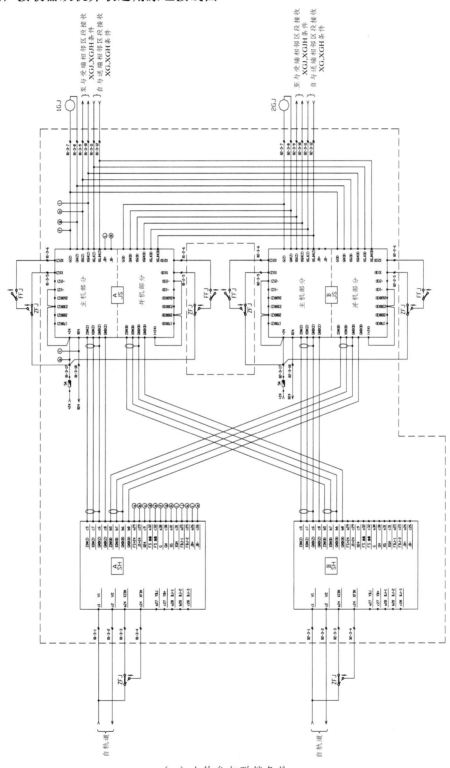

（a）小轨参与联锁条件

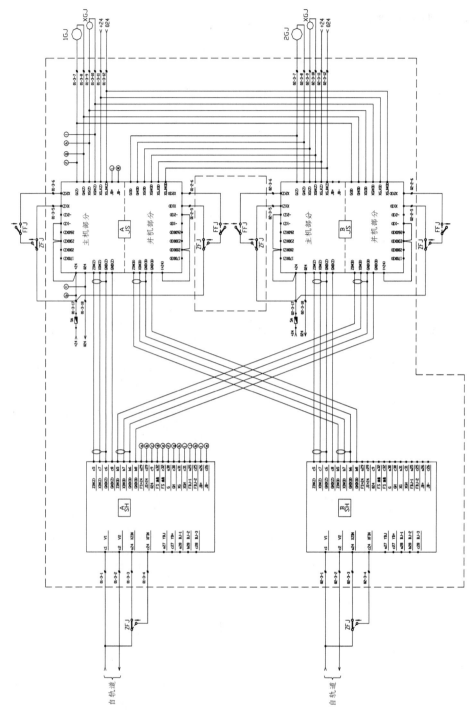

（b）小轨不参与联锁条件

图 3-23 接收器双机并联运用原理接线图

注：① 图例接收器载频设置：AJS—Z（主机）为 2300-1，1JS-B（并机）为 2000-2，BJS—Z（主机）为 2000-2，
2JS-B（并机）为 2300-1。
② 设 AJS 在移频框 1 位置，设 BJS 在移频框 2 位置。
③ 工程设计配线仅含虚线框外部。

四、接收器技术指标

表 3-7　接收器技术指标

序号	项目		指标范围	备注
1	主轨道接收	吸起门限	200～210 mV	电源电压：24 V
		落下门限	≥170 mV	
		继电器电压	不小于 20 V	
		吸起延时	2.3～2.8 s	
		落下延时	≤2 s	
2	小轨道接收	吸起门限	69～81 mV	电源电压：24 V
		落下门限	≥63 mV	
		继电器电压	不小于 20 V	
		吸起延时	2.3～2.8 s	
		落下延时	≤2 s	
3	绝缘电阻		不少于 200 MΩ（500 V）	引线与机壳

任务五　衰耗盘

一、作　用

（1）用做对主轨道电路的接收端输入电平进行调整。

（2）对小轨道电路的调整含正反向。

（3）给出有关发送、接收用电源电压、发送功出电压、轨道输入输出 GJ，XGJ 测试条件。

（4）给出发送、接收故障报警和轨道占用指示灯等。

（5）在"$N+1$"冗余运用中实现发送器故障转换时主轨道继电器和小轨道继电器的落下延时。

二、衰耗盘面板布置图

衰耗盘面板布置图如图 3-24 所示。

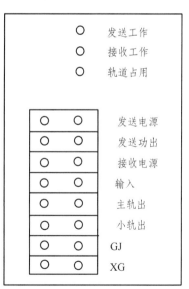

三、工作原理

（一）主轨道输入电路

主轨道信号 V1 V2 自 c1c2 变压器 B1 输入，B1 变压器

图 3-24　衰耗盘面板布置图

注：发送工作灯：绿色 ○

　　接收工作灯：绿色 ○

　　轨道占用灯：红色 ●

其阻抗为 36 ~ 55 Ω（1700 ~ 2600 Hz），以稳定接收器输入阻抗，该阻抗选择较低，以利于抗干扰，如图 3-25 所示。

变压器 B1 其匝比为 116 ：（1 ~ 146）。次级通过变压器抽头连接，可构成 1 ~ 146 共 146 级变化，按调整表调整接收电平。例如某电气化分区载频为 2000-1，长度 1102 m，其主轨调整方法为：查载频为 2000 的轨道调整表 Lv 栏，知接收电平 KRV 为 69，据此查接收电平表知变压器 B1 二次侧的连接方法为 R6 与 R11 连接，R9 与 R12 连接，并封连 R1-R7、R2-R10，即可完成主轨道电路接收端的调整。保证进入接收器的主轨电压不低于 240 mV。

（二）小轨道输入电路

根据方向电路变化，接收端将接至不同的两端短小轨道电路。故短小轨道电路的调整按正、反两方向进行。正方向调整用 a11 ~ a23 端子，反方向调整用 c11 ~ c23 端子，负载阻抗为 3.3 kΩ。

为提高 A/D 模数转换器的采样精度，短小轨道电路信号经过 1：3 升压变压器 B2 输出至接收器，使小轨电压在 100 ~ 120 mV（或 126 mV 左右）范围内，如图 3-25 所示。

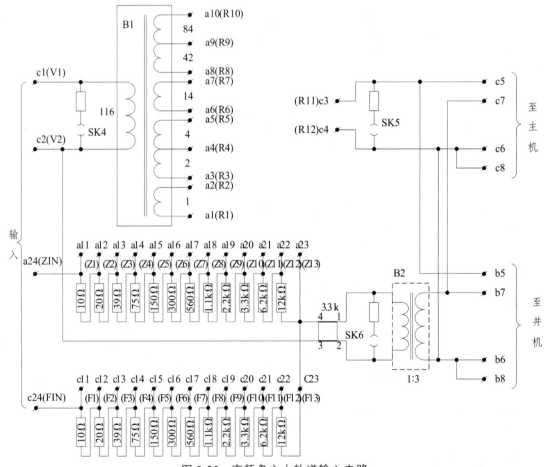

图 3-25　衰耗盘主小轨道输入电路

（三）表示灯电路

表示灯电路如图 3-26 所示。

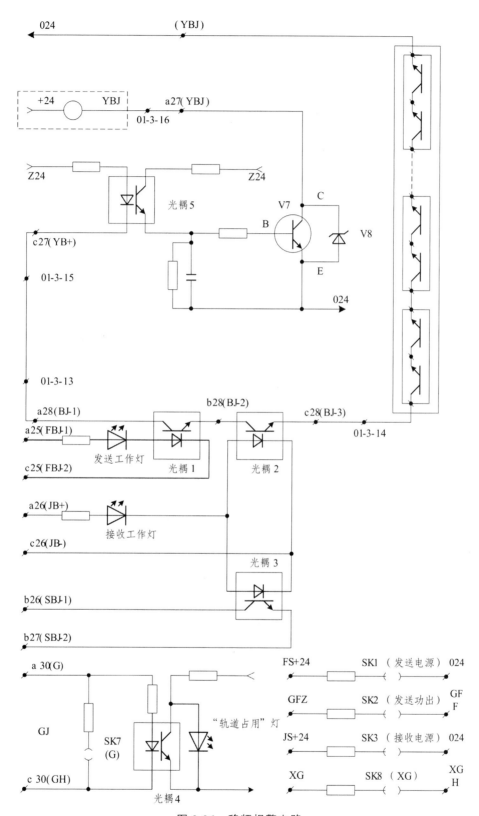

图 3-26　移频报警电路

（1）"发送工作"灯通过发送器输入 FBJ-1、FBJ-2 条件构成，并通过"光耦 1"接通发送报警条件（BJ-1、BJ-2）。

（2）"接收工作"灯通过输入接收器 JB+、JB-条件构成，并通过"光耦 2"接通接收报警条件（BJ-2、BJ-3）。

（3）"轨道占用"灯通过输入接收器 G、GH 条件构成，轨道占用时，通过"光耦 4"的受光器关闭，使"轨道站用灯"点灯。

（四）测试端子

测试端子如图 3-25、3-26 所示。

SK1："发送电源"接 FS+24 V、024 V；

SK2："发送功出"接发送器功出；

SK3："接收电源"接 JS+24 V、024 V；

SK4："接收输入"；

SK5："主轨道输出"经 B1 变压器电平调整后输出至主轨道主机、并机；

SK6："小轨道输出"经调整电阻调整后，通过 B2 变压器送至小轨道主机、并机；

SK7："GJ"主轨道，GJ 电压；

SK8："XG"小轨道执行条件电压。

（五）移频总报警继电器（YBJ）

移频总报警继电器如图 3-26 所示。

YBJ 控制电路仅在移频柜第一位置设置。

在衰耗盘设"光耦 5"。FS+24 电流通过对本段轨道电路发送故障条件（BJ-1、BJ-2）、接收故障条件（BJ-2、BJ-3）以及其他段轨道电路有关检查条件串联检查，系统设备均正常时，使"光耦 5"受光器导通控制三极管 V7 导通，并使 YBJ 励磁。

电容 C_1 起到缓放作用，防止各报警条件瞬间中断，造成 YBJ 跳动。

在站内电码化及"+1发送"只有发送没有接收设备时仅接入 BJ-1、BJ-2 条件。在车站接收设置总数为奇数，单独设置并机备用时，仅接入 BJ-2、BJ-3 条件。

四、接线图及技术指标

（一）衰耗盘外线连接

衰耗盘外线连接示意图如图 3-27 所示。

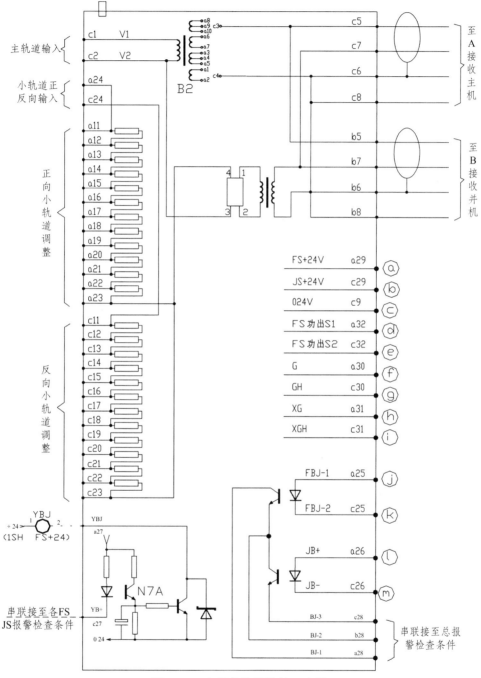

图 3-27 衰耗盘外线连接示意图

（二）衰耗盘端子用途说明

衰耗盘端子用途说明见 3-8。

表 3-8　衰耗盘端子用途说明

序号	端子号	用　途
1	c1	轨道信号输入
2	c2	轨道信号输入回线
3	a24	正向小轨道信号输入
4	c24	反向小轨道信号输入
5	a1～a10、c3、c4	主轨道电平调整
6	a11～a23	正向小轨道电平调整
7	c11～c23	反向小轨道电平调整
8	c5	主机主轨道信号输出
9	c7	主机小轨道信号输出
10	c6、c8	主机主轨道小轨道信号输出共用回线
11	b5	并机主轨道信号输出
12	b7	并机小轨道信号输出
13	b6、b8	并机主轨道小轨道信号输出共用回线
14	a30、c30	轨道继电器（G、GH）
15	a31、c31	小轨道继电器（XG、XGH）
16	a29	发送＋24直流电源
17	c29	接收＋24直流电源
18	c9	024电源
19	a25、c25	发送报警继电器FBJ-1、FBJ-2
20	a26、c26	接收报警条件JB＋、JB-
21	a27	移频报警继电器YBJ
22	c27	移频报警检查电源YB＋
23	a28、b28	发送报警条件BJ1-BJ2
24	b28、c28	接收报警条件BJ2-BJ3
25	a32、c32	功放输出S1、S2

（三）技术指标

技术指标如表3-9所示。

表 3-9 技术指标

序号	项 目		指标范围	备注
1	调整变压器输入阻抗（Ω）		42.27 Ω±0.42 Ω	输入 2000 Hz、10 mA 输出开路
2	调整变压器	V1-V2	580 mV±1 mV	V1 V2 设定 2000 Hz、580 mV±1 mV
		R1-R2	5 mV±1 mV	
		R4-R5	20 mV±3 mV	
		R3-R5	30 mV±3 mV	
		R6-R7	70 mV±3 mV	
		R8-R9	210 mV±3 mV	
		R8-R10	630 mV±6 mV	
		R5-R6（R3-R7 连）	100 mV±5 mV	
		R7-R9（R6-R10 连）	490 mV±5 mV	
3	小轨道输入阻抗		3300 Ω±33 Ω	
4	衰耗电阻	端子号	电阻值	数字万用表测量
		a11-a12　c35-c36	10 Ω±0.5 Ω	
		a12-a13　c36-c37	20 Ω±0.5 Ω	
		a13-a14　c37-c38	39 Ω±0.5 Ω	
		a14-a15　c38-c39	75 Ω±1 Ω	
		a15-a16　c39-c40	150 Ω±2 Ω	
		a16-a17　c40-c41	300 Ω±4 Ω	
		a17-a18　c41-c42	560 Ω±8 Ω	
		a18-a19　c42-c43	1.1 kΩ±16 Ω	
		a19-a20　c43-c44	2.2 kΩ±33 Ω	
		a20-a21　c44-c45	3.3 kΩ±68 Ω	
		a21-a22　c45-c46	6.2 kΩ±130 Ω	
		a22-a23　c46-c47	12 kΩ±270 Ω	
5	绝 缘 电 阻		不少 200 MΩ（500 V）	引线与机壳

任务六　其他设备

一、站防雷和电缆模拟网络

（一）作　用

用做对通过传输电缆引入室内雷电冲击的防护（横向、纵向）。通过 0.5 km、0.5 km、1 km、2 km、2 km、2×2 km 六节电缆模拟网络，补偿实际 SPT 数字信号电缆，使补偿电缆和实际电缆总距离为 10 km，以便于轨道电路的调整和构成改变列车运行方向电路，如图 3-28 所示。

（二）原理框图

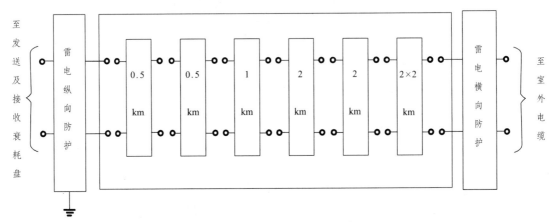

图 3-28　站防雷和电缆模拟网络图

（三）站防雷电路原理

由于室外电缆可能带来雷电冲击信号，为保护模拟网络及室内发送、接收设备，采用横向与纵向雷电防护。

1. 横向雷电防护

采用 AC280 V 左右防护等级压敏电阻。

从维修上考虑，压敏电阻应具有模块化、阻燃、有劣化指示、可带电插拔及可靠性较高的特点。

其典型型号为：

V20-C/1　　　　　280

DEHNguard　　　　275

特性如表 3-10 所示。

表 3-10　典型型号特性

项目　　　特性　　　型号	V20-C/1 280	DEHNguard 275
标准放电电流 I_n	20 kA	20 kA
最大连续工作电压 U_c	280 V	280 V
限制电压 U_1	1.4 kV（20 kA）	1.5 kV（20 kA）

2. 纵向雷电防护

对于线对地间的纵向雷电信号可采用以下 3 种方式：

1）加三极放电管保护

纵向雷电信号通过压敏电阻 R_1、R_2 及三极放电管 SF 接入大地。当雷电冲击信号达到防护值时，依 R_1、R_2 及 SF 限幅，R_1、R_2 亦用以切断续流。如图 3-29 所示。

该方式使用元件简单，但当 R_1 与 SF 或 R_2 与 SF 产生永久性击穿故障时，将造成电缆芯线接地，使电缆四线组失去平衡，大幅度增加电缆线对间的干扰电平，甚至造成接收设备的错误动作。因此，该方式已不再被采用。

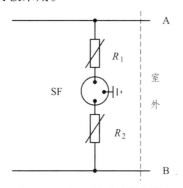

图 3-29　加三极放电管保护

2）加低转移系数防雷变压器防护

结构1：采用低转移系数防雷变压器，其原理图如图 3-30（a）所示。

结构2：室外侧 A 与室内侧 C 为相互"环抱"缠绕，中间有加厚隔离层 B，以减少线圈间耦合电容 C_B，线圈 C 被非封口的金属铂 D 包裹，工艺中加大之间的耦合电容 C_D，并将 D 接至地线 E，如图 3-30（b）所示。

对纵向雷电信号的等效电路如图 3-30（c）所示。

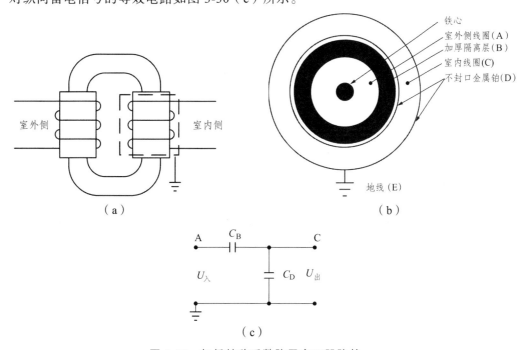

图 3-30　加低转移系数防雷变压器防护

其中 $U_{出} = U_{入} \times \dfrac{C_B}{C_B + C_D}$。

当 C_B 足较 C_D 足够小时，$U_{出} \ll U_{入}$。

设 $C_B = \dfrac{1}{200} C_D$，则有 $U_{出} = \dfrac{1}{201} U_{入}$。

以此达到较好的纵向防雷的效果。

结构 1 在工艺上易于获得低转移系数，但是该结构漏磁大、效率低，产品性能离散性大。

结构 2 在工艺上难以获得较低的转移系数，但是该结构漏磁小，效率高，产品性能一致性好，工作稳定。在转移系数满足实用要求的条件下，一般采取此结构。

应该强调，目前钢轨线路旁在没有设置贯通地线条件下，该防雷变压器对纵向雷电防护有显著作用。

由于该变压器原理是尽量减小轨道侧与室内侧线圈间耦合电容的数值，所以在模拟网络设备内部以及外部，对轨道侧"线对"与室内侧"线对"间要尽量远离。

3）室外加站间贯通地线防护

室外采用贯通地线作为钢轨对地不平衡的良好泄流线，如图 3-31 所示。

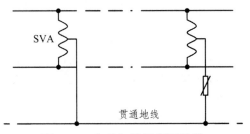

图 3-31　室外加站间贯通地线

在复线区段上下行线路为完全横向连接时，可将 SVA 中心线直接接地，简单横向连接时，可通过防雷元件接地，室内电缆模拟网络不再考虑纵向防护。

该方式防雷效果最佳，特别在山区，地线电阻难以达到标准的地区。

在有条件的情况下，该方式为设计首选方式。

（四）电缆模拟网络电路原理

"电缆模拟网络"可视为室外电缆的一个延续。

（1）电缆模拟网络电路原理

（2）电缆模拟网络按 0.5 km、0.5 km、1 km、2 km、2 km、2×2 km 六节对称 π 型网络，以便串接构成 0～10 km 按 0.5 km 间隔任意设置补偿模拟电缆值。

（3）模拟电缆网络值按以下数值设置：

R：23.5 Ω/km；

L：0.75 mH/km；

C：29 nF/km；

R、L 按共模电路设计，考虑"故障—安全"；C 采用四端引线。

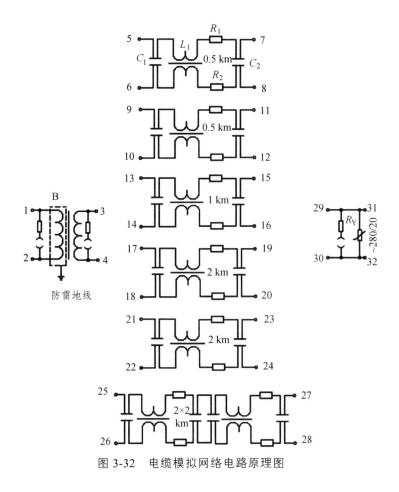

图 3-32　电缆模拟网络电路原理图

二、匹配变压器

（一）作用

用于钢轨（轨道电路）与 SPT 铁路数字信号电缆的匹配连接。

（二）电路分析

（1）$V_1 V_2$ 经调谐单元端子接至轨道，$L_1 L_2$ 经 SPT 电缆接至室内。如图 3-33 所示。

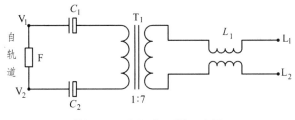

图 3-33　匹配变压器示意图

（2）考虑到 $1.0\,\Omega\cdot km$ 道砟电阻，并兼顾低道砟电阻道床，该变压器变比优选为 $9:1$。

（3）钢轨侧电路中，串联接入两个 16 V、4700 μF 电解电容（C_1、C_2）该二电容按相反极性串接，构成无极性联结，起到隔直及交连作用。保证该设备在直流电力牵引区段运用中，不致因直流成分造成匹配变压器磁路饱和。

（4）F 为匹配变压器的雷电横向防护元件。

该压敏电阻选择 AC75 V 防护等级。

该压敏电阻典型型号及特如表 3-11 所示。

表 3-11 压敏电阻典型型号及特性

特性 项目 \\ 型号	V20-C/1 75	DEHNguard 75
标称放电电流 I_n	15 kA	10 kA
最大连续工作电压 U_C	75 V	75 V
限制电压 U_1	≤ 400 V	≤ 450 V

注：国外手册
I_n：代号为 I_{sn}，又译作"标称通流容量"。
U_c：又译作"最大持续运行电压""最大持续操作电压"。
U_1：代号为 U_p，又译作"电压保护水平""电压保护级别"。

（5）10 mH 的电感 L_1 用作 SPT 电缆表现出容性的补偿。同时，与匹配变压器相对应处轨道被列车分路时，它可作为一个阻抗（1700 Hz 时约为 106.8 Ω）。

该电感由设在同一线圈骨架两个槽上的单独线圈组成，以便在两条电缆线的每一条线上表现出同样的阻抗。

该电感阻抗的降低将造成接收器电平的增高，故电感由富于弹性物质灌封，以防止振动或撞击造成电感损坏，使电感值降低或丧失。

三、补偿电容

（一）保证轨道电路传输距离

由于质量 60 kg、轨矩 1435 mm 的钢轨电感为 1.3 μH/m。同时每米有几个 pF 电容。对于 1700 ~ 2300 Hz 的移频信号，钢轨呈现较高的感抗值。当该值大大高于道砟电阻时，对轨道电路信号的传输产生较大的影响。

为此，采取分段加补偿电容的方法，减弱电感的影响。

其补偿原理可理解为将补偿段钢轨 L 与电容 C 视为串联谐振，如图 3-34 所示。

以此在补偿段入口端（A、B）取得一个趋于电阻性负载 R。并在出口端（C、D）取得一个较高的输出电平。

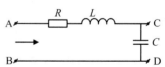

图 3-34　补偿电容补偿原理

过去，为使"补偿"工作简化，曾采取每 100 m 补偿一次，根据 1.5 Ω·km 道砟电阻、兼顾 1700 ~ 2600 Hz 载频，选取补偿电容容量为 33 μF，轨道电路两端电容设置采用"半截距法"。以上方式对保证 UM71 无绝缘轨道电路传输长度有一定的效果。

结合国情，我国轨道电路道砟电阻标准已改为 1.0 Ω·km，而且南方隧道及特殊线路都存在低道砟电阻的情况，一般认为补偿电容容量与载频频率、道砟电阻低端数值、电容设置方式、设置密度、轨道电路传输作用要求等有关。

一般载频频率低，补偿电容容量大；最小道砟电阻低，补偿电容容量大；轨道电路只考虑加大机车信号入口电流，不考虑列车分路状态时，电容容量大。为保证轨道电路电容调整、分路及机车信号同时满足一定要求时，补偿电容容量应有一个优选范围。

补偿电容设置密度加大，有利于改善列车分路，减少轨道电路中列车分路电流的波动范围，有利于延长轨道电路传输长度，过密设置又增加了成本，带来维修的不便，要适当考虑。

补偿电容的设置方式宜采用"等间距法"，即将无绝缘轨道电路两端 BA 间的距离 L 按补偿电容总量 N 等分，其步长 $\Delta = \dfrac{L}{N}$。轨道电路两端按半步长 $\left(\dfrac{\Delta}{2}\right)$，中间按全步长（$\Delta$）设置电容，以获得最佳传输效果。

综上，根据载频频率、最低道砟电阻数值、轨道电路传输状态的要求、电容容量、数量、设置方法得当，将大大改善轨道电路的传输，加大轨道电路传输长度。

（二）保证接收端信号有效信干比

由于轨道电路加补偿电容后趋于阻性，改善了轨道电路信号传输，加大了轨道入口端短路电流，减小了送受电端钢轨电流比，从而保证了轨道电路入口端信号、干扰比，改善了接收器和机车信号的工作。

（三）技术指标

在 ZPW-2000 A 系统中，补偿电容容量、数量均按通道具体参数及轨道电路传输要求确定。

（1）电容容量。

1700 Hz：55（1 ± 5%）μF；

2000 Hz：50（1 ± 5%）μF；

2300 Hz：46（1 ± 5%）μF；

2600 Hz：40（1 ± 5%）μF。

测试频率：1000 Hz。

（2）额定工作电压：交流 160 V。

（3）损耗角正切值：$\tan\delta \leqslant 90 \times 10^{-4}$。

（4）绝缘电阻：不小于 500 MΩ，直流 100 V 时。

四、内屏蔽铁路数字信号电缆

（一）适用范围

可实现 1 MHz（模拟信号）、2 Mbit/s（数字信号）以及额定电压交流 750 V 或直流 1100 V 及以下铁路信号系统中有关设备和控制装置之间的连接，传输系统控制信息及电能。可在铁路电气化和非电气化区段使用。

（二）规格、产品表示方法及代号

1. 规格

电缆的规格以缆芯芯数表示，其规格如表 3-12 所示。

表 3-12　电缆的规格以缆芯芯数表示

序号	芯数及类型	屏蔽四线组数	非屏蔽四线组数	绝缘单线	工程设计备用芯数（用做轨道电路信息传送时）
1	12 A	2×4	1×4	—	2 对（1 个屏蔽四线组）
2	12 B	3×4	—	—	2 对（1 个屏蔽四线组）
3	14 A	2×4	1×4	2	2 对（1 个屏蔽四线组）
4	14 B	3×4	—	2	2 对（1 个屏蔽四线组）
5	16 A	2×4	2×4	—	2 对（1 个屏蔽四线组）
6	16 B	4×4	—	—	2 对（1 个屏蔽四线组）
7	19 A	3×4	1×4	3	2 对（1 个屏蔽四线组）
8	19 B	4×4	—	3	2 对（1 个屏蔽四线组）
9	21 A	3×4	2×4	1	2 对（1 个屏蔽四线组）
10	21 B	5×4	—	1	2 对（1 个屏蔽四线组）
11	24 A	4×4	2×4	—	2 对（1 个屏蔽四线组）
12	24 B	6×4	—	—	2 对（1 个屏蔽四线组）
13	28 A	3×4	4×4	—	2 对（1 个屏蔽四线组）
14	28 B	7×4	—	—	2 对（1 个屏蔽四线组）
15	30 A	4×4	3×4	2	3 对（必须有 1 个屏蔽四线组）
16	30 B	7×4	—	2	3 对（必须有 1 个屏蔽四线组）
17	33 A	4×4	4×4	1	3 对（必须有 1 个屏蔽四线组）
18	33 B	8×4	—	1	3 对（必须有 1 个屏蔽四线组）
19	37 A	4×4	5×4	1	3 对（必须有 1 个屏蔽四线组）
20	37 B	9×4	—	1	3 对（必须有 1 个屏蔽四线组）
21	42 A	5×4	5×4	—	3 对（必须有 1 个屏蔽四线组）
22	42 B	10×4	—	2	3 对（必须有 1 个屏蔽四线组）

注：≤9 芯电缆无内屏蔽四线组。

2. 代号及含义

代号及含义如表 3-13 及如图 3-35 所示。

表 3-13　代号及含义

序 号	代 号	含 义	序 号	代 号	含 义
1	SP	数字信号电缆	5	A	综合护套
2	T	铁路		L	铝护套
3	YW	皮-泡-皮物理发泡聚乙烯绝缘	6	23	双钢带铠装聚乙烯外护套
4	P	内屏蔽		03	聚乙烯外护套

注：第五位 A 与第七位 A 表达含义不同，第五位 A 为：综合护套，与 L 铝护套对应。

第七位 A 为：四线组为内屏蔽与非内屏蔽混合，与 B 全四线组对应。

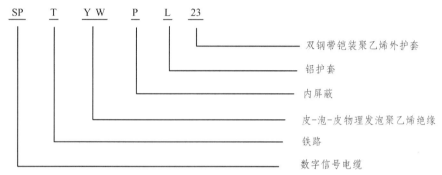

图 3-35　代号及含义

3. 表示方法

33 芯 A 型铜芯皮-泡-皮物理发泡聚乙烯绝缘铝护套钢带铠装聚乙烯外护套铁路内屏蔽数字信号电缆：

SPTYWPL23 33 A 3×4×1.0（P）+5×4×1.0+1×1×1.0

4. 铁路内屏蔽数字信号电缆 A 端组序排列（见图 3-36）

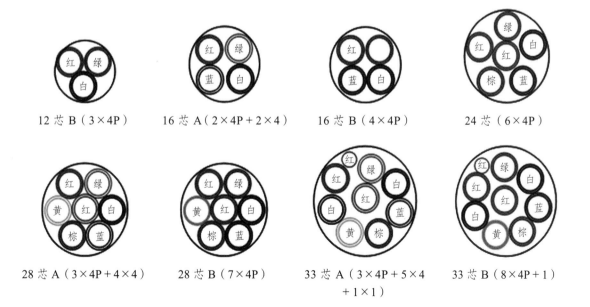

12 芯 B（3×4P）　　16 芯 A（2×4P+2×4）　　16 芯 B（4×4P）　　24 芯（6×4P）

28 芯 A（3×4P+4×4）　　28 芯 B（7×4P）　　33 芯 A（3×4P+5×4+1×1）　　33 芯 B（8×4P+1）

37 芯 A（3×4P＋6×4＋　　37 芯 B（9×4P＋1）　　42A 芯（4×4P＋6×4　　42B 芯（10×4P＋2×1）
1×1）　　　　　　　　　　　　　　　　　　　　＋2×1）

注：   表示红、绿、白、蓝 皮-泡-皮绝缘线芯色标。

表示红、绿、白、蓝、棕、黄四线组扎纱色标。

表示红、绿、白、蓝、棕、黄屏蔽四线组扎纱色标。

图 3-36　铁路内屏蔽数字信号电缆 A 端组序排列

（三）电缆使用原则及工程设计注意点

1. 使用原则

（1）两个频率相同的发送与接收不能采用同一根电缆。

（2）两个频率相同发送不能设置在同一屏蔽四线组内。

（3）两个频率相同接收不能设置在同一屏蔽四线组内。

（4）电缆中有两个及其以上的相同频率的发送、或者有两个及其以上的相同频率的接收时，该电缆需采用内屏蔽型。

（5）电缆中各发送、各接收频率均不相同时，可采用非内屏蔽 SPT 电缆，但线对必须按四线组对角线成对使用。

以上五原则可简述为：

同频的发送、接收线对不能同缆；

同频线对不能同一四线组；

无同频线对时，采用非屏蔽 SPT 电缆。

2. 工程设计注意要点

在工程设计中，掌握电缆使用原则，合理地对电缆网络图进行设计，有利于减少工程投资。

（1）按正方向运行，复线区段上下行发送采用同一根电缆。

（2）按正方向运行，复线区段上下行接收采用同一根电缆。

（3）为节省电缆投资，一般宜采用 A 型电缆，A 型电缆为部分内屏蔽四线组、部分非内屏蔽四线组电缆，可节省投资。

（4）信号点灯线可与发送或接收线对同缆使用。同缆时，宜按上、下行信号机分开，该方式可节省区间信号机灯丝断丝报警芯线数量。

（5）电缆网络图布置时，一般从区间最远端向站内方向布置。

（6）必要时，干线电缆采用内屏蔽型电缆（SPT-P），一般分支短电缆，因为没有同频信号问题均可采用 SPT 型电缆。

（7）同频发送接收电缆使用举例：

1700-1 发送与 1700-1 接收为同频，不能同缆。

1700-1 发送与 1700-2 接收为不同频，可以同缆。

1700-1 发送与 1700-1 发送为同频，不能同四线组，但可在不同四线组内设置。

1700-1 接收与 1700-1 接收为同频，不能同四线组，但可在不同四线组内设置。

1700-1 发送与 1700-2 接收为不同频，可以在同一四线组内设置。

以上表明：1700-1 型与 1700-2 型为不同频，其他频率亦然。

3. 电缆使用型号

电缆使用型号见表 3-14。

表 3-14　电缆使用型号

使用条件		选用类型	备注
电气化区段	区间干线轨道电路（有同频发送或同频接收）	SPTYWPPL23	内屏蔽、铝护套
	区间分支电缆≤400 m	可用 SPTYWPA23	内屏蔽
	区间分支电缆≤50 m	可用 SPTYWA23	
非电化	区间干线轨道电路（有同频发送或同频接收）	SPTYWPA23	内屏蔽
	区间分支电缆≤50 m	可用 SPTYWA23	

注：站内电码化电缆均采用非铝护套类型。

任务七　移频柜

一、移频柜布置图

移频柜布置图（配线侧面看）如图 3-37 所示。

（1）该移频架含 10 套 ZPW-2000A 型轨道电路设备。

每套设备含有发送、接收、衰耗各一台及相应零层端子板、熔断器板、按组合方式配备，每架五个组合。四柱电源端子板用于外电源电缆与架内设备联结。

（2）移频架纵向设置有 5 条合金铝导轨，用于安装发送、接收设备。

（3）接收设备按 1、2，3、4，5、6，7、8，9、10 五对形成双机并联运用的结构。双机并用不由工程设计完成，在机柜内自行构成。

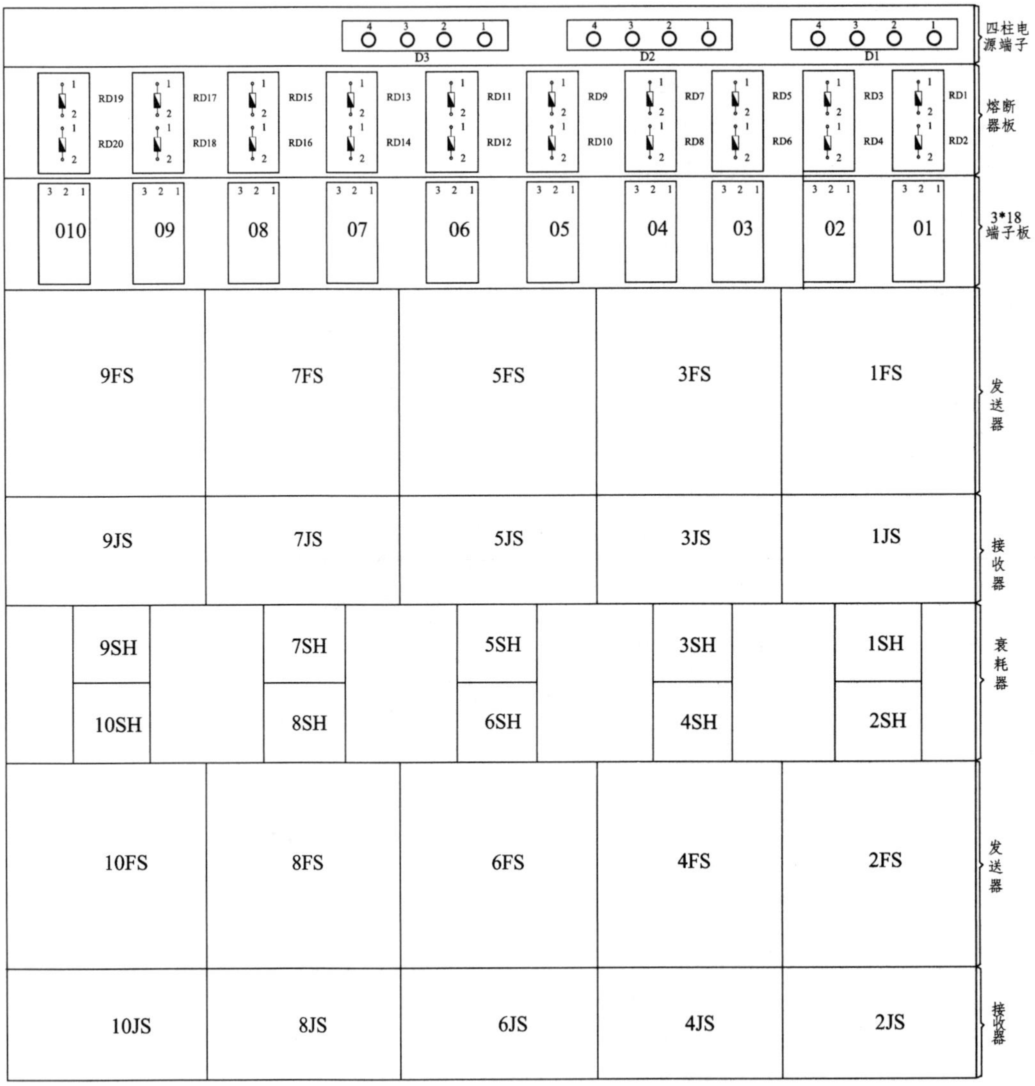

	四柱电源端子
D3 4 3 2 1 D2 4 3 2 1 D1 4 3 2 1	
RD19 RD17 RD15 RD13 RD11 RD9 RD7 RD5 RD3 RD1 RD20 RD18 RD16 RD14 RD12 RD10 RD8 RD6 RD4 RD2	熔断器板
010 09 08 07 06 05 04 03 02 01	3*18 端子板
9FS 7FS 5FS 3FS 1FS	发送器
9JS 7JS 5JS 3JS 1JS	接收器
9SH 7SH 5SH 3SH 1SH 10SH 8SH 6SH 4SH 2SH	衰耗器
10FS 8FS 6FS 4FS 2FS	发送器
10JS 8JS 6JS 4JS 2JS	接收器

图 3-37　移频柜布置图

（4）为减少柜内配线：YBJ 引出接线，固定设置在位置 1 衰耗盘，1SH 线条引至 01 端子板。

（5）站内正线电码化发送及 +1FS 均设置在移频组合内。

二、端子占用分配表

（一）电源端子

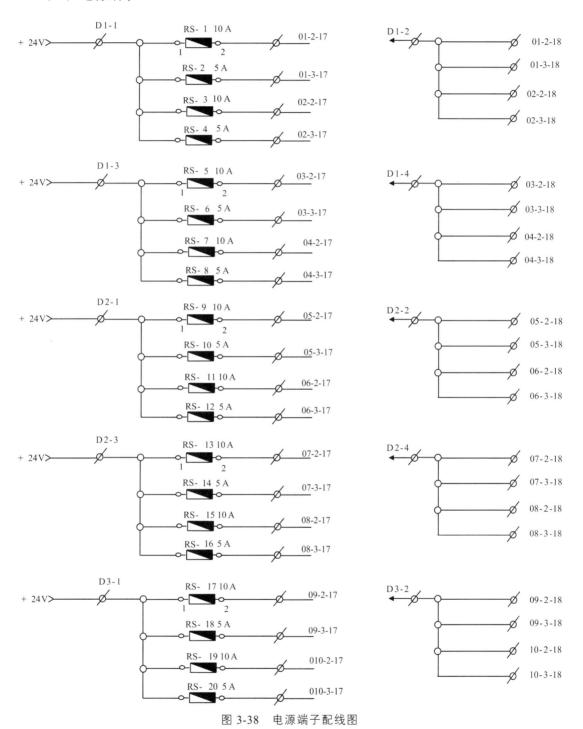

图 3-38　电源端子配线图

（二）零层端子用途分配简表

零层端子用途分配如表 3-16 所示。

表 3-16　零层端子用途分配简表

序号			用　途	代号	零层端子号	备注
一	发送	1	低频 F1~F18（29~10.3 Hz）	F1~F18	01-1~01-18	（1）1~NFS 载频频率选择在发送器上进行。+24 V 取自 +24-2 端子
		2	功出	S1、S2	02-1~02-2	
		3	发送报警继电器	FBJ-1、FBJ-2	02-3~02-4	（2）1~NFS 功出电平调整在发送器上进行。
		4	发送电源	FS+24、FS024	02-17~02-18	（3）共五级电平，调整端取自 11
二	+1 FS	1	载频率选择 1700 Hz 载频	1700		此栏端子引线仅针对装有 +1FS 的端子
			2000 Hz 载频	2000		
			2300 Hz 载频	2300		
			2600 Hz 载频	2600		
			-1 型载频选择	-1		
			-2 型载频选择	-2		
		2	功出电平调整 一级	1		
			二级	2		
			三级	3		
			四级	4		
			五级	5		
			调整端	11		
三	接收	1	主轨道输入	V1、V2	03-1、03-2	主机与并机频率选择均在接收器上进行。主机 +24 V 取自 +24 端子 并级 +24 V 取自（+24）端子
		2	小轨道（正向、反向）输入	XZIN、XFIN	03-3、03-4	
		3	主机小轨道 1 型载频选择	X1（Z）	03-5	
			主机小轨道 2 型载频选择	X2（Z）	03-6	
		4	并机小轨道 1 型载频选择	X1（B）	02-5	
			并机小轨道 2 型载频选择	X2（B）	02-6	
		5	主机轨道继电器 G	G（Z）、GH（Z）	03-7、03-8	
		6	主机小轨道继电器 XG	XG（Z）、XGH（Z）	03-9、03-10	
		7	主机小轨道检查条件 XGJ	XGJ（Z）、XGJH（Z）	03-11、03-12	
		8	发送接收报警接点	BJ-1、BJ-2	03-13、03-14	
		9	接收电源	JS+24、JS024	03-17、03-18	

（三）移频架零层端子配线表

（1）01 零层端子配线表如表 3-17 所示。

表 3-17　01 零层端子配线表

	1	2	3
1	F1	S1	V1
2	F2	S2	V2
3	F3	FBJ-1	XZIN
4	F4	FBJ-2	XFIN
5	F5	X1（B）	X1（Z）
6	F6	X2（B）	X2（Z）
7	F7		G（Z）
8	F8		GH（Z）
9	F9		XG（Z）
10	F10		XGH（Z）
11	F11		XGJ（Z）
12	F12		XGJH（Z）
13	F13		BJ-1
14	F14		BJ-2
15	F15		YB＋
16	F16		YBJ
17	F17	FS＋24	JS＋24
18	F18	FS 024	JS 024

（2）02~010 零层端子配线表如表 3-18 所示。

表 3-18　02~010 零层端子配线表

	1	2	3
1	F1	S1	V1
2	F2	S2	V2
3	F3	FBJ-1	XZIN
4	F4	FBJ-2	XFIN
5	F5	X1（B）	X1（Z）
6	F6	X2（B）	X2（Z）
7	F7		G（Z）
8	F8		GH（Z）

	1	2	3
9	F9		XG（Z）
10	F10		XGH（Z）
11	F11		XGJ（Z）
12	F12		XGJH（Z）
13	F13		BJ-1
14	F14		BJ-2
15	F15		
16	F16		
17	F17	FS＋24	JS＋24
18	F18	FS 024	JS 024

三、闭塞分区编号及移频柜设备位置的排列

为便于维修，对闭塞分区编号必须要有简单明确的规定。对设备位置排列亦应考虑与线路状态相对应，以便于根据设备表示及测试数据，分析设备运用及故障状态。

（一）闭塞分区编号

以车站为中心：下行接车方向为 A 端；上行发车为 B 端；

　　　　　　　上行接车方向为 C 端；下行发车为 D 端。

编号均以车站为中心由近及远顺序编号，如图 3-39 所示。

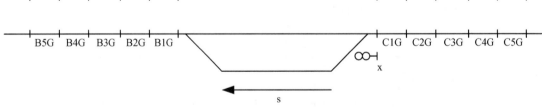

图 3-39　闭塞分区编号示意图

（二）移频柜（架）设备位置排列

由于轨道占用灯设置在衰耗盘上，只要将移频柜（架）设备按照线路闭塞分区顺序在移频柜（架）上布置，通过衰耗盘轨道占用红灯指示即可反映列车在线路上的行进情况，如可将上行端 A1G—A5G、B1G—B5G，共计 10 套设备放在第一个移频架上，其顺序为：

　　　　　1—A5G、3—A4G、5—A3G、7—A2G、9—A1G

　　　　　2—B5G、4—B4G、6—B3G、8—B2G、10—B1G

任务八　双线双向四显示区间信号控制电路

ZPW-2000A 闭塞分区电路包括区间方向继电器电路、发送器低频编码电路、发送与接收通道、与内方分区的联系电路、通过信号机点灯电路、调度监督与微机监测条件以及有关继电器的复示继电器电路等。其中第一、二、三接近区段和第一离去区段较为特殊，分区电路必须与进站信号机的状态相联系，它们的发送编码电路、通过信号机点灯电路和一般的闭塞分区有区别，作为重点内容介绍，其他区段相对简单，本书将不再赘述。ZPW-2000A 型自动闭塞的每个闭塞分区的设备包括发送器、衰耗器和接收器。其中发送器采用"N+1"冗余方式，接收器采用 0.5+0.5 双动并机运用。

一、区间方向继电器电路

通过改变运行方向电路，改变区间信号点的发送、接收方式，每段轨道电路通过方向继电器接点逐段对换发送、接收接通电缆的位置（或称改变发送、接收方向）。

反方向有按自动闭塞运行和自动站间闭塞运行两种方式。

反方向按自动闭塞运行时，反方向的发送、接收同正方向，只是互相改变了位置。

反方向按自动站间闭塞运行时，设置一个特定低频信息，使机车信号不动作，只是接近区段才发送机车信息码。四线制改变运行方向电路最终以方向继电器 FJ2 表示运行方向。正方向运行时，FJ2 处于定位。改变运行方向后为反方向运行时，FJ2 处于反位。为反应运行方向，每一闭塞分区设区间正方向继电器 QZJ 和区间反方向继电器 QFJ 各一个，由 FJ2 对它们进行控制，如图 3-40 所示。

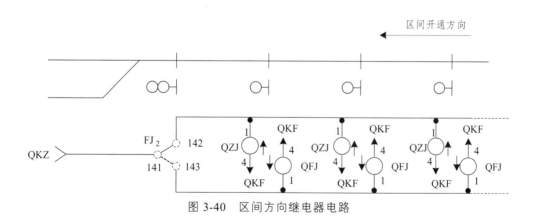

图 3-40　区间方向继电器电路

二、普通区段电路图（LL 信号点）

普通区段以一般信号点 10112G 为例，电路图参考 QJTC-08（LL 信号点 10112G 区间控制电路图）。

QJTC-08

（一）一般信号点闭塞分区接收电路

对于一般信号点 10112G，列车正方向运行时，相邻内方闭塞分区为 10098G，10112G 闭塞分区的接收器要接收来自 10098G 小轨道电路输出（XG、XGH），形成 10112G 小轨道电路输入（XGJ、XGJH）；相邻外方闭塞分区为 10126G，10126G 要接收来自 10112G 小轨道电路输出（XG、XGH），形成检查条件（XGJ、XGJH）。列车反方向运行时，原理同上所述，如图 3-41 所示。

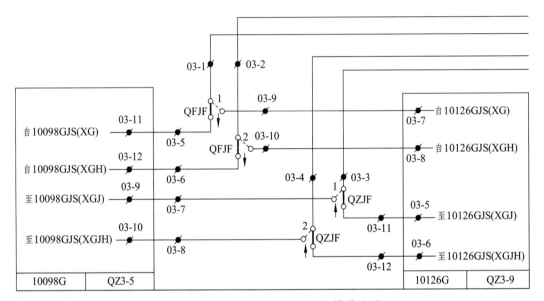

图 3-41　10112 信号点闭塞分区接收电路

（二）10112G 的发送编码电路和通过信号机点灯电路

一般闭塞分区（10112G）和下行分界点（10214G）的发送编码电路和通过信号机点灯电路相同。由 QZJ、1GJ、2GJ、3GJ 编码，它们的状态与进站信号机的状态没有联系，如图 3-42 所示。

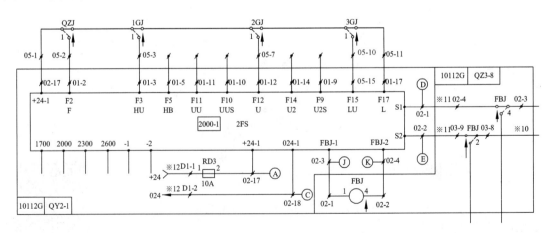

图 3-42　10112G 的发送编码电路

(三) 10112G 的电灯电路

1GJ 落下，点红灯；

1GJ 吸起，2GJ 落下，点绿黄灯；

1GJ 吸起，2GJ 吸起，3GJ 落下，点绿黄灯；

1GJ 吸起，2GJ 吸起，3GJ 吸起，点绿灯。

对于四显示的区间通过信号机，增加了 LU 灯显示；若 U 灯灭灯后准许 L 灯继续点亮，将出现信号升级显示，即 LU→L；为此，在 L 灯的点灯电路中，DJ 的励磁要检查 U 灯的灯丝完整，故接有第二灯丝继电器 2DJ 的前接点，用 2DJ 的吸起证明黄灯灯丝完好。若黄灯灭灯，则用 2DJ 的落下切断 DJ 的励磁电路，使地面通过信号机自动改点红灯，如图 3-43 所示。

因此，凡是同时点两个灯，在 DJ 的励磁电路中均应检查第二个灯泡的灯丝是否完好。

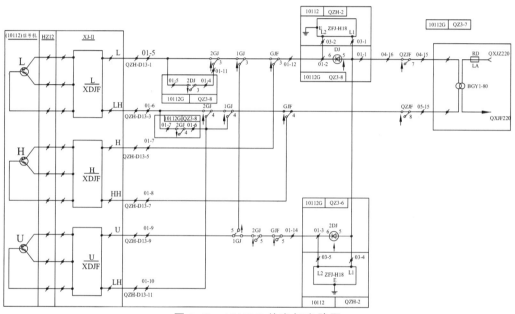

图 3-43　10112G 的电灯电路图

10112G 轨道电路发送器的低频编码条件为 QZJ、1GJ、2GJ、3GJ 等节点构成。发送报警器继电器 FBJ 接于 2FS 的端子 FBJ-1 和 FBJ-2 上。2FS 正常工作时，FBJ↑。正向运行时，QZJ↑，QFJ↓。由低频编码条件控制产生的移频信号从 2FS 的端子 S1 发出，经过 FBJ4↑→QZJ5↑→QFJ5↓ 到 10112G 的站防雷与电缆模拟网络 ZPW.PMD，再匹配变压器 ZPW.BP 送至轨道电气绝缘节的调谐单元 BA。回线从 BA 另一端引出，经匹配变压器 ZPW.BP 防雷与电缆模拟网络 ZPW.PMD，再经 QFJ6↓→10098GGJF1/DJF1↑→QZJ6↑→FBJ2↑接至 2FS 的 S2 端子上。若 2FS 出现故障，则 FBJ↓，将 +1FS 接入 10112G 轨道电路的发送电路，以代替故障的 2FS。+1FS 的低频编码条件由 QZJ、1GJ、2GJ、3GJ 等节点构成。此低频编码条件由发送报警继电器 FBJ↓节点接入 +1FS。由此低频编码条件控制产生的移频信号由 +1FS 的端子 S1 送出，经过 FBJ6↓→FBJ4↓→QZJ5↑→QFJ5↓，再经 ZPW.PMD、ZPW.BP 送至 10112G 轨道电气绝缘节的调谐单元，回线从 BA 另一端引出，经 ZPW.BP→ZPW.PMD→QFJ6↓→10098GGJF1/DJF1↑→QZJ6↑→FBJ2↓→FBJ5↓接至 +1FS 的端子 S2。

从轨道电路接收端的 BA 两端接收到的信号，经 ZPW.BP→ZPW.PMD→QFJ↓→QZJ↑送至衰耗盘 SH 的端子 c1、c2。SH 由端子 c5、c7 和 b5、b7 分别将接收到的主轨道信息和相邻区段小轨道信息传送到 2JS 主机部分的端子 ZIN（Z）、XIN（Z）和 1JS 并机部分的端子 ZIN（B）、XIN（B）。由于 10112G 的列车运行方向前方为 10098G，因此，前方去端的 XG 和 XGH 引至 10098G 的接收器，所以 2JS 主机部分和 1JS 并机部分将收到的主机轨道信息进行处理，形成对 QGJ 动作的控制信号，分别由 2JS 主机部分 G（Z）、GH（Z）和 1JS 并机部分的 G（B）、GH（B）的端子送至 SH，从而控制接于 SH 的端子 a30、c30 上的 GJ 的动作，如图 3-28 所示。同时 2JS 主机部分和 1JS 并机部分将从 SH 收到的 10126G 的小轨道信号进行处理，并将处理结果形成小轨道电路继电器执行条件（XG、XGH）送至 10126G 的接收器，作为其轨道继电器（GJ）励磁必要检查条件（XGJ、XGJH）之一。

若为反方向运行，则轨道电路的发送和和接收换位，即原来的发送端变为接收端，而原来的接收端变为发送端。这是由 QZJ 和 QFJ 的第 5 组、第 6 组、第 7 组和第 8 组接点来实现的，此时，2JS 主机部分和 1JS 并机部分将从 SH 接收到的主轨道信息和从 10126G 传来的 XG 和 XGH 信息进行处理，形成对 QGJ 的控制信号，分别由 2JS 主机部分 G（Z）、GH（Z）和 1JS 并机部分的 G（B）、GH（B）送至 SH，从而控制接于 SH 的端子 a30、c30。

10112 黄（U）信号点点灯电路如图 3-43 所示，原理如下：

反向运行时，QZJ↓→QZJF↓。通过信号机 10112 灭灯。

正向运行时，QZJ↑→QZJF↑。若 10112G 占用，则 GJ↓→QJF↓，则通过信号机 10112 显示 H，电路为：04-15→QZJF7↑→DJ5-6→GJF3↓→B8/B9→GJF4↓→QZJF8↑→05-15。

若 10112G 空闲，GJ↑→GJF↑。此时若 10098G 信号开放 LU 信号，1GJ↑→2GJ↑，通过信号机 10112 亮 L 灯。点灯电路为：04-15→QZJF7↑→DJ5-6→GJF3↑→1GJ3↑→2GJ3↑→01-5→QZH-D13-1→QZH-D13-3→01-6→2GJ4↑→1GJ4↑→GJF4↑→QZJF8↑→05-15。

若 10112G 空闲，但 10098 信号机处于关闭状态，则 1GJ↓、2GJ↓，则 10112 显示 U。点灯电路为：04-15→QZJF7↑→DJ5-6→GJF3↑→1GJ3↓→1GJ4↓→01-9→QZH-D13-9→QZH-D13-11→01-10→1GJ4↓→GJF4↑→QZJF8↑→05-15。

若 10112G 空闲，10098 信号机亮 U 灯信号，1GJ↑、2GJ↓。10112 信号机亮 LU 灯。U 灯的点灯电路为：04-15→QZJF7↑→2DJ5-6→GJF5↑→2GJ5↓→1GJ5↑→QZH-D13-9→QZH-D13-11→01-10→1GJ4↑→2GJ4↓→GJF4↑→QZJF8↑→05-15；L 灯的点灯电路为：04-15→QZJF7↑→DJ5-6→GJF3↑→1GJ3↑→2GJ3↓→2DJ3↑→01-5→QZH-D13-1→QZH-D13-3→01-6→2DJ4↑→2GJ4↓→1GJ4↑→GJF4↑→QZJF8↑→05-15。

三、第一接近区段控制电路（L 信号点）

第一接近区段的发送编码电路和通过信号机点灯电路。

防护一接近区段的闭塞分区的通过信号机定位点绿灯，故一接近区段的闭塞分区电路又称 L 信号点。

第一接近区段由 1GJ、2GJ、KZJ 的状态编码，KZJ 仍与进站信号机的状态相联系。KZJ 的状态由 LXJ3F 和 ZXJ2F 控制，参考 QJTC-09（L 信号点 10098G 区间控制电路图）。

第一接近区段编码情况如表 3-19 所示。

QJTC-09

表 3-19　第一接近区段编码

进站信号机显示	KZJ	2GJ	1GJ	发送信息码
列车占用二接近区段			↓	HU
列车占用三接近区段		↓	↑	U
红	↓	↑	↑	LU
红白	↓	↑	↑	LU
黄	↑	↑	↑	L
黄黄	↓	↑	↑	LU
黄（侧向）	↓	↑	↑	LU
绿黄	↑	↑	↑	L
绿	↑	↑	↑	L

　　第一接近区段的通过信号机点灯电路由 1GJ、2GJ 来区分点黄灯、绿黄灯和绿灯。当本区段和二、三接近区段空闲，GJF↑和 1GJ↑、2GJ↑的情况下，点绿灯；当本区段和二接近区段空闲，GJF↑和 1GJ↑，三接近区段占用 2GJ 的情况下，点绿黄灯；仅本区段近区段空闲，GJF↑，二接近区段占用 2GJ↓的情况下，点黄灯。

四、第二接近区段控制电路（LU 信号点）

　　第二接近区段的发送编码电路和通过信号机点灯电路。

　　防护二接近区段的闭塞分区的通过信号机定位点绿黄灯，故二接近区段的闭塞分区电路又称 LU 信号点。

　　第二接近区段仍有进站信号机的列车信号继电器 LXJ、正线继电器 ZXJ、绿黄信号继电器 LUXJ、通过信号继电器 TXJ 的状态构成编码条件。为此，设它们的复示继电器 LXJ3F、ZXJ2F、LUXJ2F，电路图参考 QJTC-10（LU 信号点 10084G 区间控制电路图）。另 1GJ 为三接近区段的 GJ 与 DJF 的复示继电器。编码情况如表 3-20 所列。

QJTC-10

表 3-20　第二接近区段编码

进站信号机显示	LXJ3F	ZXJ2F	LUXJ2F	1GJ	发送信息码
列车占用三接近区段	↓			↓	HU
红	↓			↑	U
红白	↓			↑	U
黄	↑	↑	↓	↑	LU
黄黄	↑	↓		↑	U2
黄（侧向）	↑	↓		↑	U2
绿黄	↑	↑	↑	↑	L
绿	↑	↑	↑	↑	L

如进站信号机内方为 18 号及以上道岔，则 U2 改为 U2S。

GJF、1GJ、LXJ3F、XJ2F 接点用于点灯电路，来区分点黄灯、绿黄灯和绿灯。当本区段和三接近区段空闲，GJF↑和 1GJ↑的情况下，LXJ3F↓落下时点绿黄灯，LXJ3F↑、ZXJ2F↓时也点绿黄灯。LXJ2F↑、ZXJF↑时点绿灯。列车占用三接近区段时，1GJ↓，点黄灯。列车占用本区段时，GJF↓，点红灯。

五、第三接近区段控制电路（U 信号点）

（一）第三接近区段的发送编码电路和通过信号点灯电路

防护三接近区段的闭塞分区的通过信号机定位点黄灯，故三接近区段的闭塞分区电路又称 U 信号点。

正方向运行时（区间正方向继电器 QZJ 吸起），三接近区段由进站信号机的列车信号继电器 LXJ、正线继电器 ZXJ、绿黄信号继电器 LUXJ、通过信号继电器 TXJ、引导信号继电器 YXJ 以及同方向的正线出站信号机的列车信号继电器 LXJ 的状态构成编码条件。为此，设它们的复示继电器 LXJ2F、ZXJF、LUXJF、TXJF、YXJF，电路图参考 QJTC-11（U 信号点 10070G 区间控制电路图）。由这些复示继电器的接点构成自动闭塞的低频编码电路，编码情况如表 3-21 所列。

QJTC-11

（二）发送电路

发送电路中重点为红灯转移电路，若本闭塞分区有车，且防护本闭塞分区的信号机红灯灭灯，其前一架信号机点红灯，此即为红灯转移。

这在发送电路中用 GJ 和 DFJ 前接点并联来实现。本闭塞分区有车时，GJ 落下，防护本闭塞分区的信号机点红灯，DFJ 吸起，向其外方闭塞分区发 HU 码，其前一点信号机点黄灯。当本闭塞分区有车时，GJ 落下，此时若防护本闭塞分区的信号机红灯灭灯，DFJ 落下，即不向其外方闭塞分区发码，该闭塞分区收不到任何码，使 GJ 落下，防护它的信号机点红灯，如图 3-44 所示。

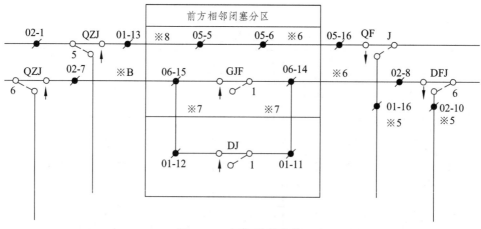

图 3-44　红灯转移电路

（三）接收电路

接收电路中两接收器采用 0.5 + 0.5 并联冗余方式。每个闭塞分区的轨道电路由主轨道电路和小轨道电路两部分组成，主轨道信号由本轨道电路接收器处理，小轨道信号由相邻轨道电路接收器处理，并将处理结果送给本轨道电路接收器。两者均空闲构成整个轨道电路空闲，使得 QGJ 吸起。两者之一占用构成轨道电路占用，使得 QGJ 落下。

用 GJ 作为 QGJ 的复示继电器，但 GJ 电路中有 RC 构成的缓吸电路，在 QGJ 由落下状态吸起时，C 串在 GJ 电路中，由于 C 的充电使 GJ 缓吸，是为了防止电气化牵引电流干扰造成 QGJ 误动而使闭塞分区闪红光带。

接收电路要处理好小轨道电路与主轨道信号的关系。

小轨道电路输出（XG、XGH）是送给相邻轨道电路接收器的条件。本闭塞分区小轨道电路输出送至相邻外方闭塞分区小轨道电路输入。

小轨道电路输入（XGJ、XGJH）是从相邻轨道电路接收器送来的条件。本闭塞分区小轨道电路输入来自相邻内方闭塞分区小轨道电路输出。

用方向继电器接点区分列车运行方向，改变小轨道电路输入、输出条件。

对于 3JG 闭塞分区，列车正方向运行时，其相邻内方闭塞分区为站内轨道电路，没有向 3JG 输入小轨道电路的输出，3JG 小轨道电路输入直接接入 + 24、024 电源；列车反方向运行时，其相邻外方闭塞分区为站内轨道电路，小轨道电路不再送输出条件。

本闭塞分区与相邻闭塞分区有站间联系时，本站和邻站均要用小轨道电路的输出条件（XG、XGH）构成小轨道继电器（XGJ）电路，利用 XGJ 接点经电缆把 XGJ 状态传到对方站，作为对方站小轨道电路输入条件。

表 3-21　第三接近区段编码

进站信号机显示	进站 LXJ2F	YXJF	ZXJF	LUXJF	TXJF	出站 LXJ2F	发送信息码
红	↓	↓					HU
红白	↓	↑					HB
黄黄	↑		↓				UU
黄	↑		↑			↓	U
黄（侧向发车）	↑		↑	↓		↑	U2
绿黄	↑		↑	↑	↓	↑	LU
绿	↑		↑	↑	↑	↑	L

如经 18 号及以上道岔侧线接车，则 UU 改为 UUS，U2 改为 U2S。

GJF、LXJ2F、ZXJF、LUXJF 接点用于点灯电路，来区分点黄灯、绿黄灯和绿灯。当本区段空闲 GJF↑ 的情况下，LXJ2F↓ 时点黄灯，LXJ2F↑、ZXJF↓ 时也点黄灯；LXJ2F↑、ZXJF↑、LUXJF↓ 时点绿黄灯；LXJ2F↑、ZXJF↑、LUXJF↑ 时点绿灯。

六、第一离去区段控制电路

（一）上行离去区段闭塞分区接收电路

对于上行离去区段（S1LQG）闭塞分区，列车正方向运行时，其相邻外方闭塞分区为站内轨道电路，小轨道电路不再送出条件；其相邻内方闭塞分区为 10034G 闭塞分区，要接收来自 10034G 闭塞分区小轨道电路输出（XG、XGH），如图 3-45 所示。

列车反方向运行时，其相邻内方闭塞分区为站内轨道电路，没有向 1LQG 输入的小轨道电路输出，故 1LQ 小轨道输入直接接至 +24、024 电源；其相邻外方闭塞分区为 10034G 闭塞。分区要接收来自 S1LQG 闭塞分区小轨道电路输出（XG、XGH），形成检查条件（XGJ、XGJH），电路图参考 QJTC-12（S1LQG 区间控制电路图）。

QJTC-12

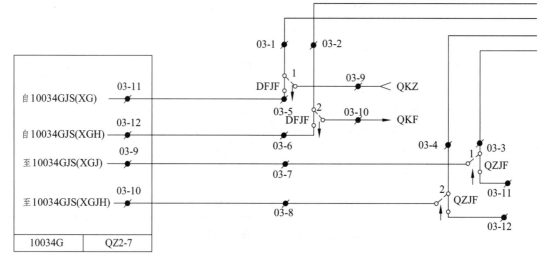

图 3-45　上行离去区段闭塞分区接收电路图

（二）上行离去区段的发送编码电路

正方向运行时（区间正方向继电器 QZJ 吸起），和一般区段一样，由 1GJ、2GJ、3GJ 接点构成编码条件。反方向运行时（QZJ 落下），反方向进站信号机的列车信号继电器 LXJ、正线继电器 ZXJ、通过信号继电器 TXJ、引导信号继电器 YXJ 以及同方向的正线出站信号机的列车信号继电器 LXJ 的状态构成编码条件。为此，设它们的复示继电器 LXJ2F、ZXJF、TXJF、YXJF，由这些复示继电器的接点构成自动闭塞编码电路如图 3-46 所示。

S1LQG 轨道电路的主发送器 4FS 的低频编码条件由 QZJ、1GJ、2GJ、3GJ、LXJ2F、ZXJF 和 YXJF、TXJF 构成。发送报警继电器 FBJ 接于 4FS 的端子 FBJ-1 及 FBJ-2 上。正常情况下，FBJ↑。正方向运行时，QZJ↑、QFJ↓。经过低频编码条件控制产生的移频信号从 1FS 的端子 S1 引出，经过 FBJ4↑→QZJ5↑→QFJ5↓，再经 S1LQG 的站防雷与电缆模拟络 ZPW.PMD，到匹配变压器 ZPW.BP 的 L1 端子，并从 V1 端子送至电气绝缘节的调谐单元 BA。回线从 BA 另一端引出，经 ZPW.BP→ZPW.PMD→QFJ6↓→10034GGJF4↑/DJ1↑→QZJ6↑→FBJ2↑接至 1FS 的 S2 端子上。

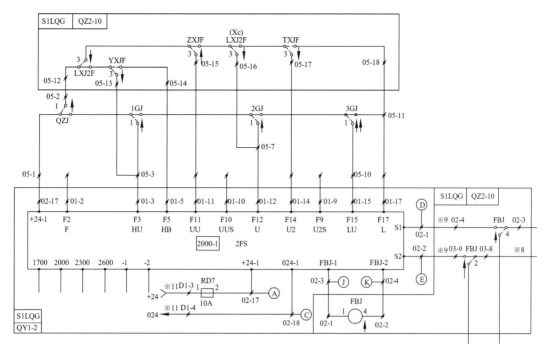

图 3-46　上行离去区段的发送编码电路

若 1FS 出现故障，FBJ↓，则 +1FS 被接入电路，以替代发生故障的 1FS。+1FS 同样由 QZJ、1GJ、2GJ、3GJ、LXJ2F、ZXJF 和 YXJF、TXJF 构成低频编码条件。与 1FS 不同的是，+1FS 低频编码条件是由 FBJ↓接入 +1FS 的。经过低频编码条件控制产生的移频信号从 +1FS 的端子 S1 引出，经过 FBJ6↓→FBJ4↓→QZJ5↑→QFJ5↓，再经过站防雷与电缆模拟络 ZPW.PMD，到匹配变压器 ZPW.BP 的 L1 端子，并从 V1 端子送至电气绝缘节的调谐单元 BA。回线从 BA 另一端引出，经 ZPW.BP→ZPW.PMD→QFJ6↓→10034GGJF1↑/DJ1↑→QZJ6↑→ FBJ2↓→FBJ5↓，接至 +1FS 的 S2 端子上。

从轨道电路接收端的 BA 两端接收到的信号，经 ZPW.BP→ZPW.PMD→QFJ↓→QZJ↑，送至衰耗盘 SH，SH 由端子 C5、C7 和 b5、b7 分别将主轨道信号和小轨道信号送入 4JS 主机部分的端子 ZIN（Z）、XIN（Z）和 6JS 并机部分的 ZIN（B）、XIN（B）。同时，自 10034G JS 引来的 XG、XGH 经 QFJF↓分别接至 4JS 主机部分和 6JS 并机部分的 XGJ（Z）、XGJH（Z）和 XGJ（B）、XGJH（B）。4JS 主机部分和 6JS 并机部分收到 10034GJS 的 XG、XGH 和 SH 从 ZIN 送入的本轨道主轨道信号后，对其进行处理，形成对 QGJ 的控制信号。分别由 4JS 主机部分的 G（Z）、GH（Z）和 6JS 并机部分 G（B）GH（B）送至 SH。同时，4JS 主机部分 和 6JS 并机部分将由 SH 送来的 10112G 小轨道信号进行处理，由于与 10112 属不同站控制本 轨道 XGJ 的动作，再通过站间联系电路，用本区段的 XGJ 的接点作为 10034G 的 XGJ 励磁条 件，从而将 10034G 的小轨道信息间接地传到 10034G。

若为反向运行，则轨道电路发送端和接收端换位，即原来的发送端变为接收端，而原来 的接收端变为发送端。这是由 QZJ 和 QFJ 的第 5、6、7、8 组接点来实现的。此时，由于 S1LQG

的列车运行方向前方的 10034G 为邻站控制，所以通过 10034G 的 XGJ 的第 1、2 组接点将 S1LQG 的小轨道信号间接地传到 S1LQG 的接收器。4JS 主机部分和 6JS 并机部分分别将从 SH 接收的主轨道信号和间接从 10034GJS 传来的小轨道继电器执行条件进行处理，形成对 QGJ 动作的控制信号，分别由 2JS 主机部分的 G（Z）、GH（Z）和 2JS 并机部分的 G（B）、GH（B）送到 SH，从而控制接于 SH 端子 a30、c30 上的 QGJ 的动作。同时，4JS 主机部分和 6JS 并机部分将由 SH 送来的 10034G 小轨道信号进行处理，并将处理结果形成小轨道电路继电器执行条件（XG、XGH）送到 10034G 的接收器。作为其轨道继电器（QGJ）励磁的必要检查条件（XGJ、XGJH）之一。

电路中还有一部分，是用来将内方闭塞分区的状态由远及近向本区段传递的。通过传递来的信息，构成本轨道电路发送器的低频编码条件，控制产生相应的移频信息。

思考题

1. ZPW-2000A 系统的室内设备有哪些？室外设备有哪些？

2. ZPW-2000A 系统轨道电路采用的载频是什么？怎么配置？

3. ZPW-2000A 系统轨道电路采用的低频有多少个？各是什么含义？

4. 发送器的作用是什么？ZPW-2000A 系统在发送器配置上采用什么冗余方案？

5. 某发送器故障后利用什么设备切换为 +1 发送器工作，都切换哪些内容？

6. 接收器的作用是什么？其结构特征如何？

7. 如下图所示站场，与 A3G 的接收器并联运用的接收器应属哪个分区？而与 C4G 的接收器并联运用的接收器应属哪个分区？

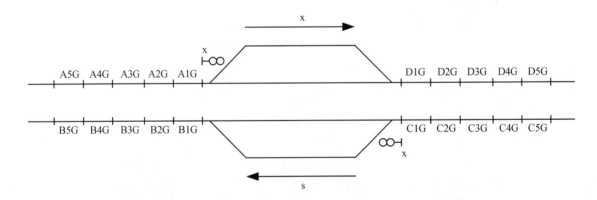

8. 衰耗盘有什么作用？写出由衰耗盘各测试孔所测试参数的大概范围。

9. 补偿电容有什么作用？其步长怎样测算？

10. SPT 电缆中 A 型与 B 型怎么区分？

11. 某分区长 1124 m，配置 2300-1 型载频，则发送器的功出等级是多少？采用的补偿电容大小、数量各是多少？安装间距（步长）是多少？衰耗盘的主轨如何调整？

12. 通电开通实验时若测得小轨电压正向为 150 mV，反向为 87 mV 时，小轨如何调整？

13. 某信号点距信号楼中心 7800 m，怎样选择电缆模拟网络？

14. 若进站信号机关闭，则向第 3、第 2、第 1 接近区段各发送什么信息码？

15. 若进站信号机开放双黄，则向第 3、第 2、第 1 接近区段各发送什么信息码？

16. 若第 3 接近区段有车占用，而防护第 3 接近区段的通过信号机发生主副灯丝双断，则防护第 2、第 1 接近区段的通过信号机将怎样改变显示？向第 2、第 1 接近区段发送的信息又将如何变化？

项目四　ZPW-2000A 型自动闭塞系统的施工

【项目描述】

ZPW-2000A 自动闭塞系统的施工包括室内设备和室外设备两部分，按照铁路施工的标准及施工工艺的要求进行。室内设备施工主要完成移频柜、移频组合柜、站内移频柜、综合柜、防雷柜、分线柜、电源屏、防雷配电盘、接地网等各种机柜的安装及配线。室外设备的施工主要完成电气绝缘节、匹配变压器、补偿电容的安装及配线。

为了信号设备的使用安全及减少雷电对设备的损坏和干扰，在新建成和有条件的既有线改造过程中，在信号机械室设置接地网，并在室外埋设贯通地线，以保证各处设备等电位，ZPW-2000A 无绝缘移频自动闭塞室内设备安装、配线完成后，应对设备进行模拟试验，模拟试验应按照先局部、后系统的程序进行。

任务一　室内设备组成

室内设备由移频柜、移频组合柜、站内移频柜、综合柜、防雷柜、分线柜、电源屏、防雷配电盘、接地网等组成。

一、移频柜组成

（一）移频柜外形

移频柜外形示意图，如图 4-1 所示（正视图）。

（二）移频柜的组成

每台移频柜容纳 10 套 ZPW-2000A 型轨道电路发送器、接收器、衰耗盘设备。10 块熔断器板（或断路器），每套轨道电路设备定型使用 1 块。10 块 3×18 柱零层端子，每套轨道电路设备定型使用 1 块。4 柱电源端子板，用于发送器、接收器工作电源的引入。移频柜内设备布置示意如图 4-2 所示。

1. 发送器

发送器应安装在 U 型槽内。发送器外形示意图，如图 4-3 所示。发送器插座板底视图如图 4-4 所示。发送器端子代号及用途说明如表 4-1 所示。

图 4-1　移频柜外形示意图

图 4-2 移频柜设备布置示意图

图 4-3 发送器外形示意图

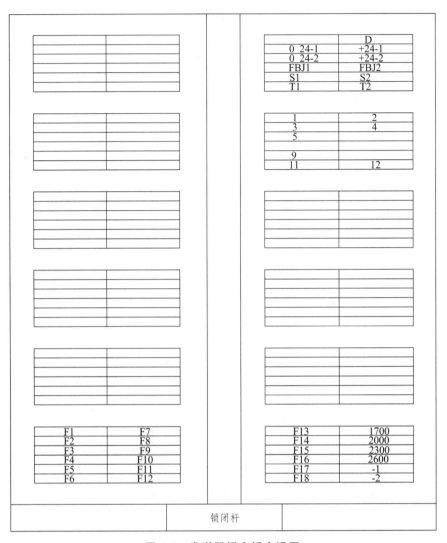

		D	
		0 24-1	+24-1
		0 24-2	+24-2
		FBJ1	FBJ2
		S1	S2
		T1	T2

		1	2
		3	4
		5	
		9	
		11	12

F1	F7	F13	1700
F2	F8	F14	2000
F3	F9	F15	2300
F4	F10	F16	2600
F5	F11	F17	-1
F6	F12	F18	-2

锁闭杆

图 4-4　发送器插座板底视图

表 4-1　发送器端子代号及用途说明

序　号	代　号	用　　途
1	D	地线
2	＋24-1	＋24 V 电源外引入线
3	＋24-2	载频编码用＋24 V 电源（＋1FS 除外）
4	024-1	024 V 电源外引入线
5	024-2	备用
6	1700	1700 Hz 载频
7	2000	2000 Hz 载频
8	2300	2300 Hz 载频

序　号	代　号	用　途
9	2600	2600 Hz 载频
10	-1	1 型载频选择
11	-2	2 型载频选择
12	F1～F18	29～10.3 Hz 低频编码选择线
13	1～5、9、11、12	功放输出电平调整端子
14	S1　S2	功放输出端子
15	T1　T2	测试端子
16	FBJ-1　FBJ-2	外接 FBJ（发送报警继电器端子）

2. 接收器

接收器应安装在 U 型槽内。接收器外形示意图如图 4-5 所示。接收器插座板底视图如图 4-6 所示。

图 4-5　接收器外形示意图

ZIN(Z)	XIN(Z)			D
	GIN(Z)		024	+24
G(Z)	GH(Z)		1700(Z)	2000(Z)
XG(Z)	XGH(Z)		2300(Z)	2600(Z)
XGJ(Z)	XGJH(Z)		1(Z)	2(Z)
			X1(Z)	X2(Z)

ZIN(B)	XIN(B)		JB+	JB-
	GIN(B)			(+24)
G(B)	GH(B)		1700(B)	2000(B)
XG(B)	XGH(B)		2300(B)	2600(B)
XGJ(B)	XGJH(B)		1(B)	2(B)
			X1(B)	X2(B)

	锁闭杆	

图 4-6　接收器插座板底视图

接收器端子代号及用途说明如表 4-2 所示。

表 4-2　接收器端子代号及用途说明

序 号	代 号	用 途
1	D	地 线
2	＋24	＋24 V 电源
3	（＋24）	＋24 V 电源（由设备内给出，用于载频及类型选择）
4	024	024 V 电源
5	1700（Z）	主机 1700 Hz 载频
6	2000（Z）	主机 2000 Hz 载频
7	2300（Z）	主机 2300 Hz 载频
8	2600（Z）	主机 2600 Hz 载频
9	1（Z）	主机 1 型载频选择
10	2（Z）	主机 2 型载频选择
11	X1（Z）	主机小轨道 1 型载频选择
12	X2（Z）	主机小轨道 2 型载频选择
13	ZIN（Z）	主机轨道信号输入
14	XIN（Z）	主机邻区段小轨道信号输入
15	GIN（Z）	主机轨道信号输入共用回线
16	G（Z）	主机轨道继电器输出线
17	GH（Z）	主机轨道继电器回线
18	XG（Z）	主机小轨道继电器（或执行条件）输出线
19	XGH（Z）	主机小轨道继电器（或执行条件）回线
20	XGJ（Z）	主机小轨道检查输入
21	XGJH（Z）	主机小轨道检查回线
22	1700（B）	并机 1700 Hz 载频
23	2000（B）	并机 2000 Hz 载频
24	2300（B）	并机 2300 Hz 载频
25	2600（B）	并机 2600 Hz 载频
26	1（B）	并机 1 型载频选择
27	2（B）	并机 2 型载频选择
28	X1（B）	并机小轨道 1 型载频选择
29	X2（B）	并机小轨道 2 型载频选择
30	ZIN（B）	并机轨道信号输入
31	XIN（B）	并机邻区段小轨道信号输入
32	GIN（B）	并机轨道信号输入共用回线

序 号	代 号	用 途
33	G（B）	并机轨道继电器输出线
34	GH（B）	并机轨道继电器回线
35	XG（B）	并机小轨道继电器（或执行条件）输出线
36	XGH（B）	并机小轨道继电器（或执行条件）回线
37	XGJ（B）	并机小轨道检查输入
38	XGJH（B）	并机小轨道检查回线
39	JB＋	接收故障报警条件"＋"
40	JB－	接收故障报警条件"－"

3. 衰耗盘

衰耗盘应安装在移频柜中部的框格中，衰耗盘外形及盘面布置示意图如图 4-7 所示。衰耗盘端子代号及用途说明如表 4-3 所示。

图 4-7　衰耗盘外形及盘面布置示意图

表 4-3　衰耗盘端子代号及用途说明

序号	端子号	用途
1	c1	轨道信号输入
2	c2	轨道信号输入回线
3	a24	正向小轨道信号输入
4	c24	反向小轨道信号输入
5	a1～a10、c3、c4	主轨道电平调整

序号	端子号	用途
6	a11～a23	正向小轨道电平调整
7	c11～c23	反向小轨道电平调整
8	c5	主机主轨道信号输出
9	c7	主机小轨道信号输出
10	c6、c8	主机主轨道小轨道信号输出共用回线
11	b5	并机主轨道信号输出
12	b7	并机小轨道信号输出
13	b6、b8	并机主轨道小轨道信号输出共用回线
14	a30、c30	轨道继电器（G、GH）
15	a31、c31	小轨道继电器（XG、XGH）
16	a29	发送＋24直流电源
17	c29	接收＋24直流电源
18	c9	024电源
19	a25、c25	发送报警继电器FBJ-1、FBJ-2
20	a26、c26	接收报警条件JB＋、JB－
21	a27	移频报警继电器YBJ
22	c27	移频报警检查电源YB＋
23	a28、b28	发送报警条件BJ1－BJ2
24	b28、c28	接收报警条件BJ2－BJ3
25	a32、c32	功放输出S1、S2

二、移频组合柜

移频组合柜由移频信号组合、电缆网络模拟盘组合组成。移频信号组合与电气集中信号组合类似，由组合框、组合侧面和继电器插座板组成；电缆网络模拟盘组合是由不同的电缆网络模拟单元构成，根据需要，通过各单元之间的连接，可实现电缆网络的模拟。电缆网络模拟盘组合也可安装在防雷柜内。电缆网络模拟盘组合示意图如图4-8所示。

图4-8　电缆网络模拟盘组合示意图

三、站内移频柜

站内移频柜与移频柜原理相同。

四、综合柜

综合柜由站内电码化受电端隔离器、站内电码化送电端隔离器和移频自动闭塞方向组合组成。

五、防雷柜

防雷柜由站内电码化发送防雷组合、电缆网络模拟盘组合组成。

六、分线柜

分线柜外形如图 4-9 所示。分线柜结构：
（1）GXF 型信号分线柜为分体结构。
（2）柜体由基本框架加侧板、顶盖、底板、底座、柜门组成。
（3）配线端子每层为一独立组合。类型分：电源层、保险层、绝缘测试层、6 或 18 位端子层。配线端子全部采用 WAGO 接线端子。
（4）端子层安装在柜内端子框竖梁上。
（5）每块端子层均装有横线槽。
（6）端子层两端装有竖线槽。
（7）电缆固定在柜底部的电缆横担上。

电缆绝缘测试及配线端子层布置

电源层及保险层布置

图 4-9　分线柜外形图

七、电源屏

电源屏按容量分为 5 kVA、8 kVA 两种，分别容纳 8～15 区段和 16～30 区段，也可根据用户需求设置。

电源屏组成：

（1）两路输入转换单元。

（2）配出回路单元。

（3）直流模块。

（4）交流模块。

（5）防雷单元。

（6）监控系统。

八、电源引入防雷开关箱

电源引入防雷开关箱由防雷模块、断路器和开关组成。两路电源输入、有供电气集中、提速电源屏，区间电源屏等的多路输出。

任务二　室内设备安装

一、室内设备安装条件

信号机械室应能满足 ZPW-2000A 型自动闭塞设备安装的要求。安装前，核对信号机械室内的沟、槽位置；地面是否按设计要求已铺设防静电地板。了解新建信号机械室的交工以及供电、照明等情况，以免发生不必要的纠纷。

二、准备工作

设备安装前要进行现场调查和设备到货核实，室内是否满足设备安装条件，大型器材运输通道是否通畅，进场前与设备管理及运营管理部门签订施工安全和配合协议，对施工人员逐级进行施工技术交底，使每一名技术人员及操作工人熟练掌握本项目的施工工艺、操作要点及质量标准。

设备安装具体准备工作按以下程序进行：

（1）拆开设备包装。

（2）取出相关文件（合格证、检验报告、说明书等）及备件，并妥善保管。

（3）设备运入室内后，检查有无损坏部件及变形。

（4）确认设备名称、规格、型号与图纸相符。

（5）运至安装位置。

（6）准备施工工具。

施工工具如表 4-4 所示。

表 4-4　室内设备安装施工工具

序　号	名　　称	规　　格	单　位	备　注
1	电钻	ϕ6.5 mm、ϕ13 mm	台	
2	冲击钻	ϕ13 mm	台	
3	曲线锯		台	
4	扳手	150 mm、300 mm	把	
5	钢锯	300 mm	把	
6	锉		套	
7	钻头	ϕ5 mm、ϕ7 mm、ϕ10 mm	根	
8	小工具		套	
9	直角尺	300 mm	把	
10	水平尺	600 mm	把	

三、机柜安装技术要求

（1）机柜的规格、型号应符合设计规定。
（2）机柜安装位置和排列顺序应符合设计规定。
（3）机柜与机柜、机柜与槽道应用螺栓固定。
（4）机柜安装应横平竖直、高低一致、底部着地不悬空。
（5）机柜和槽道涂漆颜色协调一致。
（6）机柜与机柜间检测通道、机柜与墙间检测通道应符合设计规定。

四、机柜安装步骤

（1）根据设计图纸标定的设备位置进行安装，不得随意调换机柜的位置。
（2）按设计图纸标定的尺寸确定机柜与墙壁、排与排之间的距离。
（3）按设计图纸在地板上测量出机柜位置，并画出框线。
（4）每个机柜下的防静电地板上钻两个 ϕ30 mm 孔，用于机柜和网格地线连接。
（5）将机柜移至方框内，机柜正面朝向图纸标定的方向。
（6）机柜与机柜侧面对齐，使上方的两个连接孔吻合，用 M8×30 mm 镀锌螺栓紧固，柜与柜连接密贴。
（7）当机柜的连接孔无法对齐，必须钻孔时，要采取措施防止铁屑掉入机柜内部。

五、电源屏的安装

（1）根据设计图纸标定的设备位置进行安装。
（2）当与使用中的电源屏相连接时，应有电务人员配合并采取安全措施。

（3）电源屏排列整齐，屏间无缝隙。在两侧上下各钻ϕ10 mm的孔，用M8×30 mm的镀锌螺栓紧固。

（4）屏与屏之间用两端带冷压铜端头、截面不少于6 mm²铜芯塑料线做安全连接。

（5）钻孔时要采取措施防止铁屑掉入屏内。

六、走线槽道安装

（1）走线槽道用于放置机柜、电源屏、电气集中组合柜（架）之间各种电线、电缆，并对机柜起稳定作用。现场调查时，根据图纸确定机柜与墙间支撑位置、长度、数量，确定电源配线进入槽道的位置，是否需要增加竖槽以及在槽道对应位置预留入口。

（2）根据设计图纸进行安装。对照图纸核对每一段槽道，确定使用的部位。

（3）清点配件确定使用部位，连接是否适用，数量是否满足。

（4）走线槽宽300 mm、高150 mm，配备有槽盖起防尘作用，每段走线槽道两端的内方应焊接M6×20 mm的螺栓，用于地线连接。与工厂订货时应注明，以免遗漏。

（5）先安装机柜顶部的走线槽道。其次安装排与排之间走线槽道。

（6）安装走线槽道需钻孔时，要采取措施防止铁屑掉入机柜内部，也不能遗留在槽道内。

（7）槽道与槽道之间用10 mm²扁平铜网编织线连接。槽道与机柜之间用10 mm²扁平铜网编织线连接。

（8）为保证机柜稳定安全，在槽道连接完成之后，应用角钢或槽道延伸至墙相连接。槽道及槽道延伸至墙安装示意图如图4-10所示。

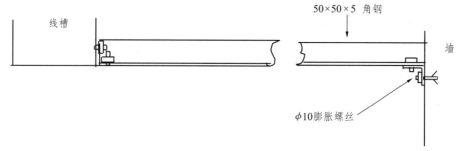

图4-10　线槽及槽道延伸之墙安装示意图

（9）支撑角钢安装步骤：

① 测量角钢连接件在墙上的安装位置，做出标志。然后用冲击钻打孔（冲击钻头直径与ϕ10 mm膨胀螺栓相吻合），用膨胀螺栓将直角连接件固定在墙上。

② 测量连接件与机柜连接部位的距离，加工支撑角钢，并在角钢上用电钻打出连接孔，对角钢进行除锈、涂漆（颜色与机柜一致），待油漆干后进行安装。

任务三　室内设备配线及技术要求

由于ZPW-2000A自动闭塞室内设备间连线传输较高频率的移频信号，因此，防干扰和电磁兼容是室内设备配线重点考虑的问题。此外，防火阻燃以及线与接线端子连接的可靠性，也是需要在工艺上改进和提高的。为此，在室内进行配线施工时，应满足如下技术要求：

（1）信号机械室内部的各种配线全部采用阻燃型。与数据通信线共槽的线缆均应采用阻燃屏蔽线。

（2）室内线缆布线禁止出现环状。

（3）设备机柜的配线端子、组合侧面、零层以及分线柜端子宜采用插接或压接方式。

（4）设备机柜上方走线槽中的电缆、电源线、发送线、通用线（23×0.15）、接收线应分别放置。

（5）机柜内的接收及发送电缆应与其他配线分开放置。

（6）各种配线不得有中间接头和绝缘破损现象。

一、移频柜配线

（一）移频柜走线槽布置

从移频柜引到其他机柜去的配线，在移频柜正面（或后面）上部零层端子处连接。移频柜背面（或正面）为内部配线。移频柜两侧垂直安装的塑料线槽，与3×18端子零层下方水平安装的塑料线槽连接。从槽道下来的配线可通过水平安装的塑料线槽连接到相应的端子。移频柜塑料线槽示意图如图4-11所示。

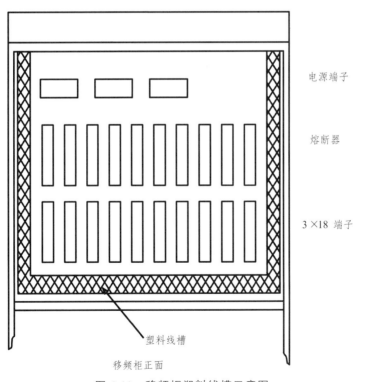

图 4-11 移频柜塑料线槽示意图

（二）配　线

（1）对应每块 3×18 端子制作一块穿线板，板上穿线孔用于对应端子的配线。配线时可将配线临时穿在对应端子的穿线孔内。穿线板示意图，如图 4-12 所示。

（2）发送线布放在左侧塑料线槽内，接收线布放在右侧塑料线槽内。发送线、接收线在塑料线槽内靠外侧布放，其他配线靠内侧布放。

（3）接收、发送条件配线分槽、分侧布放，其目的是为了提高接收、发送的抗干扰性能。在早期移频自动闭塞的施工中，曾发现移频设备的接收电路配线正确，接收电压正常，而继电器却不能正常工作，经过查找原因，发现接收配线因电容效应使接收信号受到干扰，将接收配线与其他线分离后故障消失。所以，为提高移频设备的抗干扰性，一是采用屏蔽线或绞合线，二是采用与其他线分离放置。

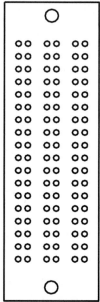

图 4-12　穿线板示意图

二、分线柜配线

（1）电缆从地沟或防静电地板下引入分线柜。

（2）电缆的成端制作、电缆接地连接（施工工艺见《铁路内屏蔽数字信号电缆施工工艺培训教材》中有关电缆的成端制作工艺）完成后将电缆固定。采用电缆的成端工艺，能够阻止内屏蔽数字信号电缆的潮气进入，从而保持电缆的绝缘性能长期处在良好状态。同时将内屏蔽、铝护套、钢带连接封闭在胶体内，防止连接部位因氧化而引起的接触不良。但是电缆端头的体积也有一定的增加，在固定电缆时一定要考虑分线柜下横梁处的空间。

（3）根据电缆配线图进行电缆分线。由于内屏蔽数字信号电缆采用皮泡皮结构，绝缘层强度较低，施工时需防止损坏芯线的绝缘层。接收和发送线分别从两侧线槽走线，在槽内单独绑扎，不与其他配线绑扎在一起。扭绞电缆芯线组在线槽内不开绞。

（4）电缆芯线与室外导通、测试，确认正确后与端子连接。

（5）分线柜与其他机柜间的各种配线从两侧顶部下线。发送线布放在左侧塑料线槽内。接收线布放在右侧塑料线槽内。

（6）发送线、接收线在塑料线槽内靠外侧布放，其他配线靠内侧布放。

（7）室内软线布线宜使用线车，保持线条的顺直。

三、移频组合柜配线

（1）与移频柜相配套，每个轨道区段使用两层组合。

（2）如果组合之间配线比较多，柜内线把配线可单独预制。采用配线模板可节约材料和提高工作效率。

（3）柜间配线由于每根线条较长，无法预配，只能现场配线，为保证配线位置准确无误，每一组合两侧各配置一块 3×18 侧面端子配线板，放线时按图纸所标号将线穿进配线板线位孔中，留够使用长度。柜间放线完毕后，按配线图逐端子核对配线，正确后再连接到端子上。

（4）移频组合柜设置电缆网络模拟盘时，发送、接收线应分别走左右两侧线槽，并与其他配线分别绑扎，如图 4-13 所示。

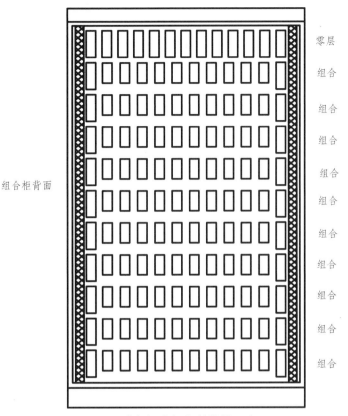

图 4-13　移频组合柜塑料线槽示意图

四、综合柜配线

（1）综合柜配线方法与移频组合柜配线方法相同。

（2）综合柜分为两种：一种安装隔离器，用于站内轨道区段受电端和送电端发码；另一种安装四线制方向电路组合，用于站间改变运行方向。

（3）去隔离器的扭绞线或屏蔽线与其他配线分别绑扎。

五、站内移频柜配线

站内移频柜安装站内电码化设备，配线方法同移频柜。

六、防雷柜配线

站内轨道区段发码防雷单元及匹配变压器，安装在整块树脂板上。内部配线工厂在生产时已配好，集中配线到柜上部零层 18 柱端子，其他机柜和站内分线盘的配线通过 18 柱端子连接。

七、电源配线

（1）电源配线根据《电源配线图》和《柜间电源配线图》进行。

（2）电源配线包括，电源引入防雷开关箱至区间电源屏配线，区间电源屏至机柜配线，站内电源屏至站内移频柜、综合柜配线。现在很多地方为了减少配电盘（防雷开关箱）的数量，将既有线电气集中配电盘撤销，与区间电源屏合用配电盘。合用配电盘时，配电盘至既有线站内电源屏配线也要布放。

（3）电源屏与机柜电源线采用最捷径路。电源配线从机柜、走线槽到电源屏，由以下径路可以选择：

① 走线槽延伸到电源屏上方，电源配线从屏侧进入走线槽道、机柜。

② 电源配线通过防静电地板从机柜侧面增加的竖槽中进入走线槽道、机柜。

③ 走线槽延伸到墙壁，电源配线通过防静电地板从依墙壁安装的竖槽中进入走线槽道、机柜。

（4）电源线放置在走线槽内靠机柜正面一侧。

（5）电源线敷设完成并与配线图核对正确后，在槽道下线口处开剥，将电源线从屏蔽网跟部抽出，然后进行绑扎至上线端子处。屏蔽电源线线径如果较大，不易从屏蔽网中抽出时，可以在距外护套开剥处 100 mm 位置剪断屏蔽网，拆开屏蔽编织网。电源线与端子连接有以下方式：

① 电源端子为万可端子，采用万可端子上线工艺。

② 电源端子为四柱端子，采用压接端头或焊接方式。

（6）多股铜芯电源线连接线环的制作

① 多股铜芯电源线应根据线径和接线端子的规格选择合适的压接线环，并用相应的压接钳进行压接。

② 当采用焊接线环的方式时，小于 6 mm² 以下的电源线使用平行线环，6 mm² 以上的电源线使用铜端头。线环或铜端头镀锡，将电源线剥 10 mm 长线头，套上 25 mm 长热缩套管，将线头穿进线环或铜端头尾管内，用 100～200 W 电烙铁用焊锡将两者焊牢，等熔化的焊锡溶液凝固后再放手，并用棉纱将铜端头上松香擦干净。加热热缩套管使其防护于线环或铜端头尾管。

八、机柜布线工艺

（一）走线槽布线及防护

走线槽布线及防护如图 4-14 所示。

（1）走线槽道内设栅格，槽道被分成 5 条小槽道。其中 A 槽道布放电缆，用于机柜和控制台之间联系，作为按钮、表示灯条件传输线路，根数较少，对其他信号干扰较小。B 槽道布放电源线，处于的位置有利于下线。C 槽道布放发送线，和布放接收线的 E 槽道之间有 D 槽道隔离，D 槽道布放通用线（23×0.15 铜芯塑料软线）。

（2）栅格制作：采用塑料、树脂板、木材、金属材料均可。设置栅格的作用是将对抗干扰要求较高的线与其他线分开。栅格设置于槽道的转弯处和机柜下线口两侧，走线槽道直线距离超过 1 m 时每隔 1 m 放置一个栅格，用以约束线在槽道内的走线位置。使不同性质的配线各行其道，降低接收、发送之间的相互干扰和来自其他配线的干扰，如图 4-15 所示。

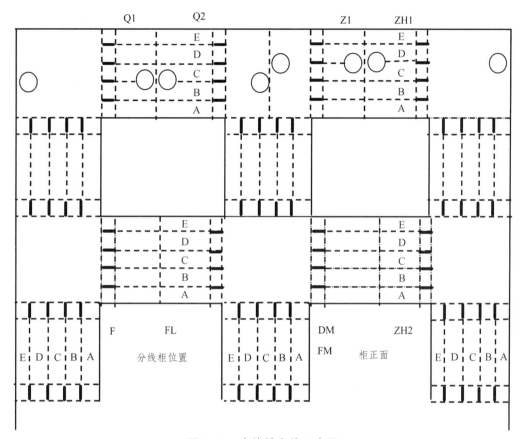

图 4-14 走线槽布线示意图

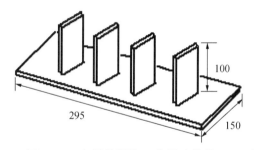

图 4-15 走线槽栅格示意图（单位：mm）

（3）栅格安装：用螺丝紧固于走线槽道底部，不能影响槽道盖的关闭。需钻孔时应防止铁屑进入机柜内部。

（4）机柜下线口用大小一致的塑料护圈或橡胶套防护。

（5）走线槽道的拐角容易将线碰伤、刮破，将制作好的聚乙烯护角固定在线槽的拐角处，防止配线在线槽的拐弯处被刮破而引起配线的接地、短路。

（二）机柜之间布线

（1）放线作业人员应熟悉机柜编号及端子的位置及各种配线图，了解每个部分用线规格及型号。

（2）不同类型的配线要分批布放，其顺序依次为：电缆、电源线、发送线、通用线（23×0.15）、接收线。

（3）布线作业应配备足够人员，专人看图指挥，分工明确，线的始端、终端有专人负责定位。

（4）槽道转弯处要有人转接，当使用铝合金梯、高凳时要注意安全。坚决杜绝登踏机柜攀高的不文明行为。

（5）为提高工作效率，遇有多根配线到同一个位置时，在线的端头做标记，将多根线一同布放。

（6）布线时，负责始端和终端的人要诵读和复诵线的起止位置，核对所布放的线是否正确。线布放到位后，始端作业人员负责留足做头量，指示其他作业人员将线的各处余量向后轻拉，待线自然顺直，松紧适宜时，负责终端的人留足做头量后断线。

（7）采用不同颜色的配线区分使用范围，处理故障时方便快捷。机柜内组合与组合之间用蓝色线，机柜与机柜之间用绿色线，机柜与分线柜之间用红色线，机柜与电气集中组合柜之间用黄色线。也可根据实际情况采用其他颜色线。

（8）放线工作完成后，检查是否有遗漏错放。检查方法可对照图纸查根数或对号牌的方法确认。

（9）当确认机柜之间线全部放完之后，要进行整理绑扎，如果该机柜有预配的内部线把，也应纳入一并整理绑扎。绑扎时要注意配线图中的说明，接收线和发送线应单独绑扎，并在线槽内应分开放置。

（三）机柜内部线把预制方法

（1）机柜中组合与组合之间的配线宜进行线把预配。

（2）模板采用胶合板、硬质塑料板等材料制作，先在胶合板上按组合层数和端子位数画好位置，每个端子钻 1~2 个 $\phi4$ mm 孔，写上端子号。

（3）模板制作好后按图进行布线。

（4）布完线后进行绑扎，并用塑料线绳给每一块端子的线从小到大进行编号。

（5）每个线把做标识，以便识别该线把的使用位置、作业人员及日期等，以备后查。

九、接线工艺

配线的连接是否可靠，是设备安全运行的重要因素之一。根据以往的经验，电路的大部分故障是因为接触不良、断线造成的。为了使线的连接牢固可靠，曾经使用各种方法来提高线连接的可靠性。随着社会发展科技进步，插接、冷压连接工艺应运而生，该工艺有着连接牢固可靠、简便快捷的优点，逐渐替代锡焊接工艺。

（一）WAGO 端子接线工艺

1. WAGO 端子的结构及特点

WAGO 端子主要由尼龙壳体、导流条、夹线弹簧三部分组成，内部结构如图 4-16 所示。

WAGO端子采用笼式弹簧夹持结构，适用于单股导线，多股导线和细多股导线，同时也适用于加有接线帽的细多股导线。除剥线外，所需的唯一工具就是一把扁平螺丝刀。当导线插入后，不锈钢制成的笼式弹簧夹持结构将自动提供适当的夹持力，使之百分之百可靠连接。笼式弹簧的夹持面将导线与导流条夹紧，还保障了导线不受损伤，导流条是由电解铜镀软锡处理后制成的。保证导体接触处的气密性。高夹持力作用在小的接触区，从而产生特别大的接触压强。

图 4-16　WAGO 端子内部结构图

2. WAGO 端子接线方法

WAGO 端子接线示意图如图 4-17 所示。

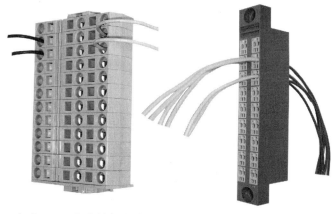

（a）16 mm² 零层电源端子　　　（b）1.5 mm² 18 柱端子　　　（c）1.5 mm² 3×18 侧面端子

图 4-17　WAGO 端子接线示意图

1）16 mm² 电源端子接线方法

16 mm² 电源端子上的方孔为工具孔，圆孔为配线孔。

剥去导线 16～17 mm 长的绝缘外皮，多股线应将铜丝扭绞在一起。导线截面面积为 0.5 mm² 以下的细多股导线应镀锡处理或加装接线帽。

注意：是线头部镀锡，而不是整个线头都镀上锡。头部镀锡是为防止细多股线被弹簧夹压散后易拉出。由于镀锡效率低，只适合少量配线采用。

将 5.0 mm 宽的扁平螺丝刀垂直插入与配线孔对应的方孔中，再将已剥好线头的导线插入圆孔。导线必须插到配线孔底。

抽出螺丝刀，上线工作完成，用拉力计抽检接线是否达到要求。

2）1.5 mm² 18 位端子接线方法

1.5 mm² 端子块上的小圆孔为测试孔、大圆孔为配线孔、方孔为工具孔。

剥去导线 8～10 mm 长的绝缘外皮,多股线应将铜丝扭绞在一起绝不能分叉。导线的剥线长度为 8～10 mm。因配线孔底部至弹簧夹间有 6 mm(见图 4-18),当剥线长度小于 8 mm 时夹线弹簧就有可能夹在导线绝缘皮上,造成端子与导线间接触不良。当剥线长度大于 10 mm 时,导线金属部分就会外露。

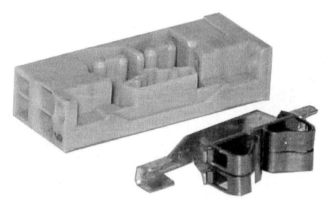

图 4-18　1.5 mm² 端子块

将 2.5 mm 宽的扁平螺丝刀刀头的平面朝向配线孔,然后将螺丝刀垂直插入与配线孔对应的方孔中。螺丝刀要贴着远离配线孔一侧的工具孔壁向里插。螺丝刀插到底并停在工具孔中,此时弹簧完全打开,如图 4-19 所示。

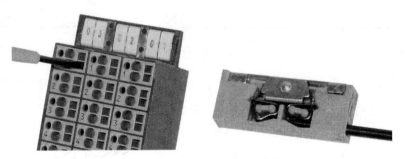

图 4-19　插入螺丝刀打开弹簧

将已剥好线头的导线顺靠近测试孔一侧的配线孔壁,插入配线大圆孔中,导线必须插到配线孔底。

抽出螺丝刀,上线工作完成,用拉力计抽检接线是否达到要求。

3）1.5 mm² 3×18 侧面端子接线方法

3×18 侧面端子接线方法与 18 位端子接线方法相同。

(二)压接接线工艺

(1)压接时选择与导线截面面积相适应的端子和压接钳。

(2)压接线环的直径与所使用的端子直径相匹配。

（3）使用正确的图纸，核对配线正确后，进行截头、开剥，开剥时不能使裸线有刀伤。

（4）正确使用压接钳，端子应与压接钳钳口侧面垂直。

（5）压接时应一次压接到位。严禁对压接后的端子进行再次压接。

（三）焊接接线工艺

（1）焊线人员应有一定的工作经验，并使用正确的图纸。

（2）焊线作业工具主要有：剥线钳、尖嘴钳、偏口钳、螺丝刀、电烙铁、毛刷等。

（3）焊接时严禁使用带有腐蚀性的焊剂，如有不粘锡的端子，可先刮去端子表面氧化层，再进行焊接。

（4）作业之前清洁场地，检查电烙铁安全地线及有无漏电现象，电源插座板有漏电保护装置。

（5）线头长度要适宜，预留 3～5 个端子间距的备用长度，最上端线的备用长度适当减少。

（6）正确使用剥线钳，将铜芯塑料线开剥 6～7 mm。套上该端子对应的胶管，插入相应端子的焊线孔，防止叉股或没有全部插入。

（7）在焊线部位加隔热支撑，然后加烙铁和焊丝，视锡液流动侵入端子和铜线之中，时间不宜过长。

（8）焊点占端子面三分之二长度，焊点光亮无缺口，大小饱满适宜，无假焊、毛刺现象。

（9）焊线的顺序先焊高层，后焊低层，焊线要从端子板由下到上、由左到右顺序焊接。左手持烙铁者从侧面端子右到左顺序焊接。

（10）焊线时用厚纸遮挡下层，防止锡液滴入下层设备，也要防止烫伤电线或落在两焊点之间造成短路。

（11）焊线作业完成后及时切断电源并清理现场。

十、导　通

室内设备配线完成后，必须按照正确的接、配线图进行导通。

（一）导通的方法

（1）将万用表调至低阻档，并放置在合适观察位置，将表线加长至所有配线都能触及的长度。最好不使用数字万用表，因为数字表反应较慢，在有感应电压的情况下容易误导通。

（2）如果导通的工作量很大，可以临时安装一台变压器，使用低压电铃代替万用表导通，也可用发光二极管安装在表笔端，（表示灯泡也可）既方便又快捷。

（二）导通的步骤

（1）设专人看图、看表、指挥及记录，防止遗漏及错误导通。

（2）导通从排列序号靠前的机柜开始依次导通。

（3）用兆欧表测试配线有无接地现象。

任务四　室外设备安装及配线

一、电气绝缘节处设备组成及安装

电气绝缘节处设备布置示意图，如图 4-20 所示。

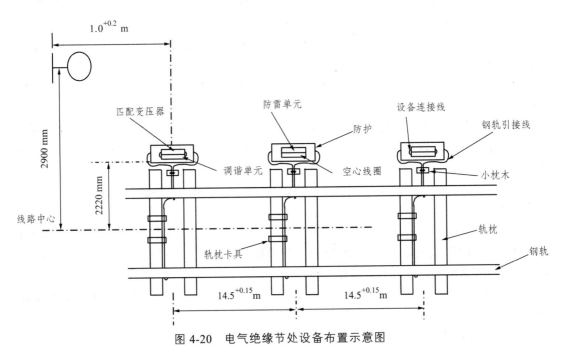

图 4-20　电气绝缘节处设备布置示意图

电气绝缘节处设备是由调谐单元 ZW·T1（F1、F2）、空心线圈（ZW·XK1）、匹配变压器、防雷单元、钢轨引接线、设备连接线、防护盒、基础桩、小枕木以及小枕木、钢轨、轨枕卡具组成。设备的规格及数量如表 4-5 所示。

表 4-5　电气绝缘节处设备表

序号	名　称	规　格	单　位	数量	备　注
1	调谐单元	ZW·T1	台	1	F1：1700 Hz、2000 Hz
2	调谐单元	ZW·T1	台	1	F2：2300 Hz、2600 Hz
3	空心线圈	ZW·XK1	台	1	
4	匹配变压器	ZPW·BP	台	2	
5	设备防雷单元		套	1	
6	钢轨引接线	长 2000 mm	根	3	70 mm^2 钢包铜注油线
7	钢轨引接线	长 3700 mm	根	3	70 mm^2 钢包铜注油线
8	设备连接线	长 250 mm	根	2	7.4 mm^2 多股铜缆
9	设备连接线	长 500 mm	根	2	7.4 mm^2 多股铜缆

序号	名　称	规　格	单位	数量	备　注
10	设备连接线	长 300 mm	根		10 mm² 多股铜缆
11	防护盒		台	3	双体防护盒
12	小枕木		块	3	
13	设备基础桩		根	3	
14	小枕木卡具		个	6	
15	钢轨卡具		个	6	
16	轨枕卡具		个	6	

（一）电气绝缘节处设备定位

1. 信号点处设备定位

根据设计文件依照有效施工图纸对所安装信号机的地点位置进行确定，然后以信号机机柱中心为基准，在所属线路用钢尺（30 m）进行测量，从而确定出其他设备的位置，并用红油漆做好标记。之所以以信号机机柱中心为基准进行定位，是为了避免误差积累。设备位置定位具体尺寸如下：

（1）发送调谐单元防护盒中心距信号机机柱中心（列车运行方向）为1000 mm，防护盒边缘距所属线路中心不得小于2220 mm。

（2）接收调谐单元防护盒中心距信号机机柱中心（列车运行方向）为30 m，防护盒边缘距所属线路中心不得小于2220 mm。

（3）空心线圈防护盒中心距信号机机柱中心（列车运行方向）为15.5 m，防护盒边缘距所属线路中心不得小于2220 mm。

具体设备位置定位尺寸如图4-20所示。

2. 分割点处设备定位

根据设计文件依照有效施工图纸对所安装空心线圈防护盒的地点位置进行确定，然后以空心线圈防护盒中心为基准，在所属线路用钢尺（30 m）进行测量其他设备的位置，并用红油漆做好标记。设备位置定位尺寸如下：

（1）发送调谐单元防护盒中心距空心线圈防护盒中心（列车运行方向）为14.5 m，防护盒边缘距所属线路中心不得小于2220 mm。

（2）接收调谐单元防护盒中心距空心线圈防护盒中心（列车运行反方向）为14.5 m，设备防护盒边缘距所属线路中心不得小于2220 mm。

具体设备位置定位尺寸如图4-20所示。

（二）基础安装

设备基础有两种结构：一种为水泥结构；另一种为金属结构。下面以金属结构为例进行介绍。

水泥结构基础及设备安装示意图如图 4-21（a）所示。

（a）水泥结构基础　　　　　　　　　　　（b）金属结构基础

图 4-21　水泥结构及金属结构基础

（1）根据设备基础桩体积大小，在距所属线路轨内侧 1700 mm 处开挖一个长 500 mm、宽 500 mm、深 900 mm（坑底距轨面）的方坑。

（2）基础坑挖好后，用钢卷尺测量，将钢卷尺（用直尺更好）一端放置坑底，另一端垂直于坑底向上拉出钢卷尺，而另一人到所属线路外侧以两根钢轨上平面为基准，核查验正基础坑是否符合安装标准，测量合格将基础桩放置于坑内，埋设深度不小于地面下 500 mm；基础桩上的引线孔面向大地。

（3）基础桩上平面边缘（靠所属线路侧）距所属线路中心不得小于 2220 mm（并保证安装上防护盒后，防护盒内侧距所属线路中心不得小于 2220 mm）。用钢卷尺在基础桩上平面边缘两端距所属线路内侧测量其方正。基础桩结构如图 4-22（a）所示，基础桩埋设示意图如图 4-22（b）所示。

 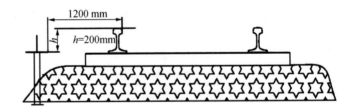

（a）基础桩结构示意图　　　　　　　　　（b）基础桩埋设示意图

图 4-22　基础桩

（三）调谐单元、匹配变压器的安装

（1）调谐单元、匹配变压器设备示意图如图 4-23（a）、（b）所示。

（2）调谐单元应面向所属线路侧立式安装在基础桩的固定板上。

（3）匹配变压器应面向大地侧立式与匹配变压器背靠背安装在同一基础桩的固定板上。

（4）用其配套螺栓（M10）将调谐单元、匹配变压器安装固定在同一基础桩的固定板上，并用转矩扳手将其紧固，如图4-23（c）所示。

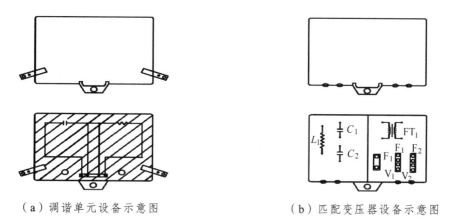

（a）调谐单元设备示意图　　　　　　（b）匹配变压器设备示意图

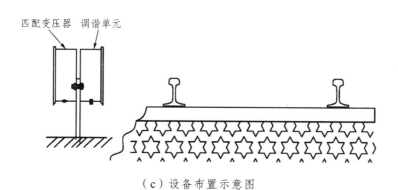

（c）设备布置示意图

图4-23　调谐单元、匹配变压器安装示意图

（四）空心线圈的安装

（1）空心线圈设备示意图如图4-24（a）所示。

（2）空心线圈应面向所属线路侧立式安装，在安装时注意电气绝缘节处用ZW·XK1型号空心线圈，而在机械绝缘节处（站口）用ZPW·XKJ型号空心线圈。

（3）用其配套螺栓（M10）将空心线圈安装固定在基础桩的固定板上，并用转矩扳手将其紧固。空心线圈安装如图4-24（b）所示。

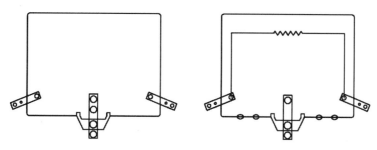

（a）空心线圈设备示意图

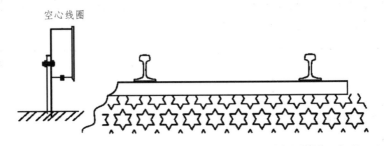

（b）空心线圈布置示意图

图 4-24　空心线圈安装示意图

（五）调谐单元（及匹配变压器）、空心线圈防护盒的安装

（1）防护盒安装在调谐单元（及匹配变压器）或空心线圈外，与基础面固定在一起。

（2）用钢卷尺和水平尺测量：将水平尺放在防护盒上面，在水平面的两个方向进行水平调整，观察水平尺内气泡流动到中间为宜。用钢卷尺测量防护盒内侧边缘两端距最近钢轨轨内侧为 1500 mm；顶面距轨顶面为 ≤200 mm。注意：测量防护盒内侧边缘距所属线路中心安装尺寸时，应在防护盒顶面距轨顶面 ≤200 mm 的位置处进行测量；防护盒安装如图 4-25 所示。

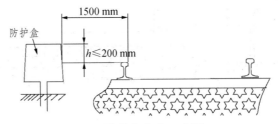

图 4-25　防护盒安装示意图

（六）引接线与设备的连接及安装

1. 7.4 mm²、10 mm² 铜芯连接线的制作及安装

1）工具及材料

7.4 mm²、10 mm² 铜芯连接线的制作及安装见表 4-6。

表 4-6　7.4 mm²、10 mm² 铜芯连接线的制作工具及材料表

序号	名称	规格	单位	数量
1	专用压接钳		把	1
2	钢锯		把	1
3	小工具		套	1
4	转矩扳手	6~12 mm	套	1
5	铜芯电缆	7.4 mm²	根	若干
6	铜芯电缆	10 mm²	根	若干
7	冷压铜端头	ϕ6 mm、ϕ12 mm	个	若干

2）7.4 mm² 铜芯连接线的制作

因为各种连接线是集中预制，所以各种铜芯电缆、各种冷压铜端头、液压钳及工具要准备齐全。首先介绍一下各种冷压铜端头规格、液压钳规格及使用方法：

（1）圆形裸冷压铜端头（RNB25-4）：RNB—冷压铜端头规格型号，"25"—冷压铜端头所适用铜芯导线截面面积，"4"—冷压铜端头所适用端子柱的直径大小。选择冷压铜端头的规格要和使用铜芯导线截面面积以及所适用端子柱的直径相一致。此种圆形裸端头最大的优点是导线截面面积的大小与所适用端子柱直径大小没有直接关系，随意选择。具体圆形裸冷压铜端头的形状如图 4-26（a）所示。

（2）窥口冷压铜端头（SC10-6）：SC—冷压铜端头规格型号，"10"—冷压铜端头所适用铜芯导线截面面积，"6"—冷压铜端头所适用端子柱的直径大小。选择冷压铜端头的规格要和使用铜芯导线截面面积以及所适用端子柱的直径相一致。此种窥口端头最大的特点是导线截面面积的大小与所适用端子柱直径大小有直接关系，导线截面面积越大，所适用端子柱直径也越大，只要端头选择适当，压接出来的成品就特别牢固。具体窥口冷压铜端头的形状如图 4-26（b）所示。

（a）圆形裸冷压铜端头示意图　　　　　　　（b）窥口冷压铜端头示意图

图 4-26　冷压铜端头

（3）液压钳规格分很多种，具体适用于本方法的现只介绍两种：其一是 YQK-70 型快速液压钳，适用范围导线截面面积为 4～70 mm²，其优点是压接速度快，但其不足是适用于导线截面面积比较小的导线；其二是 YYQ-120 型液压钳，见图 4-27（a）所示。适用范围导线截面面积为 10～120 mm²，其优点是压接力量大，但其不足是适用于导线截面面积比较大的导线。当然，导线截面面积为了和冷压铜端头匹配，有时候要在导线裸露部分加装铜压线帽，以使导线与铜端头接触牢固。其液压钳形状如图 4-27（a）所示。

3）操作方法

（1）首先用钢锯截取所需铜缆的长度（250 mm、500 mm）。

（2）用电工刀将截取的铜缆两端外皮剥开并除去适当的长度，使其露出里面铜线。

（3）将剥好的铜线穿入冷压铜端头（7.4 mm²/φ6 mm）内，并使铜缆外皮截面紧贴铜端头。

（4）用 YQK-70 型快速液压钳，并选择适当的内六角么块，将穿好线的冷压铜端头放入么块内，拧紧放气阀，其中一人拿好端头和导线，并将端头放到内六角么块的适当位置，这时，另一人用两手操作液压钳手柄，内六角么块开始向中间靠拢，一直压接到内六角么块完全密贴为止，这时，松开放气阀，液压钳内六角么块向两边移动，取出被压接好的连接线，整个压接过程完毕。而连接线的另一端铜端头压接与之相同，不再单独介绍，如图 4-27（b）所示。

（a）YYQ-120 型液压钳示意图　　　　　　（b）7.4 mm² 连接线示意图

图 4-27　液压钳操作

4）10 mm² 铜芯连接线的制作

10 mm² 铜芯连接线的制作方法和 7.4 mm² 铜芯连接线的制作方法相同，只是铜芯连接线两端窥口冷压铜端头分别为 ϕ12 mm 和 ϕ6 mm，截取电缆长度为 300 mm。此处不再单独介绍。

5）7.4 mm² 铜芯连接线的安装

（1）将 250 mm 长的连接线一端连接到匹配变压器 V2 端子上并用转矩扳手紧固；而连接线另一端经匹配变压器预留孔与调谐单元端子板近端端子相连接（端子板上预留有 M6 mm 螺栓）并用转矩扳手紧固。

（2）将 500 mm 长的连接线一端连接到匹配变压器 V1 端子上并用转矩扳手紧固；而连接线另一端经匹配变压器预留孔与调谐单元端子板远端端子相连接（端子板上预留有 M6 mm 螺栓）并用转矩扳手紧固。如图 4-28 所示。

6）10 mm² 铜芯连接线的安装

首先是安装防雷单元，防雷单元与空心线圈安装在同一个基础桩上，将防雷单元安装在基础桩的上平面靠大地侧。

（1）将 10 mm² 铜芯连接线（ϕ6 mm）冷压铜端头一端与防雷单元引出端子相连接，并用转矩扳手紧固。

（2）将 10 mm² 铜芯连接线（ϕ12 mm）冷压铜端头另一端与空心线圈中心端子相连接，并用转矩扳手紧固。

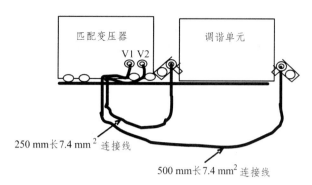

图 4-28　同一基础桩上设备间连接示意图

（七）钢轨引接线与调谐单元、空心线圈及钢轨的连接

1. 埋设小枕木

（1）清理两钢轨轨枕头间石砟，并使其底部平整，底平面距轨底面为 250 mm。

（2）将小枕木（两块）平稳地放置在两轨枕头之间，使小枕木顶面低于轨底面 50 mm。小枕木示意如图 4-29 所示，小枕木埋设如图 4-30 所示。

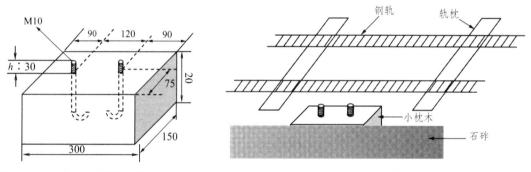

图 4-29　小枕木示意图（单位：mm）　　　　图 4-30　小枕木埋设示意图

2. 调谐单元与钢轨引接线的安装

钢轨引接线为两端带冷压铜端头的钢包铜注油线。与钢轨连接的一端为加强型 $\phi 10$ mm 铜端头（或 $\phi 12$ mm），与设备连接的一端为 $\phi 12$ mm 铜端头。钢轨引接线有长度 2000 mm 及 3700 mm 两种。

（1）用调谐单元两侧端子板上预留的 M12 铜螺栓，将引接线两根（2000 mm、3700 mm）$\phi 12$ mm 铜端头一端与之连接在一起，并用转矩扳手紧固。

（2）将 2000 mm 引接线从调谐单元端子板一侧呈小圆弧状引出，用小枕木卡具固定后，用钢轨卡具固定在内轨轨底面上，将 $\phi 10$ mm（或 $\phi 12$ mm）塞钉自钢轨内侧（或自钢轨外侧）向外侧（或向内侧）经塞钉帽（塞钉帽在钢轨轨腰中部的孔内）穿出，把引接线一端的 $\phi 10$ mm（或 $\phi 12$ mm）铜端头连接到塞钉上，并用公斤扳手紧固；使引接线朝下与水平面成 45°～60°角，如图 4-31 所示。

（3）将 3700 mm 引接线从调谐单元端子板另一侧呈小圆弧状引出后，用尼龙拉扣与 2000 mm 引接线平行绑扎经小枕木卡具固定后，引向轨底；沿轨枕侧面穿到线路外侧，引接线在两轨之间部分，用两套轨枕卡具固定；外轨外侧部分用钢轨卡具固定。将ϕ10 mm（或ϕ12 mm）塞钉自钢轨内侧（或自钢轨外侧）向外侧（或向内侧）经塞钉帽（塞钉帽在钢轨轨腰中部的孔内）穿出，把引接线一端的ϕ10 mm（或ϕ12 mm）铜端头连接到塞钉上，并用公斤扳手紧固；使引接线朝下并与水平面成45°~60°角，如图4-31所示。

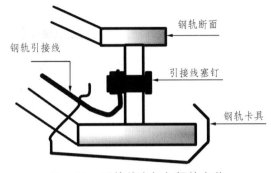

图4-31　引接线塞钉与钢轨安装

3. 空心线圈引接线的安装

参照调谐单元引接线的安装方法施工。

（八）各种卡具的安装

各种卡具、螺栓、螺母、垫片、应采用镀锌材料。

1. 小枕木卡具

用小枕木卡具及其配套螺母，垫片，弹簧圈将引接线固定在小枕木上。注意：引接线在小枕木上安装不能盘圈。如图4-32所示。

2. 轨枕卡具

在两钢轨间的引接线可采用下面三种方法固定：

（1）将轨枕两侧底部石砟清理干净，将轨枕卡具固定在轨枕侧面，引接线固定在卡具上。如图4-33所示。

（2）将轨枕卡具用ϕ6 mm胀管螺栓固定在轨枕侧面，卡具用小枕木卡具即可。经轨枕的引接线用其卡具及配套螺丝固定在轨枕侧面。

（3）引接线用小枕木及小枕木卡具在两钢轨间将引接线固定。

3. 钢轨卡具

将引接线固定在钢轨轨底上部，如图4-34所示。

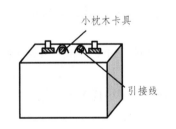

图4-32　小枕木卡具安装示意图

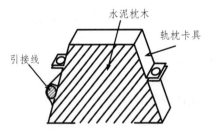

图4-33　轨枕卡具安装示意图

图4-34　钢轨卡具安装示意图

二、机械绝缘节处设备组成及安装

机械绝缘节处设备布置如图4-35所示。

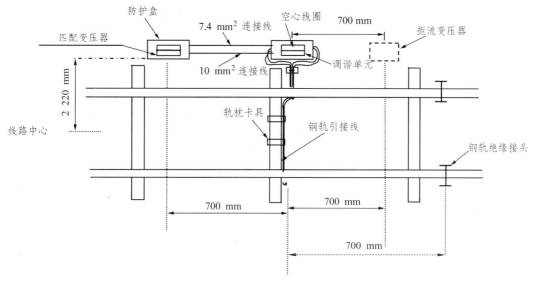

图 4-35　机绝缘节处设备布置图

机械绝缘节处设备是由调谐单元 ZW.T1（F1、F2）、空心线圈（ZPW.XKJ）、匹配变压器（ZPW.BP）、防雷单元、钢轨引接线、设备连接线、防护盒、基础桩、小枕木以及小枕木、钢轨、轨枕卡具组成的；设备的规格及数量见表 4-7。

表 4-7　机械绝缘节处设备表

序号	名　称	规格	单位	数量	备　注
1	调谐单元	ZW.T1	台	1	F1：1700 Hz、2000 Hz、F2：2300 Hz、2600 Hz
2	空心线圈	ZPW.XKJ	台	1	1700 Hz、2000 Hz、2300 Hz、2600 Hz
3	匹配变压器	ZPW.BP	台	1	
4	防雷单元		块	1	
5	钢轨引接线	长 2000 mm	根	2	70 mm² 钢包铜注油线
6	钢轨引接线	长 3700 mm	根	2	70 mm² 钢包铜注油线
7	设备连接线	长 2700 mm	根	2	7.4 mm² 多股铜缆
8	设备连接线	长 2700 mm	根	1	10 mm² 多股铜缆
9	防护盒		台	2	双体防护盒
10	小枕木		块	1	
11	设备基础桩		根	2	
12	小枕木卡具		个	2	
13	钢轨卡具		个	2	
14	轨枕卡具		个	2	

（一）调谐单元（及空心线圈）、匹配变压器防护盒的安装定位

1．电气化区段调谐单元（及空心线圈）、匹配变压器防护盒安装标准

（1）扼流变压器箱中心（站外侧扼流变压器箱）距调谐单元（空心线圈）防护盒中心为 700 mm（列车反向运行方向）；防护盒内侧边缘距所属线路中心不得小于 2220 mm。

（2）匹配变压器防护盒中心距调谐单元（及空心线圈）防护盒中心为 700 mm（列车反向运行方向）；防护盒内侧边缘距所属线路中心不得小于 2220 mm。

2．非电气化区段调谐单元（及空心线圈）、匹配变压器防护盒安装标准

（1）调谐单元（及空心线圈）防护盒中心距机械绝缘节中心为 700 mm，防护盒内侧边缘距所属线路中心不得小于 2220 mm。

（2）匹配变压器防护盒中心距调谐单元（及空心线圈）防护盒中心为 700 mm、防护盒内侧边缘距所属线路中心不得小于 2220 mm。机械绝缘节处设备布置示意图如图 4-35 所示。

（二）基础安装

调谐单元（及空心线圈）、匹配变压器基础参照电气绝缘节基础安装方法安装。

（三）调谐单元、空心线圈的安装

（1）调谐单元应面向所属线路侧立式安装在基础桩的固定板上。

（2）空心线圈应采用 ZPW·XKJ 型（与电气绝缘节使用的空心线圈不同），分四种基本载频，面向大地侧与调谐单元背靠背立式安装在同一基础桩的固定板上。

（3）用其配套螺栓（M10）将调谐单元、空心线圈安装固定在同一基础桩的固定板上，并用转矩扳手将其紧固。调谐单元、空心线圈安装如图 4-36 所示。

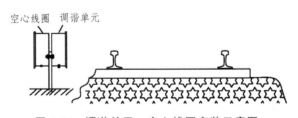

图 4-36　调谐单元、空心线圈安装示意图

（四）匹配变压器的安装

（1）匹配变压器应面向大地立式安装在基础桩的固定板上。

（2）用其配套螺栓（M10）将匹配变压器安装固定在基础桩的固定板上，并用转矩扳手将其紧固。匹配变压器安装如图 4-37 所示。

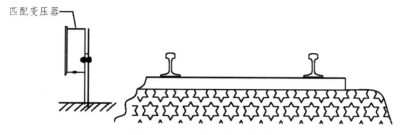

图 4-37　匹配变压器安装示意图

（五）调谐单元（及空心线圈）、匹配变压器防护盒的安装

调谐单元（匹配变压器）、空心线圈防护盒的安装参照电气绝缘节方法施工，安装示意图如图 4-38 所示。

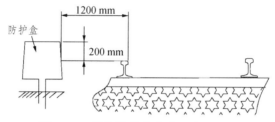

图 4-38　设备防护盒安装示意图

（六）引接线与设备的连接及安装

1. 7.4 mm² 、10 mm² 铜芯电缆连接线制作工具及材料（见表 4-8）

表 4-8　7.4 mm²、10 mm² 铜芯电缆连接线制作工具及材料

序　号	名　　称	规　　格	单　位	数　量
1	专用压接钳	YQK-70	把	1
2	钢锯		把	1
3	小工具		套	1
4	7.4 mm² 多股铜芯电缆	2700 mm	根	2
5	10 mm² 多股铜芯电缆	2700 mm	根	1
6	冷压铜端头	ϕ6 mm	个	5
7	冷压铜端头	ϕ12 mm	个	1
8	防护软管	内径 ϕ20 mm、长 1200 mm	根	1

2. 7.4 mm² 铜芯电缆连接线制作

制作方法参照电气绝缘节中 7.4 mm² 铜芯连接线的制作方法进行制作（此时截取铜芯电缆时长度为 2700 mm）。

3. 10 mm² 铜芯连接线的制作

制作方法参照电气绝缘节中 7.4 mm² 铜芯连接线的制作方法进行制作（此时截取铜芯电缆时长度为 2 700 mm）。

4. 7.4 mm²、10 mm² 铜芯电缆连接线安装

（1）将两根 7.4 mm² 铜芯电缆连接线（长 2700 mm）和一根 10 mm² 铜芯电缆连接线（长 2700 mm）一起穿入 1200 mm 长的防护软管中，使连接线每端露出防护管 750 mm。

（2）将防护管两端在基础桩引入口处用 U 型卡固定，7.4 mm² 铜芯电缆连接线一端经匹配变压器预留孔连接到匹配变压器 V1、V2 端子上，并用转矩扳手将其紧固；7.4 mm² 铜芯电缆连接线另一端连接到调谐单元两侧的端子板上（端子板上有预留的 ϕ6 mm 铜螺杆一套），并用转矩扳手将其紧固。而 10 mm² 铜芯电缆连接线一端连接到空心线圈中心点（冷压铜端头直径为 ϕ12 mm），另一端连接到防雷单元（防雷单元与匹配单元安装在同一个基础桩上）的一个端子上，并用转矩扳手将其紧固。安装方式如图 4-39 所示。

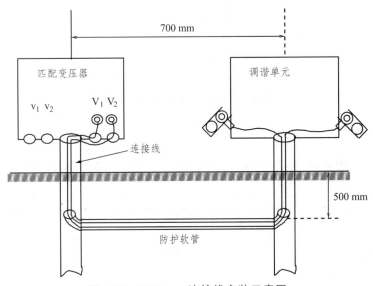

图 4-39　2700 mm 连接线安装示意图

（七）钢轨引接线与调谐单元、空心线圈及钢轨的连接

1. 埋设小枕木

参照电气绝缘节埋设小枕木方法施工。

2. 调谐单元、空心线圈引接线的安装

钢轨引接线为两端带冷压铜端头的钢包铜注油线。与钢轨连接的一端为加强型 ϕ10 mm 铜端头（或 ϕ12 mm），与设备连接的一端为 ϕ12 mm 铜端头。钢轨引接线有长度 2000 mm 及 3700 mm 两种。此处每个塞钉上要安装两个冷压铜端头，所以在塞钉的选择上要有足够长度。

（1）用调谐单元和空心线圈两侧端子板上预留的 M12 铜螺栓，将引接线 4 根（2000 mm、3700 mm 各两根）ϕ12 mm 铜端头一端与之连接在一起，并用转矩扳手紧固。

（2）将 2000 mm 引接线两根从调谐单元和空心线圈端子板一侧呈小圆弧状引出，用小枕木卡具固定后，用钢轨卡具固定在内轨轨底面上，将 $\phi10$ mm（或 $\phi12$ mm）塞钉自钢轨内侧（或自钢轨外侧）向外侧（或向内侧）经塞钉帽（塞钉帽在钢轨轨腰中部的孔内）穿出，把引接线一端的 $\phi10$ mm（或 $\phi12$ mm）铜端头连接到塞钉上，并用公斤扳手紧固；使引接线朝下与水平面成 45°～60°角，如图 4-40 所示。

（3）将 3700 mm 引接线两根从调谐单元和空心线圈端子板另一侧呈小圆弧状引出后，用尼龙拉扣与 2000 mm 引接线平行绑扎经小枕木卡具固定后，引向轨底；沿轨枕侧面穿到线路外侧，引接线在两轨之间部分，用两套轨枕卡具固定；外轨外侧部分用钢轨卡具固定。将 $\phi10$ mm（或 $\phi12$ mm）塞钉自钢轨内侧（或自钢轨外侧）向外侧（或向内侧）经塞钉帽（塞钉帽在钢轨轨腰中部的孔内）穿出，把引接线一端的 $\phi10$ mm（或 $\phi12$ mm）铜端头连接到塞钉上，并用公斤扳手紧固；使引接线朝下并与水平面 45°～60°角，如图 4-40 所示。

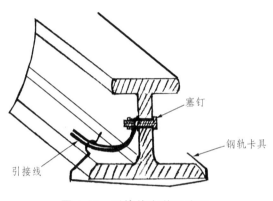

图 4-40　引接线安装示意图

（八）各种卡具的安装

各种卡具、螺栓、螺母、垫片应采用镀锌材料。

1．小枕木卡具

用小枕木卡具的安装参照电气绝缘节安装方法进行施工。注意：引接线在小枕木上安装不能盘圈。

2．轨枕卡具

轨枕卡具的安装参照电气绝缘节安装方法进行施工。

3．钢轨卡具

钢轨卡具的安装参照电气绝缘节安装方法进行施工。

上面介绍的是 ZPW-2000A 自动闭塞调谐单元（及空心线圈）的设备引接线与钢轨在机械绝缘节（站口）处的连接方式，此种连接方式是与 UM71 及 UM2000 不同的。

在京山线、沈山线等 UM71 制式中，机械绝缘节（站口）处的调谐单元（及空心线圈）引接线安装，是将调谐单元端子板与空心线圈端子板用 35 mm² 铜缆连接线（长 180 mm）连接并紧固在一起。从调谐单元设备端子板上引出引接线，70 mm² 铜缆引接线两端分别为

ϕ10 mm 和 ϕ12 mm 的冷压铜端头）连接到钢轨上。而在秦沈客运专线 UM2000 制式中，机械绝缘节（站口）处的调谐单元（及空心线圈）引接线安装，是将调谐单元设备端子板与空心线圈设备端子板用 35 mm² 铜缆连接线（长 180 mm）连接并紧固在一起。从调谐单元设备端子板上引出设备引接线，70 mm² 铜缆引接线两端分别为 ϕ12 mm 的冷压铜端头）连接到扼流变压器箱的端子上，再由扼流变压器箱的端子连接线接至钢轨上。（在电气化区段因为站口有扼流变压器箱）。

三、钢轨钻孔

调谐区内钢轨钻孔实际上是对调谐区内设备安装的定位。只有准确确定安装孔的位置，才能保证设备的正确安装。

调谐区内钢轨钻孔工具及材料如表 4-9 所示。

表 4-9　调谐区内钢轨钻孔工具及材料表

序　号	名　　称	规　格	单　位	数　量
1	发电机		台	1
2	电钻		台	1
3	钻头	ϕ13 mm	盒	1
4	液压钳		把	1
5	直尺	250 mm	把	1
6	钢尺	50 m	把	1
7	游标卡尺		把	1
8	手捶		把	1
9	小工具		套	1
10	通信工具		台	根据情况定
11	防护旗	红、黄	面	根据情况定
12	号眼铣子		个	1
13	扁铲		把	1
14	黄油		桶	1
15	拉杆	ϕ10 mm	个	2
16	塞钉帽	ϕ13～10 mm	个	根据情况定

（一）电气绝缘节内钢轨钻孔定位

（1）参照电气绝缘节处设备定位方法进行钢轨钻孔定位。

（2）钢轨轨腰中部的钻孔位置参照平交道口及桥上设备安装中的测量及定位方法施工。

（3）钻孔位置应在两轨枕中间，以利于钻孔及引接线塞钉安装；若钻孔位置不在两轨枕中间，应在允许范围内进行调整；调整误差范围如图 4-41 所示。

（4）用红油漆和画笔在确定的钻孔位置做好标记。

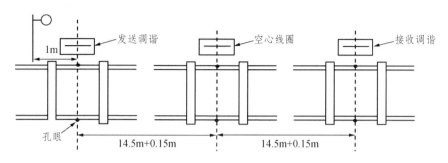

图 4-41　钢轨钻孔位置示意图

（二）机械绝缘节内钢轨钻孔定位

（1）在非电化区段钢轨钻孔位置应在绝缘节外方第一至第二根轨枕间，距绝缘节中心 700 mm。

（2）在电化区段钢轨钻孔位置因为有扼流变压器箱，所以钻孔位置应比非电化区段钢轨钻孔位置向外移动 100 ~ 200 mm，但是仍能保证在绝缘节外方第一至第二根轨枕间钻孔及引接线塞钉设备的安装。

（3）若线路为 50 kg 钢轨，则钻孔位置是钢轨腰中部距轨顶面为 83.5 mm，距轨底底面为 68.5 mm。

（4）若线路为 60 kg 钢轨，则钻孔位置是钢轨腰中部距轨顶面为 97 mm，距轨底底面为轨底面为 79 mm。

（5）钻孔位置确定后，用红油漆和油画笔在钻孔位置做标记，如图 4-42 所示（在非电化区段情况下的钻孔位置）。

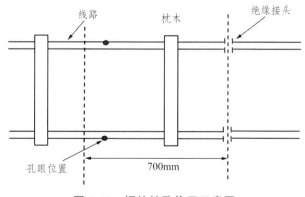

图 4-42　钢轨钻孔位置示意图

（三）钢轨钻孔

在钢轨钻孔之前首先要进行试打孔和安装塞钉帽及塞钉，本项工作主要是检查塞钉与塞钉帽之间、钢轨钻孔所用钻头直径与塞钉帽之间是否相一致。因为随着时间的推移，塞钉及塞钉帽规格会随着 ZPW-2000A 系统运行的稳定和逐步完善及便于维修、施工而发生变化。这就要求施工及维修单位要时刻注意塞钉及塞钉帽规格的变化，以避免盲目钻孔而造成孔径与塞钉帽规格不配套，给施工及维修单位带来不必要的返工。

1. 准备工作

（1）将号眼铣子对准钻孔位置处，用手捶击打，使其有明显印痕。

（2）用扁铲（砂布）清除印痕处的油污。

（3）清理钻孔位置钢轨底部的石砟，电钻安装在钢轨底部外侧，如图 4-43 所示。

注意：钻头安装要用ϕ13 mm。

2. 钻孔

（1）启动发电机，连接电钻。

（2）自钢轨外侧向钢轨内侧钻孔。

（3）开启钻孔工具，控制档位，均匀用力、顺时针方向拧动后手柄。

（4）钻头在行进中应不断浇水，如图 4-44 所示。

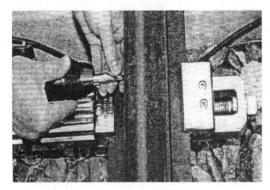 

图 4-43　安装钻具示意图　　　　　　图 4-44　钻孔示意图

（5）钻头露出钢轨内侧 10 mm 时，断开电钻开关，逆时针方向拧动后手柄退出钻头。

（6）关闭发动机，拆除电钻。

（7）用清洁布（毛刷）将钻孔内及周围的金属屑清除干净。

（8）钻孔结束后，用游标卡尺测量钻孔孔径。

（四）扩张塞钉帽

扩张塞钉帽有两种方法：其一是使用液压装置将塞钉拉杆从钢轨外侧向内侧拉出，使塞钉帽牢固地固定在轨腰中部；其二是使用机械装置将塞钉拉杆从钢轨外侧向内侧拉出，使塞钉帽牢固地固定在轨腰中部。下面介绍的是液压装置施工方法。

（1）将塞钉帽自钢轨外侧穿入孔内。

（2）将拉杆自钢轨内侧经塞钉帽内孔穿向钢轨外侧，露出部分与连接轴连接紧固，如图 4-45 所示。

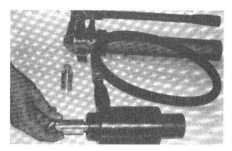

图 4-45

（3）支撑环套在连接套和连接轴上，再把连接套和连接轴连上，如图 4-46 所示。

图 4-46

（4）用左手托住固定的液压油缸。（先把支撑环推向轨腰一端，再把开口垫插到连接轴靠油缸一端）。

（5）关闭液压机开关旋钮，上下按动油泵压缩杆开始挤压，一直将拉杆拉出，如图 4-47 所示。

图 4-47

四、补偿电容的安装

当轨道电路较长时，钢轨呈现较高的感抗值，如感抗值高于道砟电阻时，则钢轨对信号传输有影响。为消除此影响在发送端与接收端之间每隔一段距离加装一补偿电容进行补偿，保证信号的传输。

（一）补偿电容

（1）补偿电容外形尺寸如图 4-48 所示。

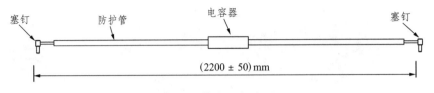

图 4-48　补偿电容外形图

（2）补偿电容的种类及规格如表 4-10 所示。

表 4-10　补偿电容的种类及规格

序　号	电容容量（μF）	频率（Hz）
1	55	1700
2	50	2000
3	46	2300
4	40	2600

（二）补偿电容的安装

补偿电容安装使用工具如表 4-11 所示。

1. 补偿电容的定位

1）轨道电路长度的计算

（1）轨道电路长度为电气绝缘节中空心线圈中心到另一电气绝缘节中空心线圈中心的距离；或者从机械绝缘节（站口）到电气绝缘节中空心线圈的距离。

（2）本区段轨道电路补偿长度为 $L_{调}$ = 轨道电路长度（L）– 29 m（电气绝缘节到电气绝缘节），或 $L_{调}$ = 轨道电路长度（L）– 14.5 m（电气绝缘节到机械绝缘节）。

2）补偿电容等间距长度的计算

（1）无绝缘轨道电路闭塞分区内电容的容量、数量和轨道电路长短及道砟电阻大小等因素有关。

（2）根据道砟电阻和轨道电路的实际长度，从表 4-12 中查出本区段使用电容的数量 N_C 和容量。

（3）补偿电容等间距长度 $\Delta = L_{调} / N_C$。

表 4-11　补偿电容安装工具

序号	名　称	规　格	单　位	数　量
1	发电机		台	1
2	电钻		台	1
3	钻头	$\phi 9.8$ mm	盒	1
4	线路里程测距走行车		台	1
5	钢尺	50 m	把	1

序号	名 称	规 格	单 位	数 量
6	直尺	250 mm	把	1
7	手捶		把	1
8	扩眼铣子		个	1
9	小工具		套	1
10	通信工具		台	根据情况定
11	防护旗	红、黄	面	根据情况定
12	号眼铣子		个	1
13	扁铲		把	1
14	补偿电容		套	1

（4）半间距是调谐单元与第一个电容之间的距离。半间距 = Δ/2，如图 4-49 所示。

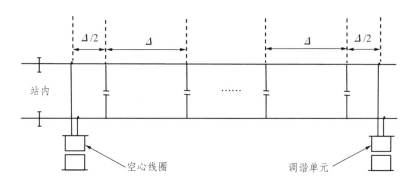

图 4-49　补偿电容布置示意图

2. 塞钉孔的测量及定位

（1）根据补偿电容等间距及半间距，用线路里程走行测距车（或钢尺）从进站（或出站）口开始测量（以调谐单元钢轨连接线安装位置为起点）。

（2）当钻孔位置确定后，核查孔眼是否在两轨枕中间，若不在两轨枕中间，可进行如下调整：半间距（Δ/2）为 ± 0.25 m，等间距（Δ）为 ± 0.5 m，以保证钻孔位置在两轨枕中间，以利于钻孔和安装电容。

（3）在确定的钻孔位置用直尺、角尺量出钢轨轨腰中部并用红油漆及画笔做好标记。钢轨轨腰中部计算和测量方法如下：

① 50 kg 钢轨：钻孔位置距轨面为 83.5 mm（或距轨底底面 68.5 mm）。

② 60 kg 钢轨：钻孔位置距轨面为 97 mm（或距轨底底面 79 mm）。

3. 钢轨钻孔

钢轨钻孔的方法参照（（三）钢轨钻孔）方法进行施工。

注意：根据补偿电容引接线的长度，若补偿电容引接线的长度在 2100 mm 左右，钢轨钻孔应从钢轨内侧向钢轨外侧钻孔，并且补偿电容引接线塞钉的安装应从钢轨内侧向钢轨外侧安装。

4. 补偿电容的安装

补偿电容引接线塞钉的安装有两种：一种是引接线和塞钉是焊接方式，将塞钉直接打入钢轨；另一种是引接线用直径为$\phi 8$ mm的冷压铜端头（加强型）与之压接，而钢轨轨腰中部要安装塞钉帽及配套塞钉，两种安装方法钢轨钻孔直径均为$\phi 9.8$ mm。

补偿电容的安装一般有下述三种方法，但为了方便工务部门大型养路机械作业，这次结合ZPW-2000系列无绝缘轨道电路制式的推广应用，铁道部要求将补偿电容安装在特制轨枕内。

1）补偿电容在特制轨枕中的安装方法

（1）将补偿电容置于特制轨枕。

（2）补偿电容引接线从特制轨枕两端引线孔中引出。

（3）将补偿电容两端引接线用钢轨卡具固定，用手捶将引接线塞钉打入塞钉孔中，手捶击打塞钉时用力要均匀，以免将塞钉打歪。塞钉大入钢轨后以塞钉头露出钢轨内侧$1 \sim 4$ mm为宜。

（4）使塞钉引线朝下并与水平面成$45° \sim 60°$角。

（5）塞钉两端涂漆防护，安装方式如图4-50所示。

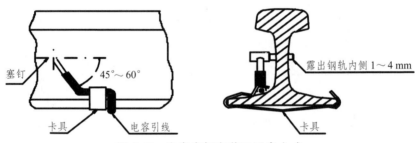

图4-50　电容塞钉安装及固定方式

2）补偿电容在普通轨枕的安装方法

（1）安装补偿电容卡具：将电容卡具用$\phi 6$ mm胀管螺栓固定在轨枕侧面，并将补偿电容安装在卡具内。如图4-51（a）所示。

（2）安装补偿电容引接线卡具：将轨枕卡具用$\phi 6$ mm胀管螺栓固定在轨枕侧面，并将引接线两端安装在卡具内。如图4-51（b）所示。

（3）安装补偿电容引接线钢轨卡具：用钢轨卡具将引接线两端在轨底上面走行部分固定。

（4）电容引接线塞钉安装方法及防护，参照特制轨枕安装方法安装。补偿电容卡具安装示意图如图4-51（c）所示。

3）补偿电容的其他安装防护方法

（1）在京山、沈山线使用的安装方法，是将补偿电容放置在两轨枕间，塞钉两端引接线用钢轨卡具固定，补偿电容及两端引接线用特制水泥防护槽防护。此种方法施工和维修方便，但对工务部门大型养路机械作业有一定的影响。

（2）在京沪线使用的安装方法，有两种：其一是将补偿电容放置在轨枕侧面下部，用固定带上的两个固定环将补偿电容安装牢固，并将固定带一端穿过轨枕底部，而固定带的另一端经轨枕上部用固定夹将固定带两端连接并紧固在一起；并将固定防护板安装在固定带的上半部分。此种方法施工便于工务部门大型养路机械作业，并且造价成本低，便于推广。其二是将补偿电容放置在轨距杆型防护盒内，防护盒两端固定在钢轨底部，补偿电容引接线从防护盒两端防护杆中引出并接向钢轨，补偿电容防护盒紧贴在轨枕侧面，上平面与轨枕上平面平。

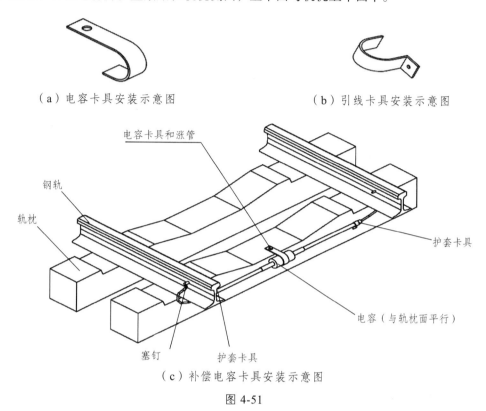

（a）电容卡具安装示意图　　　　　　（b）引线卡具安装示意图

（c）补偿电容卡具安装示意图

图 4-51

4）补偿电容配置表

（1）1700 Hz 轨道电路补偿电容配置表，如表 4-12 所示。

表 4-12　1700 Hz 轨道电路补偿电容配置表

序 号	道砟电阻（Ω·km）	轨道电路长度（m）		补偿电容		发 送
		最 大	最 小	容 量	数 量	电平级
1	0.25	350	300	55	4	3
2	0.28	400	351	55	4	3
3	0.3	450	401	55	5	3
4	0.4	500	451	55	6	3
5	0.4	550	501	55	6	3
6	0.4	600	551	55	6	3
7	0.4	650	601	55	7	3

序号	道砟电阻（Ω·km）	轨道电路长度（m）		补偿电容		发 送
		最大	最小	容量	数量	电平级
8	0.4	700	651	55	8	3
9	0.6	750	701	55	8	3
10	0.6	800	751	55	9	3
11	0.6	850	801	55	9	3
12	0.7	900	851	55	9	3
13	0.7	950	901	55	10	3
14	0.8	1000	951	55	10	3
15	0.8	1050	1001	55	11	3
16	0.9	1100	1051	55	11	3
17	0.9	1150	1101	55	12	3
18	0.9	1200	1151	55	12	3
19	1.0	1250	1201	55	13	3
20	1.0	1300	1251	55	14	3
21	1.0	1350	1301	55	16	3
22	1.0	1400	1351	55	28	3
23	1.0	1450	1401	55	20	2

（2）2000 Hz 轨道电路补偿电容配置表，如表 4-13 所示。

表 4-13　2000 Hz 轨道电路补偿电容配置表

序号	道砟电阻（Ω·km）	轨道电路传输长度（m）		补偿电容		发 送
		最大	最小	容量	数量	电平级
1	0.25	350	300	50	4	5
2	0.28	400	351	50	4	4
3	0.3	450	401	50	5	4
4	0.4	500	451	50	6	4
5	0.4	550	501	50	6	4
6	0.5	600	551	50	7	4
7	0.5	650	601	50	7	4
8	0.6	700	651	50	8	4
9	0.6	750	701	50	8	4
10	0.6	800	751	50	9	4

序号	道砟电阻（Ω·km）	轨道电路传输长度（m）		补偿电容		发送
		最大	最小	容量	数量	电平级
11	0.7	850	801	50	9	4
12	0.7	900	851	50	9	4
13	0.8	950	901	50	10	4
14	0.8	1000	951	50	10	4
15	0.8	1050	1001	50	11	3
16	0.9	1100	1051	50	11	3
17	0.9	1150	1101	50	12	3
18	1.0	1200	1151	50	12	3
19	1.0	1250	1201	50	13	3
20	1.0	1300	1251	50	14	3
21	1.0	1350	1301	50	16	3
22	1.0	1400	1351	50	18	2

（3）2300 Hz 轨道电路补偿电容配置表，如表4-14所示。

表4-14　2300 Hz 轨道电路补偿电容配置表

序号	道砟电阻（Ω·km）	轨道电路传输长度（m）		补偿电容		发送
		最大	最小	容量	数量	电平级
1	0.25	350	300	46	3	4
2	0.28	400	351	46	4	4
		420	420	46	4	4
4	0.4	450	421	46	5	5
5	0.4	500	451	46	6	5
6	0.4	550	501	46	6	4
7	0.5	600	551	46	6	4
8	0.5	650	601	46	7	4
9	0.6	700	651	46	8	4
10	0.6	750	701	46	8	4
11	0.6	800	751	46	9	4
12	0.7	850	801	46	9	4
13	0.7	900	851	46	9	4
14	0.8	950	901	46	10	4

序号	道砟电阻（Ω·km）	轨道电路传输长度（m）		补 偿 电 容		发 送
		最大	最小	容量	数量	电平级
15	0.8	1000	951	46	10	3
16	0.8	1050	1001	46	11	3
17	0.9	1100	1051	46	11	3
18	0.9	1150	1101	46	12	3
19	1.0	1200	1151	46	12	3
20	1.0	1250	1201	46	13	3
21	1.0	1300	1251	46	16	3
22	1.0	1350	1301	46	20	3

（4）2600 Hz 轨道电路补偿电容配置表，如表 4-15 所示。

表 4-15　2600 Hz 轨道电路补偿电容配置表

序号	道砟电阻（Ω·km）	轨道电路传输长度（m）		补 偿 电 容		发 送
		最大	最小	容量	数量	电平级
1	0.25	350	300	40	3	4
2	0.28	400	351	40	4	4
3	0.3	450	401	40	6	4
4	0.4	500	451	40	6	4
5	0.4	550	501	40	6	4
6	0.5	600	551	40	7	4
7	0.5	650	601	40	7	4
8	0.6	700	651	40	8	4
9	0.6	750	701	40	8	4
10	0.6	800	751	40	9	4
11	0.7	850	801	40	9	4
12	0.7	900	851	40	9	4
13	0.8	950	901	40	10	4
14	0.8	1000	951	40	10	3
15	0.8	1050	1001	40	11	3
16	0.9	1100	1051	40	11	3
17	0.9	1150	1101	40	12	3
18	0.9	1200	1151	40	12	3
19	1.0	1250	1201	40	13	3
20	1.0	1300	1251	40	16	2
21	1.0	1350	1301	40	20	2

（二）站内 ZPW-2000 股道叠加电码化电容计算

1. 设置方法

（1）电容容量及适应载频如表 4-16 所示。

表 4-16　电容容量及适应载频

序号	电容容量	适应载频（下行）	适应载频（上行）
1	80 μF	1700 Hz	2000 Hz
2	60 μF	2300 Hz	2600 Hz

（2）设置方法：

$$等间距 \Delta = L / \Sigma$$

式中　Δ——等间距；

L——轨道电路长度；

Σ——电容数量。

$$电容数量 \Sigma = N + A$$

式中　N——百米位数；

A——个位、十位数为 0 时为 0；个位、十位数不为 0 时为 1；

$\Delta/2$——半间距。

站内股道叠加电码化补偿电容布置如图 4-52 所示。

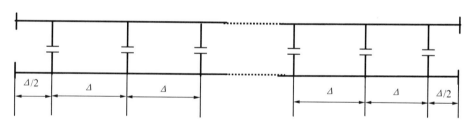

图 4-52　站内股道叠加电码化补偿电容布置

2. 举例计算

（1）假如轨道电路长度为 $L = 900$ m，那么 $N = 9$，$A = 0$，$\Sigma = 9 + 0 = 9$，因此等间距 $\Delta = 900/9 = 100$ m，半间距 $\Delta/2 = 100/2 = 50$ m，如图 4-53 所示。

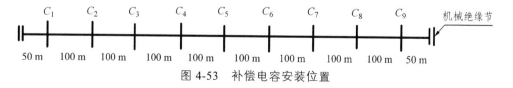

图 4-53　补偿电容安装位置

（2）假如轨道电路长度为 $L = 920$ m，那么 $N = 9$，$A = 1$，$\Sigma = 9 + 1 = 10$，因此等间距 $\Delta = 920/10 = 92$ m，半间距 $\Delta/2 = 92/2 = 46$ m，如图 4-54 所示。

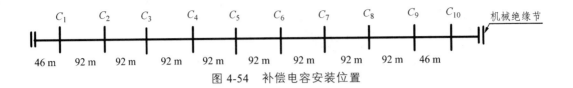

图 4-54　补偿电容安装位置

五、平交道口处和桥上设备安装

1. 平交道口处设备安装

道口信号轨道电路采用闭路式（14 kHz 及 20 kHz）和开路式（30 kHz 及 40 kHz）制式，道口轨道电路的高频信号不影响 ZPW-2000A 中信号的传输，而调谐单元和补偿电容直接影响道口信号的传输。ZPW-2000A 设备安装时应与道口设备保持一定的距离。

2. 设备安装原则

（1）闭路式（14 kHz 及 20 kHz）道口轨道电路波及区域为 60 m，如图 4-55 所示。若补偿电容距波及区域≤15 m 时，应采取措施。

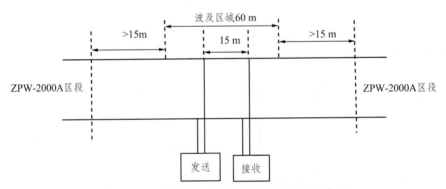

图 4-55　闭路式道口轨道电路设备布置示意图

（2）开路式（30 kHz 和 40 kHz）道口轨道电路波及区域为 40 m，如图 4-56 所示。若补偿电容距波及区域≤15 m 时，应采取措施。

（3）电气绝缘节外 60 m 范围内不应设置道口轨道电路。

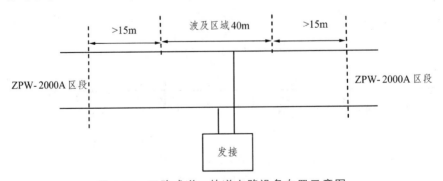

图 4-56　开路式道口轨道电路设备布置示意图

3．桥上设备的安装

1）钢轨绝缘的安装原则

（1）电气绝缘节不宜设在有护轮轨的区域内。

（2）当电气绝缘节设在护轮轨区域内时，调谐区内的每根护轮轨长度不得大于25 m，每根护轮轨两端加装一对钢轨绝缘。且护轮轨与基本轨间以及左右护轮轨间不得有电气连接。

（3）当护轮轨长度超过200 m时，每200 m加装一处钢轨绝缘。

（4）不足200 m时应在护轮轨区域内对角加装一对钢轨绝缘。

2）设备安装

当调谐区设在有护轮轨的大桥或隧道内时，要由设计部门测算调谐区内钢轨电感及电气隔离的串并联谐振参数，测算出调谐区内钢轨长度，然后再进行轨旁设备的测量定位及安装。

（1）当桥为水泥梁时，测量桥面距钢轨轨面距离，根据测量尺寸加工或改造金属制的基础桩。具体方法是将原来基础桩上顶面和下底面保留，需要多高从中间引线管截取，然后将中间引线管与基础桩下底面用电气焊连接好。在基础桩下底面四角适当位置钻ϕ10 mm 孔四个，在桥梁定好位置的地方将石砟及杂物清理干净，按照基础桩下底面钻孔位置，在桥梁上顶面用冲击钻ϕ10 mm 孔四个（钻孔深度以胀管螺栓长度为准），将基础桩固定在桥梁上顶面，测量设备防护盒安装后，上顶面距所属线路轨面≤200 mm，设备防护合内侧距所属线路中心不小于2 220 mm。假如桥梁护栏距所属线路限界较小，这时设备防护盒的安装，可在防护盒内侧距所属线路中心1620～2220 mm 之间调整。

（2）基础桩安装应稳定牢靠。

（3）调谐单元、匹配单元和空心线圈安装，7.4 mm²、10 mm² 铜芯连接线的制作，设备引接线的连接等都与电气绝缘节设备安装相同，这里不再单独介绍。

（4）隧道内设备安装施工方法和桥梁上设备安装方法相同，请参照桥梁上设备安装方法施工。

（5）当桥梁为其他结构时，请施工单位、接管单位会同设计单位共同制定施工方案。

六、钢轨接续线安装

（一）塞钉式钢轨接续线的安装

塞钉式接续线有 JS-940、JS-1130 两种型号，由两根直径 5 mm 的镀锌铁线与圆锥形塞钉焊接而成，如图 4-57 所示。

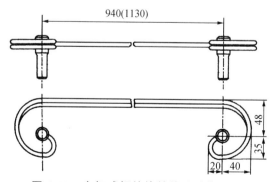

图 4-57　塞钉式钢轨接续线（单位：mm）

1. 塞钉式接续线安装使用工具

使用工具见表 4-17。

表 4-17 塞钉式钢轨接续线安装工具表

序号	名　称	规　格	单　位	数　量
1	发电机		台	1
2	电钻		台	1
3	钻头	$\phi 9.8$ mm	盒	1
4	直尺	250 mm	把	1
5	手锤		把	1
6	小工具		套	1
7	通信工具		台	根据情况定
8	防护旗	红、黄	面	根据情况定
9	号眼铳子		个	1
10	扁铲		把	1
11	防护漆		桶	1

2. 测量及定位

（1）钻孔位置应在钢轨接头、鱼尾板两端、钢轨轨腰中部。

① 50 kg 钢轨：钻孔位置距轨面为 83.5 mm（或距轨底底面 68.5 mm），钻孔中心距最近鱼尾板边缘为 80 mm，如图 4-58 所示。

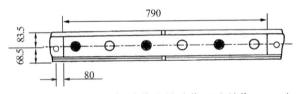

图 4-58　50 kg 钢轨接头钻孔位置（单位：mm）

② 60 kg 钢轨：钻孔位置距轨面为 97 mm（或距轨底底面 79 mm），钻孔中心距最近鱼尾板边缘为 65 mm，如图 4-59 所示。

（2）用红油漆及画笔在钻孔位置做好标记。

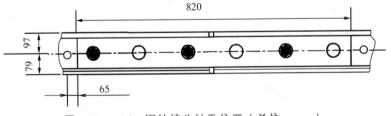

图 4-59　60 kg 钢轨接头钻孔位置（单位：mm）

3. 钢轨钻孔

钢轨钻孔方法参照（三、钢轨钻孔）方法进行钢轨钻孔施工。

4. 钢轨接续线的安装

（1）用游标卡尺和钢卷尺检查孔距及孔径。

（2）先将接续线一端用手捶打入孔内，用手捶把调整接续线两端的云圈形弯曲，然后再将接续线另一端塞钉用手捶打入孔内，使塞钉头露出钢轨内侧 1~4 mm，调整接续线两端的云圈形弯曲，使其塞钉线两端弯曲形状相同，接续线密贴鱼尾板，不得高出轨面。

（3）塞钉两端应及时涂防护漆。安装方式如图 4-60 所示。

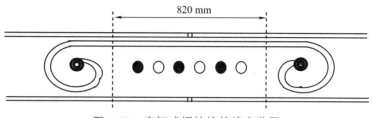

图 4-60　塞钉式钢轨接续线安装图

（二）焊接式钢轨接续线的安装

1. 焊接式钢轨接续线

钢轨接续线焊接的方法大体上有坩埚焊接法、爆炸式焊接法和光焊机焊接法三种。下面介绍的是光焊机焊接法的操作工艺。如采用其他方法需按相应的操作说明进行施工，以保证焊接质量。

焊接式钢轨接续线使用工具及材料如表 4-18 所示。

表 4-18　焊接式钢轨接续线安装工具及材料表

序　号	名　称	规　格	单　位	数　量
1	发电机		台	1
2	光焊机		台	1
3	焊枪		套	1
4	充电器		套	1
5	电控箱		套	1
6	电磨机		套	1
7	工具箱		个	1
8	电瓶		个	1
9	小工具		套	1
10	通信工具		台	根据情况定
11	防护旗	红、黄	面	根据情况定
12	焊针	50 mm^2	个	4
13	瓷环		个	4
14	焊接铜导线	C50×200 mm	根	2

2. 测量及定位

（1）在鱼尾板上部焊接时，焊接位置为焊点距钢轨接头中心外侧 55 mm、距轨面不小于 8 mm。

（2）在鱼尾板下部焊接时，焊接位置为焊点距钢轨接头中心外侧 55 mm、距轨底不小于 10 mm。

（3）找好焊接部位，用红油漆及画笔做好标记。

3. 焊接

1）焊接要求（以光焊机焊接为例）

（1）焊点饱满，呈椭圆形。

（2）表面平坦，不得有凹坑、毛刺和缺口现象。

（3）焊接牢固，焊接线呈弧形下垂。

2）焊接前准备

（1）将工具和焊接材料放到工具箱中，把打磨机、焊枪也放到工具专用插槽，接轨器头是永久磁铁，吸在工具箱上。

（2）把打磨机插头插到主机面板的打磨插口并试运转，接轨器插头插到负极插口上，焊枪插头插到枪 1 口，空枪试验焊接时间，每个插接处一定要牢固，防止接触不好打火花，枪 2 插口的输出电流比枪 1 插口的输出电流大。

（3）焊枪线、打磨机线、接轨器线、控制线都要盘好放在打开的工具箱上，防止在推行过程中磨损拉坏，由此产生短路打火。

（4）每次使用前一定要检查电源电压是否在 38 V 以上，方法是打开面板上控制电路开关，查看面板上的电压表（或用万用表实测）。

3）操作过程

在运营线上，应设驻站联络员，施工现场防护员及现场指挥人员。且"三员"的通信工具应时刻处于畅通状态，如发现通信工具故障应立即停止施工。

（1）将主机小车推至焊接地点并稳固。

（2）用打磨机打磨焊接点处表面。

打磨姿势：用右手握紧打磨机背部，左手扶打磨机内侧，保证打磨下的红热铁渣向下喷射不至伤人，然后打开打磨机尾部电源开关，打磨开始。注意喷射出的红铁渣不要正对主机电控箱。

打磨方法：打磨机的砂轮片平面与钢轨侧面成 45°角。因为边缘线速度最高，打磨效率最高，夹角小打磨可能造成砂轮片变薄易碎，飞出碎砂轮片伤人，如图 4-61 所示。用砂轮片外沿，沿红铁渣喷射方向有顺序地从上到下一行一行打磨，防止打下锈粉重新吹到打好的新鲜面上，每行长 30～40 mm，上、下宽为 25 mm，即钢轨头侧面宽度到鱼尾板上方，至少保证每一个焊接面有 4～5 mm² 光洁面积。

图 4-61　打磨机打磨轨头外侧面示意

打磨要求：打磨面光亮、平整无油无锈，露出新鲜轨面即可。打磨时要稳重迅速，以利节约主机用电。两焊接点中心间距 110 mm（注意避开鱼尾板固定螺母上方 10 mm）。若是通车的钢轨，轨面很光亮、平整，除去油污即可放置接轨器，否则要在每个焊点一侧的轨面上再打磨出一块 12cm² 的新鲜轨面放置接轨器，接轨器若与钢轨接触不好容易打火花，造成焊接失败，并使接轨器平面出现凹凸不平，以后更易打火花。

4）焊枪操作（以右手为例）：

（1）装焊针：右手持枪，枪头朝下，以免焊料渣掉进枪簧内，左手将焊针尾部插入焊针卡爪，然后用左手掌心压住焊针头部猛推二、三下，再轻拨焊针，以检验焊针是否装紧，以保证焊针与卡爪接触良好，如图 4-62 所示。

（2）装瓷环：右手握枪，左手将瓷环套在焊针上压进瓷环卡爪内。新枪卡爪较紧，可用改锥（螺丝刀）将瓷环卡爪口略撑大点，或在调枪时硬压即可，如图 4-63 所示。

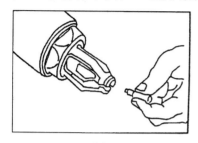

图 4-62　装焊针示意图

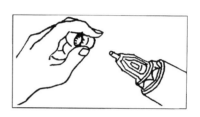

图 4-63　装瓷环示意图

（3）调枪：即调焊枪的拉弧距离，此为焊接的主要步骤。

准备：装好焊针及瓷环的枪前端，插入导接线一端的孔中，然后左手扶导接线，枪头向下压向平整的轨面上，注意一定要将瓷环压入卡爪。注意此时千万不要扣动枪开关。

调枪：枪头向下，右手握枪，左手转动瓷环卡爪，眼睛看白色标志杆与枪尾部平台的相对位置，一般标志杆要与枪尾平台平齐即可。如图 4-64 所示。

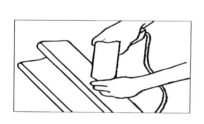

图 4-64　调枪示意图

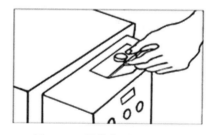

图 4-65　调整定时器示意图

（4）定时、打开电控箱上的小盖，调整定时器。拉弧时间由定时器控制，在调整范围内，电压越高，拉弧时间越短，反之则长。如图 4-65 所示。

截面面积不同的导接线，控制器调整时间如表 4-19 所示。

表 4-19　控制器调整时间表

设备类型	施工型焊机		
焊接时蓄电池电量饱和程度（以焊 25 mm² 所焊枪数为参考，焊 50 mm² 线所焊数减半）	充满电 焊第 1～20 枪	充满电 焊第 20～27 枪	充满电 焊第 70～100 枪
焊 25 mm² 线拉弧时间	1.1 s	1.2～1.3 s	1.1 s
焊 50 mm² 线拉弧时间	1.6 s	1.8～2.0 s	1.7 s

焊接时间不是一次能定好，尤其是新焊枪应试焊几次才能掌握。图 4-66 ~ 4-68 为焊点截面，其中图 4-66 为标准焊接，焊接强度比较好。图 4-67 为焊接时间偏短，焊料没完全熔化，焊针熔化后高出焊线平面。图 4-68 为焊接时间偏长，熔化后的焊针凹陷于焊线平面，焊料溢出。

  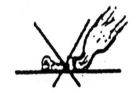

图 4-66　标准焊接　　　　图 4-67　焊接时间偏短　　　　图 4-68　焊接时间偏长

　　（5）焊接：调好枪后，可以焊接。

　　姿势：蹲在钢轨外侧焊接面一侧，右腿回蹲或跪，装好焊针和瓷环的焊枪头压住导接线一端孔，将焊针放置孔中央位置，使瓷环、导接线及钢轨完全吻合，没有空隙，如图 4-69 所示方式为正确，如图 4-70 所示方式为不正确。

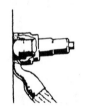　　　　　　　　

图 4-69　正确焊接姿势　　　　　　　图 4-70　不正确焊接姿势

　　焊接时，让导接线自然下垂，为压紧导接线，手不能乱动，右手握稳枪，右肘抵住右大腿，左手扶握枪尾部，扣动扳机，如图 4-71 所示。

　　焊接过程：扣动扳机后瞬时焊接点起弧，在定时器控制下，到达设定时间后，焊枪自动断电。在整个焊接过程中，焊枪一定要握稳，不能晃动，扳机一定要扣紧不能松开，否则造成焊接不成功。

　　冷却过程：当断电熄弧后，立即松开扳机按钮，但仍要握枪压住焊点 5 s 钟后再拔下焊枪，拔枪时一定要垂直拔，不可左右上下晃动，以防止焊针卡爪口径增大，失去弹性，以后夹不紧焊针。拔枪时手不能再碰枪的开关，以免二次拉弧烧坏焊针卡爪，这一点施工中要特别注意。

　　焊点处理：拔下焊枪若瓷环还在卡爪上，应将其在钢轨面下沿蹭掉。放下枪后，用手锤将焊针尾部砸下，如图 4-72 所示。并轻砸线上端使其密贴在轨头侧面上（但不能砸焊点中心），如图 4-73 所示。

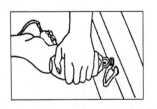  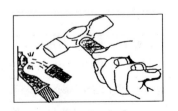

图 4-71　焊接姿势示意图　　　图 4-72　手锤砸焊针示意图　　　图 4-73　轻砸线上端示意图

一处焊完后，把焊枪、打磨机、接轨器放在工具箱相应的位置，一定要把四根线盘好，放在小车上，再推向下一焊接处。焊接式钢轨接续焊接如图 4-74 所示。

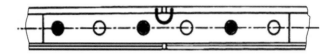

图 4-74　焊接式钢轨接续焊接示意图

七、禁停标志牌的安装

1. 设置位置

1）在信号点处

禁停标志牌安装在距信号机 31 m 位置（列车正向运行方向），距线路中心 2900 mm（误差范围 0 ~ + 300 mm），列车反向运行所属线路左侧。具体安装位置如图 4-75 所示。

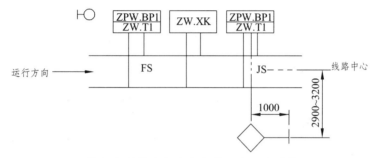

图 4-75　信号点处禁停标志牌安装示意图（单位：mm）

2）在分割点处

（1）正向运行时，禁停标志牌安装在距空心线圈 15.5 m 位置（列车反向运行方向），距线路中心 2900 mm（误差范围 0 ~ + 300 mm），所属线路左侧。具体安装位置如图 4-76 所示。

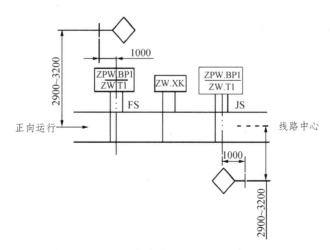

图 4-76　分割点处禁停标志牌安装示意图（单位：mm）

（2）反方向行车时，禁停标志牌安装在距空心线圈 15.5 m（列车正向运行方向），距线路中心不得小于 2900 mm（误差范围 0～+300 mm），所属线路左侧。具体安装位置如图 4-77 所示。

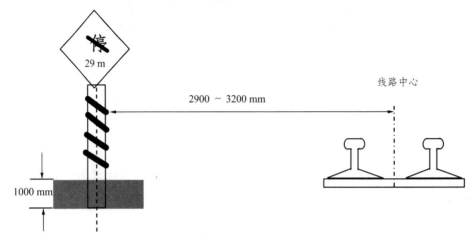

图 4-77　停车标志牌安装示意图

2. 禁停标志牌种类及适用范围

（1）在信号点处标志杆高 3700 mm 标志牌为 650 mm×650 mm×8 mm 方形板，白底、黑框、黑"停"字、斜红道，写有 29 m 字样的反光菱形板标志。

（2）在分割点处安装位置处标志杆高 3200 mm 标志牌为 650 mm×650 mm×8 mm 方形板，蓝底、白"停"字、斜红道，写有 29 m 字样的反光菱形板标志。

（3）在反方向行车困难区段安装容许信号标，标志杆高 3200 mm 标志牌为 650 mm×650 mm×8 mm 方形板，黄底、黑框、黑"停"字、斜红道，写有 29 m 字样的反光菱形板标志。

3. 禁停标志牌的安装

在确定的位置处开挖一个深 1000 mm（地面下）、直径不小于 85 mm 的方坑，将禁停标志牌垂直立于坑内填土，并分层夯实，如图 4-77 所示。

当在复线安装时，限界不能满足要求，可放置于运行方向线路右侧，报路局备案。

八、箱盒安装

（一）电气绝缘节信号点处变压器箱、方向盒安装

1. 变压器箱安装

变压器箱安装变压器箱、方向盒设备布置示意图，如图 4-78 所示。

1）变压器箱设置位置

（1）变压器箱应在信号机显示前方。

（2）变压器箱基础螺丝中心距机柱边缘 470 mm，如图 4-79 所示。

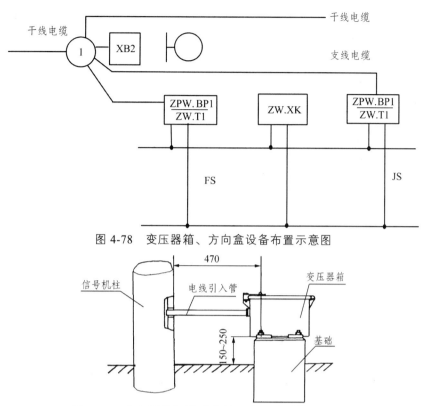

图 4-78　变压器箱、方向盒设备布置示意图

图 4-79　变压器箱及基础安装示意图（单位：mm）

2）挖坑、埋设基础、安装变压器箱

（1）在距机柱边缘 450 mm，挖一个长 520 mm、宽 320 mm、深 300 mm 的长方坑。

（2）基础坑挖好后，将基础放入坑内并与所线路平行；用钢卷尺测量两基础螺丝中心距离应与变压器箱安装孔距相同。

（3）将变压器箱放在基础上，变压器箱引线孔面向机柱一侧，并使变压器箱引线孔与机柱引线孔在同一直线上；将引线管穿入机柱内，法兰盘对准变压器箱引线孔，用其配套螺丝进行紧固，用 M12 mm 的螺丝将变压器箱与基础固定在一起。

（4）将水平尺放在变压器箱盖上，在水平面的两个方向进行水平测量调整，观察水平尺内气泡流动到中间位置为好；用钢卷尺测量变压器箱的方正。当变压器箱水平方正测量完成后，将土回填到基础坑内。

（5）变压器箱基础顶面距地面为 150～250 mm，机柱与变压器箱基础在同一地面上。如图 4-79 所示。

2. 方向盒安装

1）方向盒设置位置

方向盒宜设置在信号机显示前方，方向盒中心距变压器箱中心为 700 mm，距所属线路中心为 2900 mm。

2）挖坑、埋设基础、安装方向盒

（1）在距变压器箱边缘 280 mm，挖一个长 540 mm、宽 540 mm、深 400 mm 的方坑。

（2）基础坑挖好后，将基础放入坑内并与所线路垂直；用钢卷尺测量两基础螺丝中心距离应与方向盒安装孔距相同。

（3）将方向盒放在基础上，注意方向盒内配线端子"1"点钟位置应面向所属信号楼，用M16 mm的螺丝将方向盒固定在基础上。

（4）将水平尺放在方向盒盖上面中心位置，在水平面的两个方向进行水平测量调整，观察水平尺内气泡流动到中间位置为好；用钢卷尺测量方向盒的方正。当方向盒水平方正测量完成后，将土回填到基础坑内。

（5）方向盒基础顶面距地面为150～250 mm，机柱、变压器箱基础与方向盒基础顶面在同一平面上且在同一中心线上，如图4-80所示。

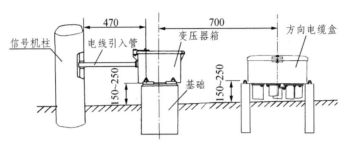

图4-80　方向盒及基础安装示意图（单位：mm）

（二）电气绝缘节信号点处终端盒、继电器箱安装

现在的ZPW-2000A自动闭塞系统不采用继电器箱的安装方式,但随着ZPW-2000系列的不断改进和完善，在今后有可能用到，因此，这里也对其安装工艺进行以下介绍。

终端盒、继电器箱设备布置图如图4-81所示。

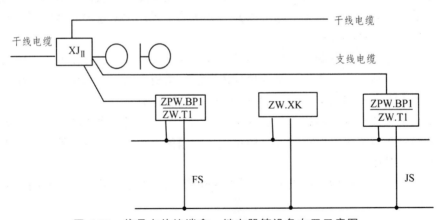

图4-81　信号点处终端盒、继电器箱设备布置示意图

1．终端盒安装

1）设置位置

终端盒应在信号机显示前方，终端盒基础螺丝中心距机柱边缘为470 mm。

2）挖坑、埋设基础、安装终端盒

（1）在距机柱边缘450 mm，挖一个长300 mm、宽300 mm、深600 mm的方坑。

（2）基础坑挖好后，将基础放入坑内并与所属线路平行；用钢卷尺测量两基础螺丝中心距离应与方向盒安装孔距相同。

（3）将终端盒放在基础上，终端盒引线孔面向机柱一侧，并使终端盒引线孔与机柱引线孔在同一直线上；将引线管穿入机柱内，法兰盘对准终端盒引线孔，用其配套螺丝进行紧固；用 M10 mm 的螺丝将终端盒固定在基础上。

（4）将水平尺放在终端盒盖上，在水平面的两个方向进行水平测量调整观察水平尺内气泡流动到中间位置为好；用钢卷尺测量终端盒的方正，当方向盒水平方正测量完成后，将土回填到基础坑内。

（5）终端盒基础顶面距地面为 200～300 mm，机柱与终端盒基础在同一中心线上。如图 4-82 所示。

2. 继电器箱安装

1）设置位置

继电器箱应在信号机显示前方，基础螺丝中心距终端盒基础螺丝中心 200 mm。继电器箱基础螺丝中心距所属线路中心 2900 mm。如图 4-83 所示。

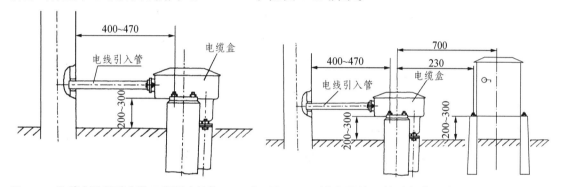

图 4-82　终端盒及基础安装示意图（单位：mm）　图 4-83　继电器箱及基础安装示意图（单位：mm）

2）挖坑、埋设基础、安装继电器箱

（1）在距终端盒边缘 200 mm，挖一个长 1000 mm、宽 1000 mm、深 800 mm 的方坑。

（2）基础坑挖好后，将基础放入坑内并与所线路垂直；用钢卷尺测量两基础螺丝中心距离应与继电器箱安装孔距相同。

（3）将继电器箱放在基础上，注意继电器箱正面朝向大地，继电器箱侧面（电缆引入保护管一侧）朝向所属线路，用 M16 mm 螺丝将继电器箱固定在基础上。

（4）将水平尺放在继电器箱基础（两块）上，在水平面的两个方向进行水平测量调整，观察水平尺内气泡流动到中间位置为好；用钢卷尺测量继电器箱的方正，当方向盒水平方正测量完成后，将土回填到基础坑内。

（5）继电器箱基础顶面距地面为 200～300 mm，机柱、终端盒基础与继电器箱基础在同一中心线上。如图 4-82 所示。

（三）电气绝缘节分割点处方向盒安装

方向盒设备布置图如图 4-84 所示。

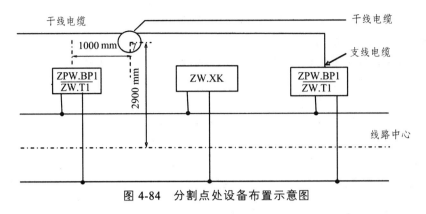

图 4-84　分割点处设备布置示意图

1. 设置位置

方向盒宜设置距发送调谐单元（列车正向运行方向）1000 mm 处，方向盒中心距线路中心为 2900 mm。

2. 挖坑、埋设基础、安装方向盒

参照信号点处方向盒安装方法进行施工。方向盒及基础安装示意图如图 4-85 所示。

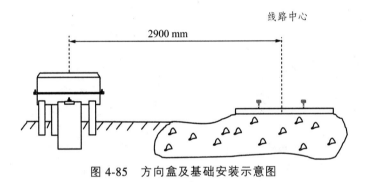

图 4-85　方向盒及基础安装示意图

（四）机械绝缘节方向盒安装

方向盒设备布置图如图 4-86 所示。

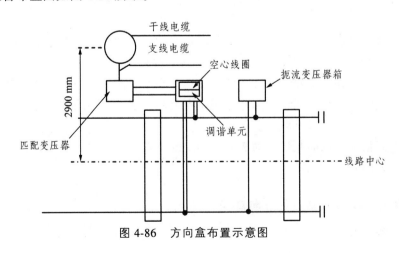

图 4-86　方向盒布置示意图

1．方向盒设置

（1）方向盒中心距线路中心为 2900 mm。

（2）方向盒与匹配变压器在同坐标位置。

2．挖坑、埋设基础、安装方向盒

参照电气绝缘节信号点处方向盒安装方法进行施工。如图 4-85 所示。

（五）电缆备用坑及电缆防护

1．方向盒、继电器箱电缆备用坑及电缆防护

（1）在箱、盒后适当位置挖一深 800 mm、长 1000 mm、宽 1000 mm 的方坑。

（2）将电缆盘成"Ω"状或"〰"状，顺序摆放在坑内。

（3）用沙（软土）回填 100～200 mm 后，再用土将电缆备用坑填满，分层填实。

2．变压器箱、终端盒电缆备用坑及电缆防护

（1）在箱、盒后适当位置挖一深 800 mm、长 500 mm、宽 500 mm 的方坑。

（2）将电缆盘成"Ω"状或"〰"状，顺序摆放在坑内。

（3）用沙（软土）回填 100～200 mm 后，再用土将电缆备用坑填满，分层填实。

九、信号机安装

（一）信号机安装

1．信号机柱定位

根据设计坐标位置，确定信号机机柱安装位置，机柱中心距线路中心 2900 mm；距发送调谐单元防护合中心 1000 mm（0～200 mm 之间调整），安装工具及材料见表 4-20。

表 4-20　信号机安装工具及材料

序　号	名　　称	规　格	单　位	数　量
1	镐、锹、钢钎、大锤、打洞铲、发电机		把	各 1
2	滑板、滑轮、把杆、人工起杆机、弯管滑轮		个	各 1
3	大绳、钢丝绳		根	各 1
4	手锤、扳手		把	各 1
5	小工具		套	1
6	口哨		个	1
7	防护旗	红、黄	面	各 1
8	混凝土信号机柱	8.5 m	根	1
9	信号机梯子	8.5 m	架	1

序 号	名 称	规 格	单 位	数 量
10	梯子基础		块	1
11	信号机卡盘（包括 U 型螺栓）		个	1
12	信号机底盘		个	1
13	色灯三显机构		架	1
14	信号机构上、下托架		套	1
15	蛇管弯头及卡箍		套	1
16	引线防护管		根	1

2. 挖坑

在确定的位置处开挖一个直径为 500 mm、深为坑底部至轨面 3000 mm 的圆坑，并在挖坑过程中靠立机柱一侧开挖"引导槽"（便于开挖机柱坑和立机柱）。

3. 立机柱

（1）在运营线上，应设驻站联络员，施工现场防护员及现场指挥人员。且"三员"的通信工具应时刻处于畅通状态，如发现通信工具故障应立即停止施工。

（2）在立机柱前宜将托架、支筋安装在机柱上，注意信号机构应安装在线路侧。

（3）分三个方向将大绳固定在机柱上。

（4）把杆固定在机柱坑两侧适当位置，与机柱立起方向成垂直状态。

（5）起杆机固定在机柱立起方向的适当位置，并要求将起杆机固定牢固，检查起杆机是否侵入建筑限界。

（6）将把杆、起杆机上的钢丝绳、滑轮固定在适当位置。

（7）指挥人员将劳力合理地分配到把杆、起杆机、大绳（三根）三个部位。

（8）立机柱：

指挥人员要与驻站联络员联系，并征得车站信号值班员同意后，安排好防护人员；在整个立机柱过程中要保持通信联系的畅通。

① 指挥人员下达起杆命令。

② 起杆机工作人员均匀用力转动起杆机。

③ 把杆工作人员把持住把杆。

④ 大绳部位的工作人员从三个方向不断调整机柱方向。

⑤ 滑板部位人员等机柱底部落入坑底时，迅速将滑板撤出机柱坑。

⑥ 机柱立起后把杆部位人员将把杆撤除，并在机柱坑内迅速回填土 500~800 mm。

⑦ 用钢卷尺测量机柱中心距线路中心 2900 mm，找正机柱方向，使机柱垂直于水平面装设，其倾斜限度不大于 36 mm（距地面 4500 mm 处用吊线测量）；回填土至 850 mm 时，安装卡盘（卡盘位置在梯子一侧），与轨道成垂直方向，用 U 型螺栓紧固；再继续回填土并捣固，达到标准为止。

⑧ 确认机柱埋设深度和机柱无裂纹情况下，并且建筑限界符合要求后，方可拆除大绳（三根）及起杆机等设施。

4. 梯子与机构安装

1）梯子安装

（1）将梯子与基础固定。

（2）将梯子支筋抱箍一端卸开（最上端的梯子支筋抱箍不卸开，但固定抱箍螺丝应松到最大程度）。

（3）用两根大绳在梯子上部交叉固定，将梯子支筋抱箍贴在机柱上顺向慢慢托起（梯子顶部应高于机柱顶部），当梯子上部支筋抱箍套入机柱上部后，再从下至上逐步将各道支筋连接好，梯子上部支筋抱箍距机柱顶部为 200 mm，从横向和纵向观察梯子应与机柱平行一致，并用转矩扳手将梯子上各部螺丝紧固。

2）机构安装

（1）机构配件组装：包括灯具、背板、遮檐等器材的组装。

（2）使用工具：弯管滑轮、大绳、安全带、手锤、米尺、扳手等工具。

（3）吊装机构：首先在机构背面拴好大绳，要配备足够的人力拉大绳，机构吊上去后，先固定下部螺丝，然后固定上部螺丝，显示方向要正，不能前后倾斜，托架、支筋应安装在线路侧，与机柱成 45°角。

（4）机构最低灯位中心距轨面为 4500 mm，距机柱顶为 1000 mm。安装尺寸示意图如图 4-86 所示。

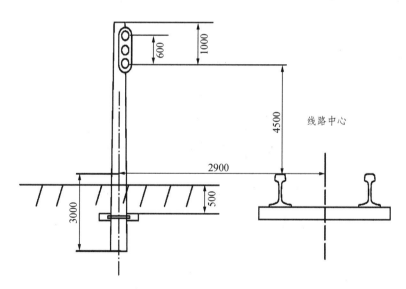

图 4-87　信号机安装尺寸示意图（单位：mm）

（二）信号机穿、配线

机构及箱盒内部配线宜采用阻燃型 7×0.52 mm 多股铜芯塑线绝缘软线；铜芯塑线绝缘软线中间无接头现象；配线端子采用线环压接和绕制线环方法。

1. 信号机机柱穿配线

机柱下部引入口和上部引线口需用 ϕ20 mm 胶管对 7×0.52 mm 多股铜芯塑线绝缘软线进行防护；用一根 0.8 mm² 的铜芯塑料线 10 m，在铜芯塑料线一端栓上一个 ϕ16 mm 的螺丝，将此头从机柱上部引线孔穿入，在机柱下部拉出，用此线将信号机配线全部从机柱上部引至箱盒内。机构内部灯位配线用 ϕ4 mm 冷压铜线环或用 7×0.52 mm 铜线绕制线环方法连接到端子上并用转矩扳手（或套筒）紧固。

2. 信号机箱、盒配线（以变压器箱为例）

配线要求：配线线把粗细均匀，横平竖直，美观大方，中间线条无交叉现象，配线端子用 ϕ6 mm 冷压线环压接（连接变压器箱端子侧）和 ϕ4 mm 冷压线环压接（连接点灯装置端子侧）。

（1）测量箱盒尺寸，制作设备配线模板。

（2）根据设备布置图，在模板上绘出端子，并在端子处钻孔（ϕ6 mm）。

（3）灯序排列正面看自左向右：绿、红、黄，（和机构灯位排列自上而下一致）。

十、培土　涂漆　书写

（一）电气绝缘节调谐单元、空心线圈防护盒的培土

（1）调谐单元、空心线圈防护盒设备培土高度顶面距培土面 500 mm（基础顶面距培土面为 200 mm），防护盒中心距正面、侧面为 500 mm，防护盒内侧距所属线路内侧为 1500 mm，如图 4-88 所示。

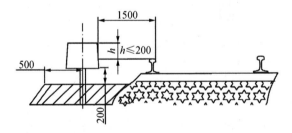

图 4-88　设备防护盒培土示意图（单位：mm）

（2）分层夯实，若土质干燥要撒一些水，最后成形，下坡角为 60°，上坡角为 120° 即可。

（二）各种箱、盒的培土

在区间信号点，因为方向盒或继电器箱，终端盒或变压器箱都和信号机安装在一起，三件设备需要共同培土、装设围桩或者围砌（因信号机和继电器箱安装限界比较大，在区间受地形限制，若培土不能满足要求时应对设备进行围砌或者围桩）及地面硬化，具体培土标准见表 4-21。

表 4-21　设备培土标准表　　　　　　　　　　单位：mm

序 号	设 备 名 称	培 土 标 准	
		高 度	顶 面
1	高柱信号机	与所属箱、盒同	距基础或机柱边缘 500
2	矮型信号机	基础面以下 500	距基础边缘 200
3	继电器箱	基础面以下 250	距基础边缘：前面 800，后、侧面 400
4	变压器箱	基础面以下 150	距基础边缘：前面 600，后、侧面 400
5	方向电缆盒	基础面以下 150	距盒中心 500
6	终端电缆盒	基础面以下 150	距盒中心 400

（三）机械绝缘节设备的培土

（1）调谐单元（及空心线圈）匹配单元防护盒的培土。

参照电气绝缘节调谐单元、空心线圈防护盒的培土方法施工。

（2）方向盒的培土。

培土标准如表 4-21 所示。

（四）信号设备围砌

1. 围桩

路基面较窄、边坡较陡的地点可采用围桩，钢筋混凝土围桩的规格有 110 mm × 110 mm × 1500 mm；110 mm × 110 mm × 2000 mm 方形预制件。

根据培土面范围挖沟，如图 4-89 所示。深度以围桩露出地面不超过一半为宜，围桩排好后，沟内培填入适量土并夯实，以稳住围桩，一直填至与原来土面平。然后向围桩内分层填土夯实，填至距围桩顶面 60 mm 时，进行基础硬面化。

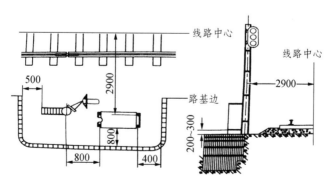

图 4-89　设备围桩示意图（单位：mm）

2. 片石砌固

（1）如图 4-90 所示，以路基底部向平地挖 900 mm 宽、深 600 mm 的沟，长度按培土范围定（若是信号机，继电器箱在一起砌固则长为 3300 mm，若信号机及方向盒在一起砌固则长为 2800 mm）。围砌坡度应与该路基坡度相同，培土以表 4-21 为准。

（2）沿路基坡面挖出一段平台并夯实。然后，顺斜坡向上砌第一层片石，片石厚度为 300 mm，当第一层片石砌固完毕后，将层内缝隙用砂浆或土填满夯实；然后在第一层片石上面沿斜坡向上砌第二层片石，砂浆灌缝与填土和砌固第一层片石方法相同。一直将片石围砌到设备所需要的高度为止。石围两端根据原路基坡形、地形、地貌来决定所砌形状，一般两端采用垂直围砌方法，最后将台面夯实整平，并进行基础硬面化，如图 4-90 所示。

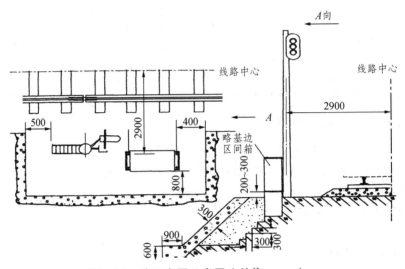

图 4-90　片石砌固示意图（单位：mm）

（五）设备涂漆

（1）信号设备除摩擦面、滑动面、螺扣部分、表面镀层部分、手握部分及混凝土制品外，应全部涂漆，涂漆颜色应符合表 4-22 规定。

表 4-22　设备涂漆颜色表

序　号	机 件 名 称	涂　色
1	各种柱类（混凝土柱除外）	
2	室内设备	按工厂产品原色
3	信号机及表示器的遮檐，色灯信号机的机构	黑色
4	遮断信号机、预告信号机的机柱	宽 200 mm、45°的黑白相间的斜线
5	自动闭塞区段进站色灯信号机前第一架通过信号机机柱	宽 200 mm、45°的黑白相间的三条黑斜线
7	各种箱盒内部	白色
8	以上各栏未列的室外设备外部	灰色

（2）设备应先除锈，涂防锈漆，再涂规定颜色的调和漆。调和漆应涂两遍，第一遍干燥后，再涂第二遍。

（3）信号设备涂漆应薄厚均匀、完整、颜色一致，不得脱皮、反锈、鼓泡。

（六）设备名称书写

信号设备的名称代号应与竣工图相符，不应使用未经批准的符号、代号及编号。信号设备的名称、代号、编号应用直体字；设备白色者为黑字，设备黑色者为白字。

1. 高柱信号机的名称（代号）书写位置

以预告信号机为例（信号机代号为 1357）：

（1）首先用白色调和漆在机柱适当位置涂漆，涂漆长度为 1300 mm、宽度为 200 mm 做底面，等白漆晾干后，将黑色调和漆在白漆上面，涂漆标准是：长度为 260 mm、宽度为 200 mm，并与机柱水平方向成 45° 角的斜线三道，每道之间相距为 350 mm。

（2）在距轨面 1000 mm 的地方（区间通过信号机是在距轨面 2000 mm 的地方），涂白色调和漆作为打字底面，涂漆长度为 1200 mm、宽度为 200 mm，等底面涂完并晾干后，将字牌（字牌规格为 158 mm × 112 mm，粗 22 mm 的直体字）在地面上排列好，用钢卷尺量出尺寸，然后用铅笔和钢卷尺在机柱的书写位置做好标记，最后将字牌放在要书写的位置，用黑色调和漆刷写，如图 4-91 所示。

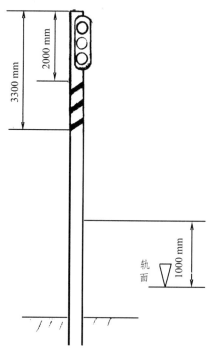

图 4-91　高柱色灯预告信号机名称书写位置示意图

（3）若是区间通过高柱信号机则没有三斜道，那么字体要相对上移，书写方式不变。当信号机在桥隧或特殊地段，则信号机名称书写，宜采用挂牌方式进行书写。

2. 矮型信号机的名称（代号）书写位置

在矮型信号机后盖面上中间位置，用尺子测量好，并用铅笔做好标记，然后将字牌（字牌规格为 30 mm×20 mm 小字号）放在要书写的位置，用白色或黑色调和漆刷写即可，如图 4-92 所示。

3. 继电器箱的名称（代号）书写位置

在继电器箱正面（靠大地侧）门中间找好位置，用尺子测量好，并用铅笔做好标记，然后将字牌（字牌规格为 60 mm×40 mm 大字号）放在要书写的位置，用白色或黑色调和漆刷写即可，如图 4-93 所示。

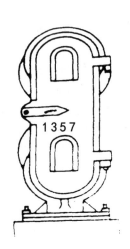

图 4-92　矮型信号机名称书写位置示意图

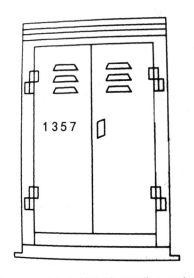

图 4-93　继电器箱名称书写位置示意图

4. 变压器箱的名称（代号）书写位置

在变压器箱盖上面中间位置，用尺子测量好，并用铅笔做好标记，然后将字牌（字牌规格为 30 mm×20 mm 小字号）放在要书写的位置，用白色或黑色调和漆刷写即可，如图 4-94 所示。

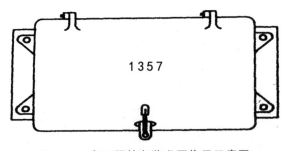

图 4-94　变压器箱名称书写位置示意图

5. 方向盒的名称（代号）书写位置

在方向盒盖上面中间位置，用尺子测量好，并用铅笔做好标记，然后将字牌（字牌规格为 30 mm×20 mm 小字号）放在要书写的位置，用白色或黑色调和漆刷写即可，如图 4-95 所示。

6. 终端盒的名称（代号）书写位置

在终端盒盒盖上面中间位置，用尺子测量好，并用铅笔做好标记，然后将字牌（字牌规格为 30 mm×20 mm 小字号）放在要书写的位置，用白色或黑色调和漆刷写即可，如图 4-96 所示。

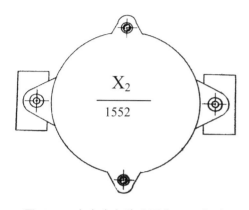

图 4-95　方向盒名称书写位置示意图

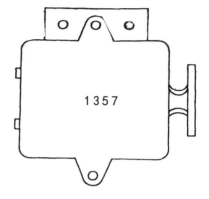

图 4-96　终端盒名称书写位置示意图

7. 防护盒的名称（代号）书写位置

1）发送调谐单元防护盒的名称（代号）书写位置

在发送调谐单元防护盒盒盖上面中间位置，用尺子测量好，并用铅笔做好标记，然后将字牌（字牌规格为 30 mm×20 mm 小字号）放在要书写的位置，用白色或黑色调和漆刷写即可，如图 4-97 所示。

1357GFS

1357GJS

图 4-97　发送调谐单元防护盒名称书写位置示意图 　　图 4-98　接收调谐单元防护盒名称书写位置示意图

2）接收调谐单元防护盒的名称（代号）书写位置

在接收调谐单元防护盒盒盖上面中间位置，用尺子测量好，并用铅笔做好标记，然后将字牌（字牌规格为 30 mm×20 mm 小字号）放在要书写的位置，用白色或黑色调和漆刷写即可，如图 4-98 所示。

3）空心线圈防护盒的名称（代号）书写位置

在空心线圈防护盒盒盖上面中间位置，用尺子测量好，并用铅笔做好标记，然后将字牌（字牌规格为 30 mm×20 mm 小字号）放在要书写的位置，用白色或黑色调和漆刷写即可，如图 4-99 所示。

图 4-99　空心线圈防护盒名称书写位置示意图

任务五　系统防雷及接地装置

为了信号设备的使用安全及减少雷电对设备的损坏和干扰,在新建成和有条件的既有线改造过程中,应在信号机械室设置接地网,并在室外埋设贯通地线,以保证各处设备等电位。

一、接地网和贯通地线

(一) 信号机械室内地线网

信号机械室内地线网由网格地线、环形地网、汇集接地端子排、机柜接地端子排、10 mm² 扁平铜网编织线等组成。室内地线网如图 4-100 所示。

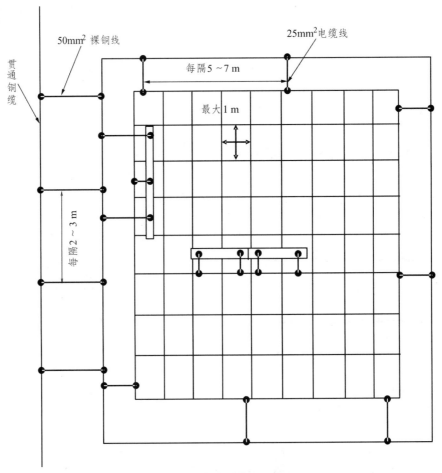

图 4-100　室内地线网示意图

1. 技术要求

(1) 信号地线网接地电阻不大于 1 Ω。

(2) 信号机械室内所有设备金属外壳、防静电地板各个支撑件相互焊接后,与地线网相连。当信号机械室有基础接地体时，与信号室内接地网连接。

（3）电缆屏蔽层及排流线、钢带、铝护套接汇集接地端子排。

（4）各种地线连接不能盘绕和迂回。

2．网格地线设置

（1）网格地线用 50 mm² 裸铜线，在施工调查时应测量机械室长度和宽度，计算出所用裸铜线用量。

（2）网格地线设置于防静电地板下，在设备安装之前进行敷设。敷设之前先打开防静电地板，进行裸铜缆敷设时，裸铜缆应支盘放缆以免铜缆弓起弯曲。敷设后先进行临时绑扎固定。注意，敷缆作业人员不能踏踩防静电地板支撑网架，以免使之变形损坏。

（3）网格地线每隔一米纵横交叉一次并且节点焊接。

（4）每个机柜两端各用一根长 600 mm、截面为 10 mm² 的扁平铜网编织线与网格地线连接。由于机柜还未就位，可以根据机柜位置先进行铜网编制线焊接，另一端待机柜就位后引出连接。

（5）防静电地板的金属支架焊接后与网格地线相连接。在防静电地板的每个金属支架底盘上焊接（电焊）两根直径 4 mm 镀锌铁线与网格地线连接，也可用 4 mm² 铜线（锡焊）与网格地线连接。

（6）机械室内水管、暖气片与网格地线连接。在机械室内水管、暖气片的适当位置焊接两根直径 4 mm 镀锌铁线与网格地线连接。也可在水管、暖气的钢管上焊接钻孔的 40 mm × 40 mm 扁钢，用带压接铜端头的 6 mm² 铜芯塑料软线与网格地线连接。水管、暖气的钢管上焊接后要进行防护处理。焊接时要采取安全防护措施。

（二）环形地网

（1）沿信号楼基础周围敷设一条 50 mm² 裸铜线作为环形地线，首先测量环形地线的长度。

（2）环形地线不得接头，埋深不小于 1200 mm。

（3）信号机械室网格地线每隔 5～7 m 与环形地网用 25 mm² 铜线连接一次。

（4）靠近贯通地线一侧的环形地网须每间隔 2～3 m 用 50 mm² 裸铜线与贯通地线焊接一次，一般不超过 4 次。

（5）由于条件限制，不具备环形地网设置条件的，必须设置综合接地体。综合接地体接地电阻≤1 Ω，网格地线与综合接地体、综合接地体与贯通地线的连接参照环形地网的连接标准。综合接地体采用石墨接地极或铜板等金属接地极。

（三）汇集接地端子排

（1）汇集接地端子排安装在电缆引入口处防静电地板下的墙上。如图 4-101 所示为汇集接地端子排示意图。

（2）端子排长 1500 mm × 宽 50 mm × 厚 5 mm 铜板，钻 40 个 ϕ8 mm 的孔。

（3）分线柜距离电缆引入口大于 5 m 时，所有进楼电缆钢带在引入口处用 6 mm² 的铜芯塑料线焊接后连接汇集接地端子排。

（4）接地端子排与分线柜距离较近，可将分线柜处电缆成端引出的地线直接连接到汇集接地端子排。

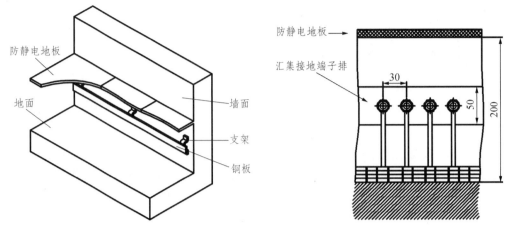

图 4-101 汇集接地端子排示意图

（5）汇集接地端子排用 35 mm² 的电缆两根连接环形地线网，焊接点间距大于 1 m。

（6）靠近信号楼完全横向连接的扼流变压器中点或者空心线圈中点，采用两根 10 mm² 的电缆与汇集接地端子排连接，电缆长度小于 100m；如相邻空心线圈或扼流变压器中点大于 100 m，则在靠近信号楼侧增设扼流变压器和纵向避雷器，经纵向避雷器与汇集接地端子排连接。

（7）汇集接地端子排与其他设备的连接：

① 与室内电源引入防雷开关箱接地端子，采用两根 25 mm² 的电缆连接。

② 与室内网格地线，采用两根 25 mm² 的电缆连接。

③ 与每个分线柜接地端子排，采用一根 25 mm² 的电缆连接。

④ 与防雷单元接地端子，采用一根 25 mm² 的电缆连接。

⑤ 接地端子排连接的电缆采用压接端头，用螺栓紧固。

（8）当信号机械室内设有基础接地体时，采用一根 25 mm² 的电缆与室内地线网连接。

（四）各种地线连接

1. 焊接使用工具及材料（见表 4-23）

表 4-23 工具及材料

序号	名　称	规　格	备　注
1	喷灯		
2	火烙铁或电烙铁	250～500 W 电烙铁	
3	锉		
4	无腐蚀焊剂		
5	焊锡		
6	铜扎线	ϕ1 mm	
7	砂布		

2．连接方式

（1）"T"型连接：用 $\phi 1$ mm 铜线绕 50 mm 后加焊。如图 4-102 所示。

（2）"十字"型连接：交叉处压实（锤击）后用 $\phi 1$ mm 铜线交叉绕 2～3 道加焊。如图 4-103 所示。

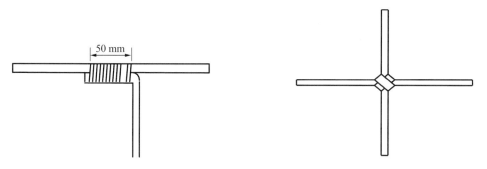

图 4-102　地线网"T"型焊接图　　　　图 4-103　地线网"十字"型焊接图示意图

（3）扁平铜网编织线与地线焊接，如图 4-104 所示。

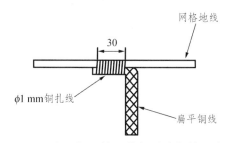

图 4-104　扁平铜网编织线与地线焊接示意图

3．扁平铜网编织线端头制作

（1）使用压接钳压接端头，如图 4-105 所示。

（2）焊接端头及制作工序，焊接端头如图 4-106 所示。

① 将扁平铜网编织线塞入 $\phi 10$ mm × 30 mm × 0.6 mm 铜管中；

② 用锤砸平；

③ 钻合适的孔；

④ 焊锡加封；

⑤ 修整。

图 4-105　扁平铜网编织线冷压端头示意图　　　图 4-106　扁平铜网编织线焊接端头示意图

（四）连接线与柜、槽连接

连接线与柜、槽连接时，连接处的金属表面必须使用砂纸打磨，保证可靠连接。

（五）机柜的接地连接

机柜接地连接示意图，如图4-107所示。

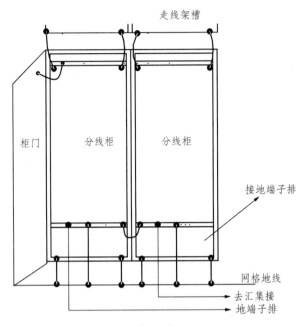

图 4-107　机柜接地连接示意图

1. 机柜接地连接

（1）每个机柜底部两侧分别用不长于 600 mm 扁平铜网编织线与网格地线连接。

（2）每个机柜顶部两侧分别用不长于 600 mm 扁平铜网编织线与走线槽道连接。

（3）每个机柜门分别用 6 mm² 铜芯塑料线和柜体相连接。

（4）机柜与机柜之间分别用 10 mm² 扁平铜网编织线连接。

2. 分线柜接地连接

（1）室内分线柜下部设一块长 700 mm×宽 50 mm×厚 5 mm 接地端子排，在铜板上钻 30 个 φ6 mm 的孔，孔间距 20 mm。

（2）分线柜接地端子排与汇集接地端子排用 25 mm² 电缆连接。

（3）分线柜接地端子排与网格地线用 25 mm² 电缆连接。

（4）分线柜接地端子排与每根电缆的钢带和铝护套及屏蔽层用 6 mm² 铜芯塑料线连接。

（5）引入分线柜的屏蔽线的屏蔽网与接地端子排连接。

3. 移频柜的接地连接

（1）机柜下部的接地端子排用不长于 600 mm 扁平铜网编织线与网格地线连接。

（2）机柜上部接地端子排用不长于 300 mm 扁平铜网编织线与走线架连接。

（3）机柜上部配线电缆屏蔽层与走线架连接。

（4）从电源屏到移频柜电源线的屏蔽层与接地端子排连接。

4．机柜及走线槽道的地线端子柱

当机柜和走线槽道在工厂生产时，应在以下几个部位焊接螺丝柱。用于相互之间接地连接。

（1）每个机柜门在距上门边和侧门边的右上角上焊接一个 M6×20 mm 的螺丝柱，用于机柜门与接地端子排的连接。如图 4-108 所示为机柜门地线柱焊接示意图。

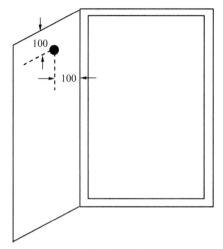

图 4-108　机柜门地线柱焊接示意图（单位：mm）

（2）每一机柜的走线槽在槽内侧所标的尺寸内焊接一个 M6×20 mm 的螺丝柱，用于槽与槽、槽与柜的连接。如图 4-109 所示为走线槽地线柱焊接示意图

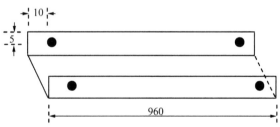

图 4-109　走线槽地线柱焊接示意图（单位：mm）

5．其他设备的接地连接

（1）电源屏使用 10 mm² 扁平铜网编织线（或接地铜缆）与网格地线连接。
（2）控制台使用 25 mm² 的电缆与网格地线连接。

二、室内轨道接收、发送设备防雷

ZPW-2000A 自动闭塞室内移频设备的接收、发送端设防雷。这些防雷设施安装在电缆网络模拟盘内，用作对通过传输电缆引入室内雷电冲击的防护。电缆网络模拟盘可使补偿电缆和实际电缆总长度为 10 km，以便于轨道电路的调整和构成改变列车运行方向，如图 4-110所示。

横向防雷采用 470/10 kA 压敏电阻。

纵向防雷采用 1：1R 型低转移系数防雷变压器。其防雷原理为：利用变压器的室内侧线圈与轨道侧线圈之间的加厚隔离层结构，减少两线圈之间耦合电容。同时在室内侧线圈外包裹非封口铂金属层，并将金属铂层接地，由此达到防雷的目的。由于该变压器原理是尽量减小轨道侧与室内侧线圈间偶合电容系数，所以在模拟网络设备内部以及外部，对轨道侧"线对"与室内侧"线对"间要尽量远离。

在施工中对轨道侧"线对"与室内侧"线对"在分线柜、走线槽道、机柜处尽可能相互避开。

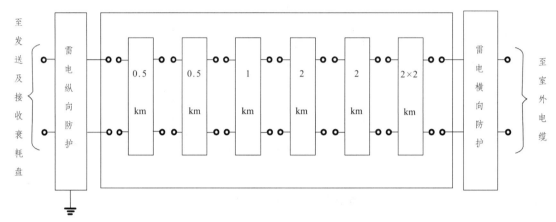

图 4-110　电缆网络模拟盘原理图

三、屏蔽地线连接

1. 室内屏蔽接地

（1）电气化区段干线电缆两端进行屏蔽接地，即将钢带、铝护套、内屏蔽层进行接地。室外进入室内的电缆在分线柜进行成端制作，将钢带、铝护套、内屏蔽用 7×0.52 mm 铜芯塑料线引出后，连接到接地端子排上。

（2）室内屏蔽线的屏蔽网应单端接地。选择屏蔽线比较集中的一端，汇集后用 10 mm² 铜芯塑料线连接在机柜接地端子排上。

2. 屏蔽线的屏蔽连接

（1）防雷柜零层的屏蔽线在走线槽内开剥,屏蔽线的屏蔽网在走线槽内汇集后,与 10 mm² 引接线压接（或焊接）在一起，引接线的另一端和防雷柜的接地端子排连接在一起。

（2）到移频柜、综合柜等机柜的屏蔽线，在走线槽内开剥。在走线槽内将屏蔽网环接后用 10 mm² 引接线与接地端子排连接。

（3）电源线的屏蔽网在走线槽内开剥，每一机柜的电源线屏蔽网汇集后用 10 mm² 引接线压接（或焊接）在一起后接至接地端子排上。

3. 屏蔽线的端头制作

（1）按使用长度开剥，剥去外防护层，如图 4-111 所示。

（2）将芯线从屏蔽网根部抽出，如图 4-112 所示。

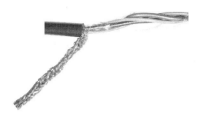

图 4-111 屏蔽线开剥示意图　　　　　图 4-112 铜网与芯线分离示意图

（3）将屏蔽网倒折，在屏蔽线头上套一长 20 mm 套管（或热缩管），如图 4-113 所示。

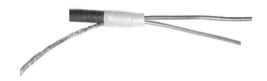

图 4-113 芯线根部防护图

4. 屏蔽电源线端头制作

屏蔽电源线端头制作方法与屏蔽线端头制作方法相同，如图 4-111、4-112、4-113 所示。

四、室外设备防雷及接地

屏蔽地线、安全地线、防雷地线均使用 25 mm² 的铜芯电缆，横向连接线用 70 mm² 的铜芯电缆，如图 4-114 所示为 70 mm² 横向连接线示意图。

在焊接和压接地方采用热溶、热缩套管进行防护。各种地线与贯通地线连接采用压接方法时，不能人为断开贯通地线，以免降低贯通地线的电气特性。

1. 室外设备防雷及横向连接线安装

（1）轨道间没有横向连接的地方，每个空心线圈中心点端子用 10 mm² 铜缆与防雷单元连接，铜缆两端分别为 ϕ12 mm 和 ϕ8 mm 压接铜线环。用 25 mm² 铜缆将防雷单元与贯通地线连接，铜缆的一端用 ϕ8 mm 压接铜线环与防雷单元连接，另一端与贯通地线焊接，该铜缆经电缆过道（钢管防护）与电缆沟同深埋设。

图 4-114 70 mm² 横向连接线示意图

（2）在有简单横向连接的地方，两个空心线圈中心点连接用 70 mm² 铜缆，两端用压接 ϕ12 mm 铜线环与空心线圈中心点端子连接并用转矩扳手紧固；防雷单元与贯通地线连接用 25 mm² 铜缆，25 mm² 铜缆一端用 ϕ8 mm 压接铜线环与防雷单元连接，另一端与贯通地线连接，与贯通地线连接采用焊接方法，并与电缆沟同深埋设；穿越轨道施工及防护与电缆线路施工方法相同。

（3）采用完全横向连接时，两个空心线圈中心点连接用 70 mm² 铜缆，两端用压接 ϕ12 mm

铜线环与空心线圈中心点端子连接并用转矩扳手紧固；空心线圈中心至贯通地线用 70 mm² 铜缆连接，70 mm² 铜缆一端用 ϕ12 mm 压接铜线环与空心线圈中心点端子连接，另一端与贯通地线连接，与贯通地线连接采用焊接方法，并与电缆沟同深埋设；穿越轨道施工及防护与电缆线路施工方法相同。

2．电缆的屏蔽接地方法

在电气绝缘节和机械绝缘节处方向电缆盒内要做电缆屏蔽接地，在方向电缆盒内预留有接地铜牌，用 25 mm² 铜缆和 ϕ12 mm 或 ϕ8 mm 窥口冷压铜端头进行压接后，接至接地铜牌，而 25 mm² 铜缆的另一端经支线电缆沟接到贯通地线上，与贯通地线连接方法可采用焊接和压接两种方式。

3．信号机安全地线

在电化区段，信号机要做安全接地装置，梯子与机构、机构与铜缆连接点要打磨干净、接触良好。信号机安全地线的连接方法有两种：

（1）信号机机构与梯子用 25 mm² 的铜缆连接，将 25 mm² 的铜缆两端分别与 ϕ6 mm 和 ϕ10 mm 的压接线环压接后，ϕ6 mm 压接线环与机构遮光板用 M6 的螺栓连接；ϕ10 mm 的压接线环与梯子用 M10 螺栓连接。梯子与贯通地线用 25 mm² 铜缆连接，25 mm² 铜缆连接梯子一端用 ϕ10 mm 压接线环与之紧固，25 mm² 铜缆与贯通地线连接采用焊接方法。

（2）信号机机构与梯子用 ϕ10 mm 的低碳钢丝绳焊接连接。梯子与贯通地线用 25 mm² 铜缆连接（该铜缆与分支电缆同沟埋设），25 mm² 铜缆与梯子连接的一端可用焊接或压接线环的方式；25 mm² 铜缆与贯通地线连接采用焊接方法。

4．贯通地线的设置原则

（1）贯通地线是由 25 mm² 铅包铜缆或 35 mm² 的裸铜缆组成。

（2）贯通地线与电缆同沟直埋于地下，埋设深度及过桥、涵、公路、水沟等障碍物时与电缆做同等防护。

（3）贯通地线的接地电阻值应不大于 1 Ω。

（4）室外箱盒的屏蔽地线、信号机的安全地线、空心线圈的防雷地线都应与贯通地线可靠连接，以确保所有金属设备等电位。

任务六　系统自闭试验及调试

一、模拟试验

1．基本要求

（1）ZPW-2000A 无绝缘移频自动闭塞室内设备安装、配线完成后，应对设备进行模拟试验，模拟试验应按照先局部、后系统的程序进行。

（2）模拟试验应准确无误、完整地模拟电路的状态。模拟电路的连线应少而有规律，便于制作和拆除。

（3）调试前应进行技术确认，并填写技术确认表（见本章后附表七）。

（4）模拟试验要做好详细试验记录。

2. 自闭试验及调试流程

试验及调试流程如图 4-115 所示。

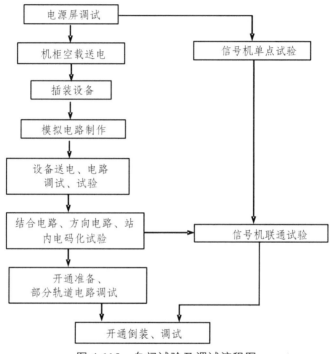

图 4-115　自闭试验及调试流程图

3. 电源屏调试

（1）调试前需对室内其他工作人员做出安全提示。在电源屏、电源引入防雷开关箱、机架电源端子处等做出安全标识。即用硬纸板、塑料板等制作标志牌，写明"小心触电""请勿乱动"等醒目字样，挂在电源屏、配电盘、机架电源端子处。

（2）依据电源屏的使用说明书及原理图对电源屏进行调试。调试前阅读电源屏的使用说明书，弄懂电路原理。调试时做到有目的、有层次心中有数，不能盲目乱动。

（3）检查电源屏、电源引入防雷开关箱的安全地线连接良好。

（4）当使用运用中的电源时，在电路调试过程中，有可能出现短路故障，危及到使用中设备的安全，决不能抱有侥幸心理。因此，应尽量避免使用运用中的电源，不可避免时，应使用限流开关。

（5）电源屏的输出开关置于"断开"位置，防止电源误送入机柜。

（6）电源屏输入电源为单相 220 V 或三相 380 V 交流电源，电源波动范围为额定电压

$+10\% \sim -20\%$。如果只有一路电源，可临时用 $6\,mm^2$ 铜芯塑料线将两路输入端子并联。测量电源符合要求后，进行电源屏的调试。

（7）手动或自动进行电源屏两路电源转换试验，其转换时间不大于 0.1 s，并核对电源屏表示及测量各路电源输出指标符合表 4-21 的要求。

表 4-21　电源屏输出指标

序号	项　　　目	输出指标（5 kVA）	输出指标（8 kVA）
1	区间轨道电源	DC（24 ± 0.5）V，$25\,A\times4$	DC（24 ± 0.5）V，$45\,A\times4$
2	站内轨道电码化电源	DC（24 ± 0.5）V，$30\,A\times2$	DC（24 ± 0.5）V，$30\,A\times2$
3	信号点灯电源	AC（220 ± 10）V，$2\,A\times2$	AC（220 ± 10）V，$3\,A\times2$
4	站间联系电源	DC（220 ± 10）V，2 A	DC（220 ± 10）V，2 A
5	灯丝报警电源	DC24（36、48、60）V，2 A	DC24（36、48、60）V，2 A

（8）电源屏指示灯表示正确；表头无卡阻、碰针；开关接触或断开良好，接触压力合适。电源屏初次开机后要不断检查温升是否正常，有无异常噪声。如有就要查明原因。

（9）电源屏的各种直流电压可能偏高，这是因为此时处于空载状态，电压细调要在设备全部接入之后进行。

（10）依据原理图对电源屏进行报警试验。

（11）试验结束要切断电源屏的输入电源。

4．机柜空载送电

（1）按电源种类分别给没有插装设备的机柜送电，逐柜插上保险管（或合上断路器），核对机柜电源的电压和极性是否符合要求。

（2）测试不同电源之间是否有混电及接地现象。

5．继电器、硅整流器、发送器、接收器等设备安装

1）继电器的安装

（1）打开包装，检查继电器外观是否良好，有无检测标志。（有必要核对检测记录，记录继电器编号，便于追踪。）

（2）依照组合柜、移频柜、综合柜内部设备布置图确定继电器型号。

（3）清扫插座，使其无尘土，检查有无裂痕，接点片有无卷曲及锈蚀，隔板是否有破损。

（4）检查继电器规格型号与图相对应，并且检查鉴别销正确。

（5）安装继电器前，要先检查继电器插片是否弯曲，间距是否相等，如果有此现象要先进行调整。插装时将继电器拿平垂直对准插座位置后，使鉴别销和鉴别孔吻合感觉没有插片顶偏时再用力推到位，然后挂上挂簧。

（6）清洁现场，包装物应妥善处置，防止造成环境污染。

2）硅整流器的安装

（1）对照设备布置图确定安装位置。

（2）核对型号并检测测试标记。

（3）核对硅整流器的输入、输出端子与组合插座的配线是否对应，以免错误造成硅整流损坏。

（4）核对配线与硅整流器说明书是否一致。

（5）插上硅整流器，封接好连接线，开启电源后，立即用万能表检查输入、输出电压和极性是否正确。

3）发送器、接收器、衰耗盘安装

（1）按照设备布置图进行。

（2）开箱后检查外观有无损坏，记录编号及安装位置。

（3）发送器、接收器插入对应的 U 型槽，并用专用工具锁闭。注意不能带电插装，以免损坏电子元件。拔下时也要先切断电源。

4）电缆网络模拟盘安装

（1）按设计图指定的设计位置安装。

（2）每组合插装 8 块电缆网络模拟盘单元，单元为盒体结构。

（3）网络模拟盘正面有 3 对测试插孔，分别为设备、防雷、电缆端的移频信号电压。

6. 模拟盘制作

模拟盘示意图，如图 4-116 所示。

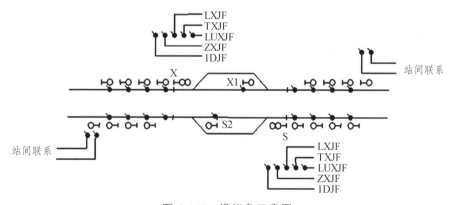

图 4-116　模拟盘示意图

（1）根据区间轨道区段的数量，选用尺寸合适的五层胶合板制作模拟盘，按信号机布置图，钻孔安装双刀双掷钮子开关，按图 4-117 所示配线。进站信号机的 5 个钮子开关分别控制 1DJF、LXJF、LUXJF、TXJF、ZXJF 继电器；出发信号机的钮子开关控制 LXJF 继电器。两端的 4 个钮子开关分别模拟站间条件，控制（离去方向）分界点信号机显示。

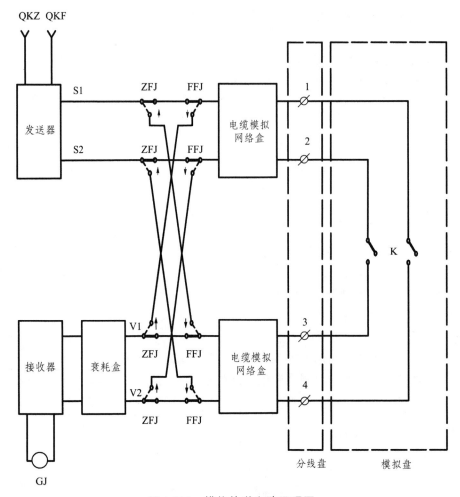

图 4-117　模拟轨道电路原理图

（2）进站、出发信号机处的各个复示继电器按图 4-118 所示电路图配线。

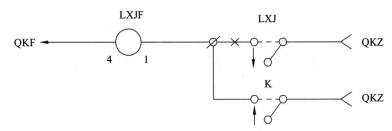

图 4-118　复示继电器励磁原理图

7. 点灯模拟电路制作

1）方法 A

（1）在电源屏的输出端子处断开信号点灯电源 ~220 V，接入临时设置的变压器输出的 ~12 V 作为信号机点灯电源送至信号组合，如图 4-119 所示。

（2）在分线盘断开信号机的电缆配线，接入由发光二极管组成的信号机模拟表示器。由于移频柜不设信号机复示器，观察信号机显示很不方便。因此，在试验中制作信号机模拟表示器非常有必要。

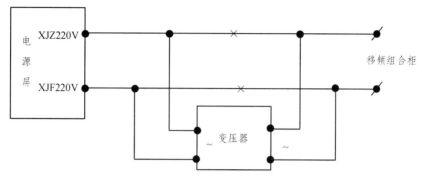

图 4-119　点灯模拟电路制作方法（A）

2）方法 B

在电源屏的输出端子处断开电源屏信号点灯电源～220 V 的输出，接入临时设置的硅整流器，输出的直流 12 V 电源作为信号点灯电源送至信号组合，如图 4-120 所示。

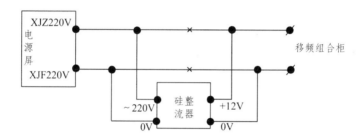

图 4-120　点灯模拟电路制作方法（B）

3）其他方法

（1）信号点灯电源不做任何改变，使用与信号机相同功率的白炽灯泡作为信号机负载，与分线柜相应的信号机端子连接，将每架信号机按顺序排列，可以形象化模拟信号机，更方便观察信号机状态，便于电路分析。缺点是在电路没有经过模拟试验的情况下，直接送点灯电源电压较高，对安全不利，因此此方法不宜提倡。

（2）在电源屏断开信号点灯电源，拔下灯丝继电器，使用封线将灯丝继电器前接点封闭。室内移频电路正常后，拆除封线，恢复灯丝继电器正常状态，进行点灯电路试验。注意，连接的封线一定要带有明显标志，拆除时要反复检查不能遗漏。有必要时拆、装要做记录。该方法由于使用封连线，在既有线改造工程中禁止使用。在新建线施工时，也尽量不采用。从施工工艺的角度来讲，采用信号机模拟表示器的方式最为规范、合理。

8. 模拟试验电路特性调整

（1）发送器、接收器的载频调整（参照附表三：1）、（参照附表四：1）。

发送器、接收器通过调整相应载频连接端子，可以做到八种载频通用。按照设计图纸对每一种发送器、接收器进行调整，并核对该区段的载频是否符合频谱排列。

（2）调整发送器的输出电平（参照附表三：2）。

发送器电平分为 37～170 V 多级可调，模拟试验电路中接收和发送因为直接连接，没有经过轨道的衰耗，所以使用较低的电平级，根据效果逐步上调，保证发送器、接收器的安全。

（3）调整电缆模拟网络盘使各个区段都在 10 km 长度（参照附表二）。

电缆模拟网络盘分为 6 段不同长度模拟电路，模拟试验电路中将 6 段模拟电路连接，总长度为 10 km。模拟试验结束后再按实际电路连接。

（4）调整主轨道接收电平为 400 mV（参照附表四：2）。

在衰耗盘"主轨出"测试插孔测量，接收电压不小于 240 mV，在使用中调整为 400 mV。

（5）小轨道模拟条件

模拟试验电路中接收和发送直接连接，但小轨道信息并没有接入，小轨道信息是在实际运用中，接收相邻区段的发送信号经过调谐单元"零阻抗"隔离未完全阻断的信号。模拟试验电路中无法接入邻区段发送信号。所以，向所有区段（除第三接近区段）小轨道检查执行条件提供临时电源 + 24 V、- 24 V。第三接近区段是因为站口为电气—机械方式，没有小轨道接收，不能产生小轨道检查条件。所以在设计时已给固定有 + 24 V、- 24 V 电源。

9. 模拟试验的电源及准备工作

（1）模拟试验时严禁使用既有信号设备的电源。

（2）移频柜中的电气集中电源 KZ、KF 可用区间屏的继电器控制电源 QKZ、QKF 代替，试验结束后，恢复为原来的状态。

（3）模拟试验人员及仪表：

① 模拟试验人员为 2～4 人。

② 使用仪表：

a. 数字万用表：特点是功能较全、灵敏度高，对测试信号影响小。可以测量毫伏级交直流信号和简单的信号的频率。

b. MF 型万用表：测试时不容易受到感应电压的影响。

c. 专用移频测试仪：优点是功能全、灵敏度高、精度高。缺点是体积大。

（4）设备名称书写。

在送电试验前在每个继电器、组合、防雷单元、断路器、移频设备等处标明使用名称，对于分析电路、处理故障非常有利。

10. 设备送电

1）区间电源屏送电

（1）机柜断路器（如保险管则不插）的开关置于"断开"位置。

（2）区间电源屏输出开关置于"断开"位置。

（3）合上电源引入防雷开关箱的开关，给区间电源屏送电。

2）机柜送电

（1）检查机柜内电源配线静态有无短路混电现象。在机柜不带电的情况下，每个断路器置于"断开"位置（或保险管不插），使用万用表的低阻档分别在每个机柜内部电源分线端子上，测量每一种电源两个极性之间的电阻值，判断有无短路及混电现象。如测试的电阻值接近零欧姆，则说明有短路，需查找处理。再用每个端子去和其他电源端子交叉测量，发现电阻接近零时，则说明有混电。用这样的方法可以检查出静态的混电及短路。

（2）区间电源屏给机柜逐一送上每一种电源。

（3）在机柜电源端子测试每一种电源极性、电压，并与其他电源端子交叉测量有无混电现象。

3）发送器送电

（1）按轨道区段逐一送电，插上对应区段的保险管（或接通断路器）。

（2）启电源经过约5 s延迟，发送"工作"表示灯亮，FBJ励磁，表示发送盒工作正常。

（3）测量发送功出的电平、载频、低频。

5）接收器送电

（1）按轨道区段逐一送电，插上相应的保险管（或断路器接通）。

（2）开启电源经过约5 s延迟，接收"工作"表示灯亮，表示接收盒工作正常。

6）信号机送电

（1）每架信号机逐一送电，插上相应的保险管（或断路器接通）。

（2）灯丝继电器DJ励磁。

（3）检查信号继电器状态与分线柜信号机模拟表示器显示是否一致。

11. 电路试验

1）移频电路试验

（1）模拟盘的轨道区段钮子开关全部置于"接通"位置。

（2）逐一确认各区段的GJ是否相对应。

（3）如果GJ没有吸起，则按以下步骤查找：

a. 发送器载频调整端子连接是否正确。（按照附表三）

b. 发送器输出电平采用综合测试仪检测是否符合要求。（按照附表三）

c. 模拟盘钮子开关是否接通，用电压表测试信号有没有通过。

d. 接收器载频调整是否正确。（按照附表四：1）

e. 接收器电平调整主轨道连接是否正确，在衰耗器盘面测试插孔测主轨道输出是否在240~450 mV。（按照附表四：2）

f. 检查区段模拟小轨道检查执行条件是否有 +24 V、−24 V电源。

（4）操纵模拟盘S进站或X进站为正线接车、侧线接车，观察进站口发送器编码状态和测量相应移频信号的载频、低频。同时观察相关通过信号机的显示及测量移频信号。

（5）通过操纵模拟盘轨道区段钮子开关，观察相关通过信号机的显示及测量低频信号。

（6）操纵模拟盘钮子开关，模拟列车运行，观察各通过信号机显示状态是否正确，并做好测试记录。

（7）逐一切断通过信号机点灯电源，使DJ失磁，观察灯光转移及信号降级显示。

2）移频报警试验

（1）当所有轨道区段设备都正常时，移频报警继电器 YBJ 应在吸起状态。

（2）如果移频报警继电器不正常，查找原因。

（3）分别断开轨道区段发送器电源，使发送报警继电器 FBJ 失磁落下，从而使移频报警继电器 YBJ 失磁落下报警。

（4）分别断开轨道区段接收器电源，使移频报警继电器落下报警。

（5）移频报警时，控制台上应有声光显示。

3）发送器 $N+1$ 系统试验

逐一断开发送器电源，检查发送器能否自动转换到备用发送器。再次核对信号机显示及低频信息的频率。

4）车站结合试验

（1）利用模拟盘模拟列车一接近、二接近、三接近运行，观察 1JGJ、2JGJ、3JGJ 相应状态，同时检查控制台表示及接近电铃条件。

（2）利用模拟盘模拟列车一离去、二离去、三离去运行，观察 1LQJ、2LQJ、3LQJ 相应状态，同时检查控制台表示条件。

（3）检查与车站电气集中结合条件。

5）方向电路模拟试验

（1）当移频电路模拟试验完成之后，每个闭塞分区的轨道区段都能正常工作，四线制方向电路的区间监督回路可以构通，给方向电路试验创造了条件。

（2）将上、下行两条线路两端方向电路四线分别对接，模拟站与站之间操作。

（3）调整硅整流器输出电压，并确定极性，使其形成闭合回路后，FJ1～4 端电压为 12～18 V，监督区间空闲继电器 JQJ1～4 端电压为 21～24 V。

（4）在四线制方向电路中，使用模拟盘加入电气集中条件。

（5）检查方向电路的各种条件都已满足，并且两站之间监督区间空闲继电器 JQJ 已吸起，使用模拟盘操作改变方向试验。

（6）辅助改变方向：人为使方向电路转为双接或双发状态（按压接车辅助按钮），然后用辅助办理的方法改变到需要的运行方向。办理方法：发车站先按下发车辅助按钮，但不能松开，直到发车方向指示灯亮后为止，接车站后按下接车辅助按钮，当看到辅助办理表示灯亮时就放开，过 2～3 s 之后，接车表示灯亮，表示完成辅助办理改变方向。

（7）区间改变运行方向，反向按大区间运行，检查接近区段移频信息正确。

（8）反向运行时，除接近区段外，其余区段应能测量到特定低频信息。

6）信号机联通试验

（1）拆除信号机的模拟电路，将信号机电缆芯线连接到分线柜相应端子上。

（2）对信号机进行调试及灯丝断丝报警试验，将调试完的测试数据填入表 4-22 中。

（3）通过信号机的调整：先调整室外，满足灯端电压 10.2～11.4 V，室内测量点灯电流大于 140 mA 方可。如果小于 140 mA，则需在室内降低一档电压，室外重新调整灯端电压为 10.2～11.4 V，室内测量点灯电流≥140 mA 时为止。

表 4-22 信号机测试表

工程名称：＿＿＿＿＿＿＿＿＿＿＿＿＿＿＿＿＿＿＿＿＿＿＿　　　　　　测试日期：

信号机 \ 灯位	L				H				U			
	I 电压	II 电压	I 电流	灯压	I 电压	II 电压	I 电流	灯压	I 电压	II 电压	I 电流	灯压

测试人：　　　　　　　　　　　　　　　　　　　技术负责人：

7）站内电码化试验

（1）准备工作。

① 根据站场形状和轨道区段制作轨道模拟盘。

② 正线的每个轨道区段和股道区段设一个钮子开关,控制站内移频柜中的轨道复示继电器 DGJF、GJF。

③ 每个区段的发送线配到分线盘后要核对正确,如果是运营中电气集中车站,发送线暂时不能与端子相连,以免发码后误动站内轨道继电器。

（2）试验。

① 分别开启发送器电源,检查、测试正线发送器、站线发送器是否正常,载频、低频是否正确。

② 用模拟盘模拟接车进路或者发车进路（控制 LXJF、ZXJ）。

③ 观察轨道传递继电器 DGCJ 励磁时机,预叠加发码时,在分线盘处相应的配线上（未与端子连接）,用综合测试仪测试轨道送电 GJZ、GJF 和发码信号。

④ 模拟列车依次进入各个轨道区段,测试预叠加发码和发码的电压、载频、低频及发码时机。

8）室内电源接地、混电、绝缘及电缆综合绝缘测试

（1）按图暂时断开有关防雷元件。

（2）用兆欧表或绝缘电阻测试仪测试所有电源的对地绝缘值，并做记录。

（3）用指针万用表测试电源之间有无混电。

（4）用兆欧表或绝缘电阻测试仪测量电缆的综合绝缘（注意不能带轨道防雷）。

二、ZPW-2000A 移频自动闭塞的开通试验及调试

在上述内容中，用大量的篇幅讲述了 ZPW-2000A 移频自动闭塞的模拟试验，对模拟试验的方法、步骤以及试验项目做了详细的阐述。因为模拟试验是开通试验的基础，只有完全彻底地做好模拟试验，才能要点开通，并确保在有限的施工点内顺利完成开通试验工作。

1．开通前准备工作

（1）拆除全部模拟电路。

（2）室外信号机、轨道、站间联系等电缆线与分线柜相应端子连接。

（3）按照附表二及电缆的实际长度制作电缆模拟网络具体调整表。使每个轨道区段的电缆长度都调整至 10 km。

（4）参照附表三：2，按照发送器调整表调整发送器的输出电平预设值；参照附表四：2，按照接收器调整表调整主轨道接收电平预设值。

2．开通倒装调试

（1）开通倒装及调试流程，如图 4-121 所示。

（2）施工命令下达后的施工

① 室外旧设备拆除，新设备安装就位，完成安装之后，与室内联系进行统调。

② 室内修改配线；控制台单元修改；电源倒接。

③ 进行站内区段调试。

④ 按附表三调整发送器输出电压。

⑤ 室内外轨道区段设备连接后，进行统一调试；主轨道接收电压按附表四调整；小轨道接收电压按附表五调整。小轨道接收调整要分别调整正向和反向。综合测试仪使用的频率档位应于所测信号的频率相一致。用综合测试仪在衰耗盘"主轨道输出"插孔电压应不小于 240 mV；"小轨道输出"插孔电压应不小于 100～130 mV。"GJ"插孔轨道继电器电压应不小于 20 V。"XGJ"插孔小轨道执行条件电压应不小于 20 V，开路大于 30 V。将测试数据填入附表六。

⑥ 分路测残压：用 0.15 Ω 的分路线分别在轨道送端、受端及中间任何一点分路，接收器限入电压应小于 140 mV；继电器电压应小于 3.4 V，并可靠落下。小轨道接收端落下门限不小于 20.7 mV。将测试数据填入附表六。

⑦ 所有轨道区段调整完毕，轨道继电器正常工作后，可随着列车实际运行，观察相应的信号显示和轨道占用情况。将模拟网络盘上的测试数据填入表 4-26 中。

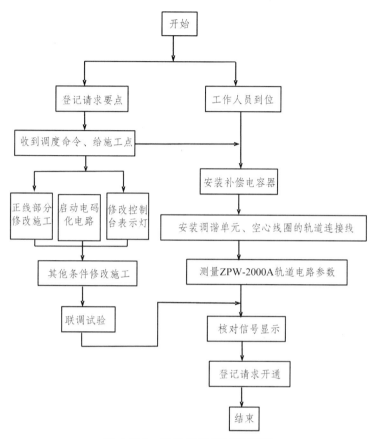

图 4-121 开通倒装调试流程图

3. 开通验收试验

（1）区间通过信号机和轨道区段联调试验及测试。

（2）主灯丝断丝报警试验。

（3）站间联系电路试验及测试。

（4）室内移频设备联调试验及测试。

（5）灯光转移试验。

（6）发送器 $N+1$ 试验及测试。

（7）接收故障、移频报警试验。

（8）出发信号机开放显示试验。

（9）进站信号机各种开放显示试验及站口发码试验及测试。

（10）两站间方向电路试验及测试。

（11）区间电源屏试验及测试。

（12）多台机车压道及机车信号接收试验。

（13）反向运行试验。

表 4-26　电缆模拟网络盘测试表

项目 区段	位置	电缆实际长度	电缆模拟长度	用途 接收	用途 发送	载频	防雷 （V）	设备 （V）	电缆 （V）

测试人：　　　　　　　　　　　　　　　　　技术负责人：

三、室外设备单点试验

单点试验是检查室外设备有无故障，电缆通道是否导通及绝缘良好，为联通试验创造有利条件。在此介绍室内联锁模拟试验良好状态下进行的室外单点试验。

1．信号机点灯试验

1）准备工作

（1）在分线柜处导通室外有关电缆芯线，测试合格，做好记录。

（2）室外测试点灯设备是否短路、断路，检查测试点灯灯座端子及软线是否良好，有无混线、断线，灯泡是否断丝等现象。检查正常后将设备线连接到对应端子上。

（3）检查室外信号机设备安装及配线完成。

（4）在分线柜处准备一路临时交流 220 V 点灯电源。

2）试验

（1）将临时点灯电源接入相应的电缆芯线上。

（2）红、黄、绿灯分别送电，核对显示灯位。

（3）分别进行主付灯丝转换试验，并检测本信号点报警条件。

2. 调谐区内设备单独送电试验

1）准备工作

（1）确认室内移频电路模拟试验完毕。

（2）拆除相关区段模拟回路。导通分线柜中相应区段的电缆芯线，并连接到端子上。

（3）将调谐单元与匹配变压器连接。

2）试验

（1）开启相应区段的发送器，测量匹配变压器的 V1、V2 间电压应为 500～1500 mV。

（2）用铜芯塑料线将调谐单元与空心线圈连接。

（3）测量匹配变压器的 V1、V2 间电压应上升 20%～30%，E1、E2 间电压应下降 20%～30%。如图 4-122 所示。

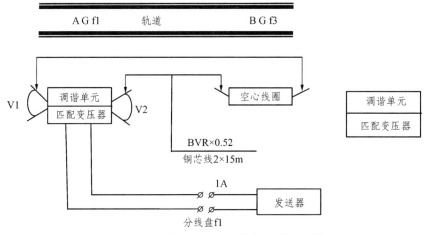

图 4-122　调谐区内设备送电电路示意图

3. ZPW-2000A 轨道电路调整表（附表一）

使用说明：

（1）本调整表适用于 ZPW-2000A 型无绝缘轨道电路设备。

（2）机车信号的轨道入口电流 1700 Hz、2000 Hz 和 2300 Hz 按 500 mA，2600 Hz 按 450 mA 考虑。

（3）本调整表满足调整、分路、断轨及机车信号各种状态要求，其中：分路残压按 140 mV。

（4）传输电缆长度按 10 km 计算。

（5）根据最低道砟电阻，按 1700 Hz、2000 Hz、2300 Hz、2600 Hz 四个频率分别列表。

附表

附表一 轨道电路调整表

1. 1700 Hz 轨道电路调整表

1700

序号	载频频率(Hz)	r_d Ω·km	C μF	L_v (m)		D_c (m)		N_c	K_{RV}	接收端各点电压 (V)						发送端各点电压电流 (V/I)							
										V_{R1R2}		V_{V1V2}		轨面		轨面		功出电压		功出电流		K_{EM}	功出电平范围
				min	max	min	max			min	max	min	max	min	max	min	max	min	max	min	max		
1	1700	0.25	55	300	350	67.7	80.3	4	54	0.242	0.612	0.520	1.315	0.670	1.693	1.717	1.937	127.81	139.58	0.253	0.281	3	130~142
2		0.28	55	351	400	80.2	92.8	4	59	0.24	0.659	0.472	1.296	0.608	1.668	1.754	1.942	127.84	139.58	0.253	0.282	3	130~142
3		0.3	55	401	450	74.2	84.2	5	63	0.243	0.682	0.448	1.256	0.577	1.616	1.741	1.882	127.84	139.55	0.253	0.281	3	130~142
4		0.4	55	451	500	70.1	78.5	6	55	0.242	0.577	0.511	1.217	0.658	1.566	1.756	1.838	127.82	139.55	0.254	0.280	3	130~142
5		0.4	55	501	550	78.5	86.9	6	63	0.243	0.652	0.446	1.201	0.575	1.545	1.796	1.923	127.84	139.58	0.254	0.280	3	130~142
6		0.4	55	551	600	86.8	95.2	6	72	0.241	0.734	0.388	1.182	0.499	1.522	1.821	1.987	127.85	139.60	0.254	0.281	3	130~142
7		0.5	55	601	650	81.5	88.8	7	64	0.241	0.633	0.437	1.146	0.563	1.475	1.793	1.960	127.82	139.59	0.255	0.281	3	130~142
8		0.5	55	651	700	77.6	83.9	8	69	0.241	0.661	0.405	1.111	0.521	1.430	1.763	1.930	127.81	139.57	0.255	0.281	3	130~142
9		0.6	55	701	750	83.8	90.2	8	66	0.242	0.623	0.426	1.095	0.548	1.409	1.790	1.942	127.82	139.58	0.255	0.281	3	130~142
10		0.6	55	751	800	80.1	85.7	9	71	0.243	0.650	0.397	1.062	0.511	1.366	1.785	1.921	127.82	139.58	0.255	0.281	3	130~142
11		0.6	55	801	850	85.6	91.3	9	78	0.242	0.704	0.360	1.046	0.463	1.346	1.812	1.965	127.83	139.60	0.255	0.281	3	130~142
12		0.7	55	851	900	91.2	96.8	9	74	0.240	0.657	0.376	1.030	0.484	1.326	1.837	2.005	127.84	139.61	0.256	0.281	3	130~142
13		0.7	55	901	950	87.1	92.1	9	79	0.241	0.680	0.354	0.999	0.455	1.286	1.815	1.980	127.83	139.59	0.256	0.281	3	130~142
14		0.8	55	951	1000	92.1	97.1	10	76	0.240	0.645	0.366	0.984	0.471	1.266	1.829	1.989	127.83	139.60	0.256	0.282	3	130~142
15		0.8	55	1001	1050	88.2	92.9	11	81	0.241	0.666	0.346	0.954	0.445	1.228	1.810	1.962	127.82	139.59	0.256	0.281	3	130~142
16		0.9	55	1051	1100	92.8	97.4	11	79	0.242	0.641	0.355	0.940	0.457	1.210	1.828	1.977	127.83	139.60	0.256	0.281	3	130~142
17		0.9	55	1101	1150	89.2	93.5	12	83	0.241	0.652	0.336	0.912	0.433	1.173	1.822	1.978	127.83	139.6	0.256	0.281	3	130~142
18		0.9	55	1151	1200	93.4	97.6	12	90	0.242	0.697	0.312	0.898	0.401	1.156	1.839	2.007	127.833	139.611	0.256	0.281	3	130~142
19		1.0	55	1201	1250	90.0	94.0	13	86	0.241	0.645	0.325	0.871	0.418	1.12	1.828	1.994	127.825	139.601	0.256	0.281	3	130~142
20		1.0	55	1251	1300	87.2	90.8	14	91	0.242	0.662	0.309	0.844	0.397	1.086	1.811	1.971	127.817	139.591	0.256	0.281	3	130~142
21		1.0	55	1301	1350	79.4	82.6	16	95	0.242	0.66	0.296	0.805	0.38	1.036	1.776	1.926	127.804	139.575	0.256	0.281	3	130~142
22		1.0	55	1351	1400	73.3	76.2	18	99	0.241	0.656	0.282	0.769	0.363	0.989	1.754	1.893	127.795	139.568	0.256	0.28	3	130~142
23		1.0	55	1401	1450	68.5	71.1	20	91	0.242	0.642	0.309	0.818	0.397	1.053	1.987	2.114	146.919	155.718	0.294	0.313	2	150~159
24		1.0	55	1451	1480	71.1	72.6	20	95	0.244	0.660	0.298	0.806	0.383	1.037	1.994	2.125	146.923	155.719	0.294	0.313	2	150~159
25		1.0	55	1481	1500	72.5	73.6	20	96	0.240	0.661	0.290	0.799	0.373	1.028	1.999	2.129	146.925	155.719	0.294	0.314	2	150~159

2. 2000 Hz 轨道电路调整表

载频频率（Hz） 1700

序号	r_d Ω·km	C μF	L_v (m) min	L_v (m) max	D_c (m) min	D_c (m) max	N_c	K_{RV}	接收端各点电压 (V) V_{R1R2} min	V_{R1R2} max	V_{V1V2} min	V_{V1V2} max	轨面 min	轨面 max	发送端各点电压 轨面 min	轨面 max	功出电压电流 (V/I) 功出电压 min	功出电压 max	功出电流 min	功出电流 max	K_{EM}	功出电平范围
1	0.25	50	300	350	67.7	80.2	4	75	0.242	0.637	0.374	0.986	0.396	1.043	1.041	1.188	73.997	80.929	0.150	0.168	5	74.5~81.5
2	0.28	50	351	400	80.2	92.8	4	59	0.242	0.694	0.475	1.364	0.503	1.443	1.505	1.667	103.982	113.824	0.211	0.236	4	105~115
3	0.3	50	401	450	74.2	84.2	5	62	0.240	0.704	0.449	1.316	0.475	1.393	1.508	1.588	103.979	113.817	0.211	0.234	4	105~115
4	0.4	50	451	500	70.1	78.5	6	54	0.240	0.593	0.515	1.273	0.545	1.347	1.515	1.605	103.97	113.84	0.212	0.233	4	105~115
5	0.4	50	501	550	78.5	86.9	6	63	0.246	0.681	0.446	1.254	0.472	1.327	1.534	1.676	103.97	113.847	0.213	0.234	4	105~115
6	0.5	50	551	600	74.4	81.6	7	57	0.242	0.596	0.492	1.212	0.520	1.283	1.507	1.685	103.96	113.84	0.213	0.235	4	105~115
7	0.5	50	601	650	81.5	88.8	7	64	0.241	0.658	0.436	1.192	0.462	1.262	1.525	1.684	103.963	113.832	0.213	0.236	4	105~115
8	0.6	50	651	700	77.6	83.9	8	60	0.243	0.596	0.47	1.152	0.497	1.219	1.518	1.628	103.96	113.822	0.213	0.235	4	105~115
9	0.6	50	701	750	83.8	90.2	8	66	0.241	0.645	0.423	1.134	0.448	1.199	1.545	1.658	103.967	113.834	0.213	0.235	4	105~115
10	0.6	50	751	800	80.1	85.7	9	71	0.244	0.671	0.393	1.096	0.416	1.16	1.536	1.665	103.962	113.842	0.213	0.234	4	105~115
11	0.7	50	801	850	85.6	91.3	9	69	0.246	0.641	0.408	1.078	0.431	1.141	1.552	1.698	103.962	113.845	0.214	0.235	4	105~115
12	0.7	50	851	900	91.2	96.8	9	75	0.244	0.694	0.371	1.06	0.393	1.121	1.562	1.715	103.965	113.845	0.214	0.236	4	105~115
13	0.8	50	901	950	87.1	92.1	10	71	0.243	0.636	0.392	1.024	0.415	1.084	1.546	1.693	103.96	113.837	0.214	0.235	4	105~115
14	0.8	50	951	1000	92.1	97.1	10	78	0.242	0.677	0.36	1.007	0.381	1.066	1.561	1.701	103.965	113.841	0.214	0.235	4	105~115
15	0.8	50	1001	1050	88.2	92.9	11	67	0.246	0.694	0.419	1.201	0.443	1.271	1.924	2.078	128.562	140.395	0.264	0.290	3	130~142
16	0.9	50	1051	1100	92.8	97.4	11	65	0.244	0.662	0.43	1.181	0.454	1.249	1.943	2.108	128.571	140.403	0.265	0.29	3	130~142
17	0.9	50	1101	1150	89.2	93.5	12	69	0.245	0.679	0.406	1.142	0.429	1.208	1.928	2.105	128.562	140.401	0.265	0.29	3	130~142
18	1.0	50	1151	1200	93.4	97.6	12	68	0.242	0.658	0.413	1.122	0.437	1.188	1.94	2.118	128.564	140.401	0.265	0.291	3	130~142
19	1.0	50	1201	1250	90.0	94.0	13	72	0.242	0.674	0.391	1.085	0.413	1.148	1.925	2.097	128.56	140.392	0.265	0.29	3	130~142
20	1.0	50	1251	1300	87.2	90.8	14	76	0.242	0.688	0.37	1.049	0.391	1.11	1.917	2.074	128.557	140.388	0.264	0.29	3	130~142
21	1.0	50	1301	1350	79.4	82.6	16	79	0.243	0.680	0.353	0.998	0.373	1.056	1.889	2.059	128.544	140.389	0.264	0.289	3	130~142
22	1.0	50	1351	1400	73.3	76.2	18	72	0.240	0.679	0.387	1.095	0.409	1.158	2.137	2.339	148.107	161.886	0.304	0.334	2	150~164
23	1.0	50	1401	1450	76.1	79.0	18	78	0.243	0.701	0.362	1.043	0.383	1.103	2.151	2.268	148.116	156.952	0.304	0.324	2	150~159
24	1.0	50	1451	1480	74.7	76.4	19	80	0.242	0.695	0.350	1.008	0.371	1.067	2.140	2.244	148.111	156.954	0.304	0.323	2	150~159
25	1.0	50	1481	1500	72.5	73.6	20	82	0.243	0.694	0.343	0.982	0.363	1.039	2.128	2.248	148.105	156.965	0.304	0.323	2	150~159

3. 2300 Hz轨道电路调整表

载频频率（Hz）　1700

序号	r_d Ω·km	C μF	L_v (m) min	L_v (m) max	D_c (m) min	D_c (m) max	N_c	K_{RV}	接收端各点电压 (V) V_{R1R2} min	V_{R1R2} max	V_{V1V2} min	V_{V1V2} max	轨面 min	轨面 max	发送端各点电压 轨面 min	轨面 max	功出电压 min	功出电压 max	功出电流 (V/I) min	功出电流 max	K_{EM}	功出电平范围
1	0.25	46	300	350	90.3	107	3	47	0.243	0.737	0.600	1.820	0.532	1.615	1.625	1.860	104.527	114.406	0.230	0.257	4	105~115
2	0.28	46	351	400	Z	92.8	4	48	0.243	0.724	0.587	1.750	0.521	1.553	1.62	1.739	104.520	114.377	0.230	0.255	4	105~115
3	0.3	46	401	420	92.7	97.8	4	49	0.244	0.726	0.578	1.719	0.513	1.526	1.641	1.782	104.523	114.402	0.231	0.255	4	105~115
4	0.4	46	421	450	78.2	84.2	5	56	0.242	0.573	0.501	1.187	0.445	1.053	1.163	1.232	74.136	81.088	0.164	0.18	5	74.5~81.5
5	0.4	46	451	500	70.1	78.5	6	62	0.241	0.617	0.452	1.155	0.401	1.025	1.147	1.276	74.13	81.09	0.164		5	74.5~81.5
6	0.4	46	501	550	78.5	86.9	6	51	0.241	0.703	0.548	1.6	0.487	1.42	1.627	1.84	104.492	114.413	0.232	0.181	4	105~115
7	0.5	46	551	600	86.8	95.2	6	48	0.241	0.649	0.583	1.568	0.517	1.392	1.646	1.84	104.492	114.402	0.232	0.257	4	105~115
8	0.5	46	601	650	81.5	88.8	7	52	0.24	0.677	0.535	1.51	0.475	1.341	1.634	1.751	104.493	114.386	0.232	0.255	4	105~115
9	0.6	46	651	700	77.6	83.9	8	49	0.243	0.615	0.576	1.456	0.512	1.292	1.638	1.737	104.486	114.41	0.232	0.254	4	105~115
10	0.6	46	701	750	83.8	90.2	8	54	0.24	0.666	0.516	1.43	0.458	1.27	1.656	1.799	104.489	114.42	0.233	0.255	4	105~115
11	0.6	46	751	800	80.1	85.7	9	59	0.243	0.702	0.478	1.38	0.424	1.225	1.633	1.827	104.481	114.408	0.232	0.256	4	105~115
12	0.7	46	801	850	85.6	91.3	9	57	0.243	0.665	0.495	1.353	0.44	1.201	1.646	1.825	104.483	114.401	0.233	0.256	4	105~115
13	0.7	46	851	900	91.2	96.8	9	62	0.24	0.709	0.449	1.326	0.398	1.177	1.661	1.819	104.489	114.401	0.233	0.256	4	105~115
14	0.8	46	901	950	87.1	92.1	10	59	0.241	0.65	0.474	1.278	0.421	1.135	1.657	1.778	104.485	114.404	0.233	0.255	4	105~115
15	0.8	46	951	1000	92.1	97.1	10	52	0.24	0.694	0.536	1.548	0.476	1.374	2.071	2.232	129.321	141.209	0.288	0.315	3	130~142
16	0.8	46	1001	1050	88.2	92.9	11	56	0.243	0.721	0.503	1.493	0.446	1.325	2.056	2.261	129.31	141.213	0.288	0.316	3	130~142
17	0.9	46	1051	1100	92.8	97.4	11	54	0.24	0.682	0.515	1.464	0.457	1.299	2.068	2.278	129.311	141.208	0.289	0.317	3	130~142
18	0.9	46	1101	1150	89.2	93.5	12	58	0.243	0.706	0.486	1.412	0.432	1.253	2.051	2.235	129.307	141.183	0.288	0.316	3	130~142
19	1.0	46	1151	1200	93.4	97.6	12	57	0.242	0.68	0.493	1.384	0.438	1.228	2.068	2.238	129.311	141.192	0.289	0.316	3	130~142
20	1.0	46	1201	1250	90.0	94.0	13	60	0.24	0.69	0.465	1.334	0.412	1.184	2.063	2.23	129.308	141.207	0.289	0.315	3	130~142
21	1.0	46	1251	1300	76.3	79.5	16	63	0.243	0.676	0.448	1.244	0.398	1.104	2.001	2.19	129.281	141.166	0.288	0.315	3	130~142
22	1.0	46	1301	1350	70.6	73.4	18	66	0.242	0.651	0.424	1.145	0.377	1.016	1.979	2.061	129.276	137.200	0.287	0.304	3	130~138
23	1.0	46	1351	1400	73.3	76.2	18	61	0.241	0.682	0.457	1.297	0.406	1.151	2.305	2.424	149.412	158.345	0.332	0.352	2	150~159
24	1.0	46	1401	1440	72.1	74.3	19	64	0.240	0.691	0.435	1.252	0.386	1.111	2.292	2.456	149.402	158.333	0.332	0.353	2	150~159
25	1.0	46	1441	1460	70.5	71.6	20	66	0.242	0.689	0.426	1.211	0.378	1.075	2.271	2.414	149.391	158.291	0.332	0.353	2	150~159
26	1.0	46	1461	1480	68.1	69.1	21	67	0.241	0.682	0.416	1.180	0.370	1.048	2.254	2.363	149.386	158.282	0.331	0.352	2	150~159
27	1.0	46	1481	1500	69.1	70.1	21	62	0.241	0.696	0.450	1.302	0.400	1.156	2.514	2.631	166.111	175.972	0.368	0.391	1	167~177

4. 2600 Hz 轨道电路调整表

载频频率（Hz）：1700

序号	r_d Ω·km	C μF	L_v (m) min	L_v (m) max	D_c (m) min	D_c (m) max	N_c	K_{RV}	接收端各点电压（V） V_{R1R2} min	V_{R1R2} max	V_{V1V2} min	V_{V1V2} max	轨面 min	轨面 max	发送端各点电压电流（V/I） 轨面 min	轨面 max	功出电压 min	功出电压 max	功出电流 min	功出电流 max	K_{EM}	功出电平范围
1	0.25	40	300	350	90.3	107	3	39	0.240	0.774	0.713	2.302	0.523	1.688	1.733	1.948	105.037	114.916	0.253	0.280	4	105~115
2	0.28	40	351	400	80.2	92.8	4	40	0.240	0.764	0.697	2.217	0.511	1.625	1.744	1.855	105.023	114.919	0.254	0.278	4	105~115
3	0.3	40	401	450	61.8	70.2	6	57	0.242	0.730	0.492	1.485	0.361	1.089	1.195	1.333	74.330	81.306	0.179	0.197	5	74.5~81.5
4	0.4	40	451	500	70.1	78.5	6	52	0.242	0.653	0.539	1.457	0.395	1.068	1.213	1.370	74.328	81.295	0.180	0.198	5	74.5~81.5
5	0.4	40	501	550	78.5	86.9	6	43	0.241	0.748	0.650	2.017	0.476	1.479	1.730	1.933	104.986	114.914	0.254	0.280	4	105~115
6	0.5	40	551	600	74.4	81.6	7	39	0.244	0.653	0.724	1.941	0.531	1.423	1.726	1.841	104.98	114.910	0.254	0.278	4	105~115
7	0.5	40	601	650	81.5	88.8	7	44	0.240	0.722	0.633	1.903	0.646	1.395	1.757	1.877	104.98	114.93	0.255	0.279	4	105~115
8	0.6	40	651	700	77.6	83.9	8	41	0.243	0.648	0.686	1.834	0.503	1.345	1.751	1.916	104.968	114.944	0.255	0.279	4	105~115
9	0.6	40	701	750	83.8	90.2	8	46	0.242	0.712	0.610	1.797	0.447	1.317	1.760	1.951	104.972	114.935	0.255	0.280	4	105~115
10	0.6	40	751	800	80.1	85.7	9	50	0.243	0.746	0.563	1.730	0.413	1.269	1.740	1.914	104.971	114.914	0.255	0.280	4	105~115
11	0.7	40	801	850	85.6	91.3	9	48	0.242	0.701	0.585	1.695	0.429	1.242	1.760	1.911	104.972	114.921	0.255	0.279	4	105~115
12	0.7	40	851	900	91.2	96.8	9	43	0.243	0.762	0.654	2.057	0.480	1.508	2.212	2.389	130.552	142.516	0.318	0.347	3	130~142
13	0.8	40	901	950	87.1	92.1	10	50	0.241	0.689	0.559	1.599	0.410	1.172	1.775	1.936	104.976	114.939	0.255	0.280	4	105~115
14	0.8	40	951	1000	92.1	97.1	10	45	0.245	0.753	0.631	1.940	0.462	1.423	2.218	2.433	130.536	142.528	0.318	0.348	3	130~142
15	0.8	40	1001	1050	88.2	92.9	11	48	0.244	0.774	0.590	1.870	0.432	1.371	2.198	2.410	130.531	142.504	0.317	0.347	3	130~142
16	0.9	40	1051	1100	92.8	97.4	11	46	0.240	0.726	0.605	1.830	0.443	1.342	2.213	2.410	130.534	142.507	0.318	0.347	3	130~142
17	0.9	40	1101	1150	89.2	93.5	12	49	0.240	0.745	0.568	1.765	0.416	1.294	2.208	2.388	130.531	142.520	0.318	0.347	3	130~142
18	1.0	40	1151	1200	80.0	83.7	14	49	0.253	0.687	0.600	1.627	0.440	1.193	2.175	2.324	130.508	138.499	0.317	0.337	3	130~138
19	1.0	40	1201	1250	78.0	81.4	15	52	0.252	0.703	0.562	1.567	0.412	1.149	2.161	2.289	130.507	138.475	0.317	0.336	3	130~138
20	1.0	40	1251	1300	76.3	79.5	16	48	0.253	0.722	0.610	1.745	0.447	1.279	2.497	2.608	151.045	160.033	0.366	0.388	2	150~159
21	1.0	40	1301	1350	63.5	66.1	20	48	0.242	0.662	0.584	1.601	0.428	1.174	2.414	2.557	151.007	159.980	0.366	0.387	2	150~159
22	1.0	40	1351	1400	66.0	68.6	20	52	0.244	0.703	0.544	1.567	0.399	1.149	2.431	2.548	151.017	159.989	0.365	0.386	2	150~159
23	1.0	40	1401	1430	68.5	70.1	20	48	0.241	0.709	0.581	1.714	0.426	1.257	2.726	2.855	168.614	178.611	0.408	0.432	1	167~177
24	1.0	40	1431	1450	66.7	67.7	21	49	0.240	0.704	0.568	1.666	0.417	1.222	2.715	2.867	168.608	178.651	0.407	0.432	1	167~177
25	1.0	40	1451	1460	67.6	68.2	21	50	0.241	0.712	0.560	1.653	0.411	1.212	2.719	2.886	168.609	178.655	0.408	0.432	1	167~177

附表二　电缆模拟网络电缆补偿长度调整表

实际电缆长度（m）	模拟网络长度（m）	端子封线
9500<L<10 000	0	3-29，4-30
9000<L<9500	500	3-5，4-6，7-29，8-30
8500<L<9000	1000	3-13，4-14，15-29，16-30
8000<L<8500	1500	3-5，4-6，7-13，8-14，15-29，16-30
7500<L<8000	2000	3-17，4-18，19-29，20-30
7000<L<7500	2500	3-5，4-6，7-17，8-18，19-29，20-30
6500<L<7000	3000	3-13，4-14，15-17，16-18，19-29，20-30
6000<L<6500	3500	3-5，4-6，7-13，8-14，15-17，16-18，19-29，20-30
5500<L<6000	4000	3-25，4-26，27-29，28-30
5000<L<5500	4500	3-5，4-6，7-25，8-26，27-29，28-30
4500<L<5000	5000	3-13，4-14，15-25，16-26，27-29，28-30
4000<L<4500	5500	3-5，4-6，7-13，8-14，15-25，16-26，27-29，28-30
3500<L<4000	6000	3-17，4-18，19-25，20-26，27-29，28-30
3000<L<3500	6500	3-5，4-6，7-17，8-18，19-25，20-26，27-29，28-30
2500<L<3000	7000	3-13，4-14，15-17，16-18，19-25，20-26，27-29，28-30
2000<L<2500	7500	3-5，4-6，7-13，8-14，15-17，16-18，19-25，20-26，27-29，28-30
1500<L<2000	8000	3-17，4-18，19-21，20-22，23-25，24-26，27-29，28-30
1000<L<1500	8500	3-5，4-6，7-17，8-18，19-21，20-22，23-25，24-26，27-29，28-30
500<L<1000	9000	3-13，4-14，15-17，16-18，19-21，20-22，23-25，24-26，27-29，28-30
L<500	9500	3-5，4-6，7-13，8-14，15-17，16-18，19-21，20-22，23-25，24-26，27-29，28-30
L＝0	10 000	3-5，4-6，7-9，8-10，11-13，12-14，15-17，16-18，19-21，20-22，23-24，24-26，27-29，28-30

附表三 发送器的调整

1. 发送器载频调整表

载频	型号	底座连接端子
1700	1	+24-1，1700，−1
1700	2	+24-1，1700，−2
2000	1	+24-1，2000，−1
2000	2	+24-1，2000，−2
2300	1	+24-1，2300，−1
2300	2	+24-1，2300，−2
2600	1	+24-1，2600，−1
2600	2	+24-1，2600，−2

2. 发送器带载输出电平级调整表

发送电平（K_{EM}）	输出端子连接		电压（S_1、S_2）（V）
	12	11	
1	9	1	161～170
2	9	2	146～154
3	9	3	126～137
4	9	4	103～112
5	9	5	73～80
6	4	1	60～67
7	5	3	54～60
8	4	2	44～48
9	3	1	37～41
10	5	4	

附表四　接收器的调整

1．接收器载频调整

主备机	载频	型号	小轨道1、2型	底座连接端子
主	1700	1	1	+24，1700（Z），1（Z），X1（Z）
主	1700	2	1	+24，1700（Z），2（Z），X1（Z）
主	1700	1	2	+24，1700（Z），1（Z），X2（Z）
主	1700	2	2	+24，1700（Z），2（Z），X2（Z）
主	2000	1	1	+24，2000（Z），1（Z），X1（Z）
主	2000	2	1	+24，2000（Z），2（Z），X1（Z）
主	2000	1	2	+24，2000（Z），1（Z），X2（Z）
主	2000	2	2	+24，2000（Z），2（Z），X2（Z）
主	2300	1	1	+24，2300（Z），1（Z），X1（Z）
主	2300	2	1	+24，2300（Z），2（Z），X1（Z）
主	2300	1	2	+24，2300（Z），1（Z），X2（Z）
主	2300	2	2	+24，2300（Z），2（Z），X2（Z）
主	2600	1	1	+24，2600（Z），1（Z），X1（Z）
主	2600	2	1	+24，2600（Z），2（Z），X1（Z）
主	2600	1	2	+24，2600（Z），1（Z），X2（Z）
主	2600	2	2	+24，2600（Z），2（Z），X2（Z）
并	1700	1	1	（+24），1700（B），1（B），X1（B）
并	1700	2	1	（+24），1700（B），2（B），X1（B）
并	1700	1	2	（+24），1700（B），1（B），X2（B）
并	1700	2	2	（+24），1700（B），2（B），X2（B）
并	2000	1	1	（+24），2000（B），1（B），X1（B）
并	2000	2	1	（+24），2000（B），2（B），X1（B）
并	2000	1	2	（+24），2000（B），1（B），X2（B）
并	2000	2	2	（+24），2000（B），2（B），X2（B）
并	2300	1	1	（+24），2300（B），1（B），X1（B）
并	2300	2	1	（+24），2300（B），2（B），X1（B）
并	2300	1	2	（+24），2300（B），1（B），X2（B）
并	2300	2	2	（+24），2300（B），2（B），X2（B）
并	2600	1	1	（+24），2600（B），1（B），X1（B）
并	2600	2	1	（+24），2600（B），2（B），X1（B）
并	2600	1	2	（+24），2600（B），1（B），X2（B）
并	2600	2	2	（+24），2600（B），2（B），X2（B）

2. 接收器电平级调整表

接收电平	R₁₁至	R₁₂至	连接端子	接收电平	R₁₁至	R₁₂至	连接端子
1	R1	R2		44	R4	R8	R3-R9
2	R3	R4		45	R2	R8	R3-R9，R1-R4
3	R3	R2	R1-R4	46	R5	R8	R4-R9
4	R4	R5		47	R2	R8	R4-R9，R1-R5
5	R2	R4	R1-R5	48	R5	R8	R3-R9
6	R3	R5		49	R2	R8	R1-R5，R3-R9
7	R2	R3	R1-R5	50	R3	R8	R5-R7，R6-R9
8	R3	R6	R5-R7	51	R4	R8	R1-R5，R2-R7，R6-R9
9	R4	R6	R2-R7，R1-R5	52	R4	R8	R5-R7，R6-R9
10	R4	R6	R5-R7	53	R3	R8	R1-R4，R2-R7，R6-R9
11	R3	R6	R1-R4，R2-R7	54	R3	R8	R4-R7，R6-R9
12	R3	R6	R4-R7	55	R1	R8	R2-R7，R6-R9
13	R1	R6	R2-R7	56	R7	R8	R6-R9
14	R6	R7		57	R2	R8	R1-R7，R6-R9
15	R2	R6	R1-R7	58	R4	R8	R3-R7，R6-R9
16	R4	R6	R3-R7	59	R2	R8	R1-R4，R3-R7，R6-R9
17	R2	R6	R1-R4，R3-R7	60	R5	R8	R4-R7，R6-R9
18	R5	R6	R4-R7	61	R2	R8	R1-R5，R4-R7，R6-R9
19	R2	R6	R1-R5，R4-R7	62	R5	R8	R3-R7，R6-R9
20	R5	R6	R3-R7	63	R2	R8	R1-R5，R3-R7，R6-R9
21	R2	R6	R1-R5，R3-R7	64	R6	R9	R5-R10，R3-R7
22	R6	R8	R5-R9，R3-R7	65	R6	R9	R1-R5，R4-R7，R2-R10
23	R6	R8	R1-R5，R4-R7，R2-R9	66	R6	R9	R4-R7，R5-R10
24	R6	R8	R4-R7，R5-R9	67	R6	R9	R1-R4，R3-R7，R2-R10
25	R6	R8	R1-R4，R3-R7，R2-R9	68	R6	R9	R3-R7，R4-R10
26	R6	R8	R3-R7，R4-R9	69	R6	R9	R1-R7，R2-R10
27	R6	R8	R1-R7，R2-R9	70	R6	R9	R7-R10
28	R6	R8	R7-R9	71	R2	R9	R1-R6，R7-R10
29	R2	R8	R1-R6，R7-R9	72	R4	R9	R3-R6，R7-R10
30	R4	R8	R3-R6，R7-R9	73	R2	R9	R1-R4，R3-R6，R7-R10
31	R2	R8	R1-R4，R3-R6，R7-R9	74	R5	R9	R4-R6，R7-R10
32	R5	R8	R4-R6，R7-R9	75	R2	R9	R1-R5，R4-R6，R7-R10

接收电平	R_{11} 至	R_{12} 至	连接端子	接收电平	R_{11} 至	R_{12} 至	连接端子
33	R2	R8	R1-R5，R4，R6，R7，R9	76	R5	R9	R3-R6，R7-R10
34	R5	R8	R3-R6，R7-R9	77	R3	R9	R1-R5，R2-R10
35	R3	R8	R1-R5，R2-R9	78	R3	R9	R5-R10
36	R3	R8	R5-R9	79	R4	R9	R1-R5，R2-R10
37	R4	R8	R1-R5，R2-R9	80	R4	R9	R5-R10
38	R4	R8	R5-R9	81	R3	R9	R1-R4，R2-R10
39	R3	R8	R1-R4，R2-R9	82	R3	R9	R4-R10
40	R3	R8	R4-R9	83	R1	R9	R2-R10
41	R1	R8	R2-R9	84	R10	R9	
42	R8	R9		85	R2	R9	R1-R10
43	R2	R8	R1-R9	86	R4	R9	R3-R10
87	R2	R9	R1-R4，R3-R10	117	R2	R8	R1-R5，R4-R6，R7-R10
88	R5	R9	R4-R10	118	R5	R8	R3-R6，R7-R10
89	R2	R9	R1-R5，R4-R10	119	R2	R8	R1-R5，E3-E6，R7-R10
90	R5	R9	R3-R10	120	R3	R8	R5-R10
91	R2	R9	R1-R5，R3-R10	121	R4	R8	R1-R5，R2-R10
92	R3	R9	R5-R7，R6-R10	122	R4	R8	R5-R10
93	R4	R9	R1-R5，R2-R7，R6-R10	123	R3	R8	R1-R4，R2-R10
94	R4	R10	R5-R7，R6-R10	124	R3	R8	R4-R10
95	R3	R9	R1-R4，R2-R7，R6-R10	125	R1	R8	R2-R10
96	R3	R9	R4-R7，R6-R10	126	R10	R8	
97	R1	R9	R2-R7，R6-R10	127	R2	R8	R1-R10
98	R7	R9	R6-R10	128	R4	R8	R3-R10
99	R2	R9	R1-R7，R6-R10	129	R2	R8	R1-R4，R3-R10
100	R4	R9	R3-R7，R6-R10	130	R5	R8	R4-R10
101	R2	R9	R1-R4，R3-R7，R6-R10	131	R2	R8	R1-R5，R4-R10
102	R5	R9	R4-R7，R6-R10	132	R5	R8	R3-R10
103	R2	R9	R1-R5，R4-R7，R6-R10	133	R2	R8	R1-R5，R3-R10
104	R5	R9	R3-R7，R6-R10	134	R3	R8	R5-R7，R6-R10
105	R2	R9	R1-R5，R3-R7，R6-R10	135	R4	R8	R1-R5，R2-R7，R6-R10
106	R6	R8	R3-R7，R5-R10	136	R4	R8	R5-R7，R6-R10
107	R6	R8	R1-R5，R4-R7，R2-R10	137	R3	R8	R1-R4，R2-R7，R6-R10

接收电平	R₁₁至	R₁₂至	连接端子	接收电平	R₁₁至	R₁₂至	连接端子
108	R6	R8	R4-R7，R5-R10	138	R3	R8	R4-R7，R6-R10
109	R6	R8	R1-R4，R3-R7，R2-R10	139	R1	R8	R2-R7，R6-R10
110	R6	R8	R3-R7，R4-R10	140	R7	R8	R6-R10
111	R6	R8	R1-R7，R2-R10	141	R2	R8	R1-R7，R6-R10
112	R6	R8	R7-R10	142	R4	R8	R3-R7，R6-R10
113	R2	R8	R1-R6，R7-R10	143	R2	R8	R1-R4，R3-R7，R6-R10
114	R4	R8	R3-R6，R7-R10	144	R5	R8	R4-R7，R6-R10
115	R2	R8	R1-R4，R3-R6，R7-R10	145	R2	R8	R1-R5，R4-R7，R6-R10
116	R5	R8	R4-R6，R7-R10	146	R5	R8	R3-R7，R6-R10

附表五　不同长度的小轨道的电平级调整表

序号	$U_入$（mV）	R^*（Ω）	正向端子连接	反向端子连接
1	33～38	0	a11-a23	c11-c23
2	39	75	a11-a14　a15-a23	c11-c14　c15-c23
3	40	150	a11-a15　a16-a23	c11-c15　c16-c23
4	41	225	a11-a14　a16-a23	c11-c14　c16-c23
5	42	294	a16-a23	c16-c23
6	43	375	a11-a14　a15-a16　a17-a23	c11-c14　c15-c16　c17-c23
7	44	450	a11-a15　a17-a23	c11-c15　c17-c23
8	45	525	a11-a14　a17-a23	c11-c14　c17-c23
9	46	599	a11-a13　a14-a17　a18-a23	c11-c13　c14-c17　c18-c23
10	47	674	a11-a13　a15-a17　a18-a23	c11-c13　c15-c17　c18-c23
11	48	749	a11-a13　a14-a15　a16-a17　a18-a23	c11-c13　c14-c15　c16-c17　c18-c23
12	49	824	a11-a13　a16-a17　a18-a23	c11-c13　c16-c17　c18-c23
13	50	899	a11-a13　a14-a16　a18-a23	c11-c13　c14-c16　c18-c23
14	51	974	a11-a13　a15-a16　a18-a23	c11-c13　c15-c16　c18-c23
15	52	1049	a11-a13　a14-a15　a18-a23	c11-c13　c14-c15　c18-c23
16	53	1130	a13-a18　a19-a23	c13-c18　c19-c23
17	54	1205	a13-a14　a15-a18　a19-a23	c13-c14　c15-c18　c19-c23

序号	U_λ（mV）	R^*（Ω）	正向端子连接				反向端子连接			
18	55	1280	a13-a15	a16-a18	a19-a23		c13-c15	c16-c18	c19-c23	
19	56	1355	a13-a14	a16-a18	a19-a23		c13-c14	c16-c18	c19-c23	
20	57	1430	a13-a16	a17-a18	a19-a23		c13-c16	c17-c18	c19-c23	
21	58	1505	a13-a14	a15-a16	a17-a18	a19-a23	c13-c14	c15-c16	c17-c18	c19-c23
22	59	1580	a13-a15	a17-a18	a19-a23		c13-c15	c17-c18	c19-c23	
23	60	1660	a11-a17	a19-a23			c11-c17	c19-c23		
24	61	1735	a11-a14	a15-a17	a19-a23		c11-c14	c15-c17	c19-c23	
25	62	1810	a11-a15	a16-a17	a19-a23		c11-c15	c16-c17	c19-c23	
26	63	1885	a11-a14	a16-a17	a19-a23		c11-c14	c16-c17	c19-c23	
27	64	1960	a11-a16	a19-a23			c11-c16	c19-c23		
28	65	2035	a11-a14	a15-a16	a19-a23		c11-c14	c15-c16	c19-c23	
29	66	2110	a11-a15	a19-a23			c11-c15	c19-c23		
30	67	2185	a11-a14	a19-a23			c11-c14	c19-c23		
31	68	2259	a11-a12	a14-a19	a20-a23		c11-c12	c14-c19	c20-c23	
32	69	2334	a11-a12	a15-a19	a20-a23		c11-c12	c15-c19	c20-c23	
33	70	2409	a11-a12	a14-a15	a16-a19	a20-a23	c11-c12	c14-c15	c16-c19	c20-c23
34	71	2484	a11-a12	a16-a19	a20-a23		c11-c12	c16-c19	c20-c23	
35	72	2559	a11-a12	a14-a16	a17-a19	a20-a23	c11-c12	c14-c16	c17-c19	c20-c23
36	73	2634	a11-a12	a15-a16	a17-a19	a20-a23	c11-c12	c15-c16	c17-c19	c20-c23
37	74	2709	a11-a12	a14-a15	a17-a19	a20-a23	c11-c12	c14-c15	c17-c19	c20-c23
38	75	2784	a11-a12	a17-a19	a20-a23		c11-c12	c17-c19	c20-c23	
39	76	2865	a13-a14	a15-a17	a18-a19	a20-a23	c13-c14	c15-c17	c18-c19	c20-c23
40	77	2940	a13-a15	a16-a17	a18-a19	a20-a23	c13-c15	c16-c17	c18-c19	c20-c23
41	78	3015	a13-a14	a16-a16	a18-a19	a20-a23	c13-c14	c16-c16	c18-c19	c20-c23
42	79	3090	a13-a16	a18-a19	a20-a23		c13-c16	c18-c19	c20-c23	
43	80	3165	a13-a14	a15-a16	a18-a19	a20-a23	c13-c14	c15-c16	c18-c19	c20-c23
44	81	3240	a13-a15	a18-a19	a20-a23		c13-c15	c18-c19	c20-c23	
45	82	3315	a13-a14	a18-a19	a20-a23		c13-c14	c18-c19	c20-c23	

序号	U_λ（mV）	R^*（Ω）	正向端子连接	反向端子连接
46	83	3385	a12-a14　　a15-a20　　a21-a23	c12-c14　　c15-c20　　c21-c23
47	84	3460	a12-a15　　a16-a20　　a21-a23	c12-c15　　c16-c20　　c21-c23
48	85	3535	a12-a14　　a16-a20　　a21-a23	c12-c14　　c16-c20　　c21-c23
49	86	3610	a12-a16　　a17-a20　　a21-a23	c12-c16　　c17-c20　　c21-c23
50	87	3685	a12-a14　a15-a16　a17-a20　a21-a23	c12-c14　c15-c16　c17-c20　c21-c23
51	88	3760	a12-a15　　a17-a29　　a21-a23	c12-c15　　c17-c29　　c21-c23
52	89	3835	a12-a14　　a17-a20　　a21-a23	c12-c14　　c17-c20　　c21-c23
53	90	3909	a12-a13　a14-a17　a18-a20　a21-a23	c12-c13　c14-c17　c18-c20　c21-c23
54	91	3984	a12-a13　　　a15-a17　　　a18-a20 a21-aA23	c12-c13　　　c15-c17　　　c18-c20 c21-cC23
55	92	4069	a 11-a12　a14-a15　a16-a17　a18-a20 a21-a23	c11-c12　c14-c15　c16-c17　c18-c20 c21-c23
56	93	4144	a11-a12　a16-a17　a18-a20　a21-a23	c11-c12　c16-c17　c18-c20　c21-c23
57	94	4219	a11-a12　a14-a16　a18-a20　a21-a23	c11-c12　c14-c16　c18-c20　c21-c23
58	95	4294	a11-a12　a15-a16　a18-a20　a21- a23	c11-c12　　c15-c16　　c18-c20　　c21-c23
59	96	4369	a11-a12　a14-a15　a18-a20　a21- a23	c11-c12　　c14-c15　　c18-c20　　c21-c23
60	97	4444	a11-a12　　a18-a20　　a21-a23	c11-c12　　c18-c20　　c21-c23
61	98	4514	a11-a13　a15-a18　a19-a20　a21-a23	c11-c13　c15-c18　c19-c20　c21-c23
62	99	4589	a11-a13　a14-a15　a16-a18　a19-a20 a21-a23	c11-c13　c14-c15　c16-c18　c19-c20 c21-c23
63	100	4664	a11-a13　a16-a18　a19-a20　a21-a23	c11-c13　c16-c18　c19-c20　c21-c23
64	101	4739	a11-a13　a14-a16　a17-a18　a19-a20 a21-a23	c11-c13　c14-c16　c17-c18　c19-c20 c21-c23
65	102	4814	a11-a13　a15-a16　a17-a18　a19-a20 a21-a23	c11-c13　c15-c16　c17-c18　c19-c20 c21-c23
66	103	4889	a11-a13　a14-a15　a17-a18　a19-a20 a21-a23	c11-c13　c14-c15　c17-c18　c19-c20 c21-c23
67	104	4964	a11-a13　a17-a18　a19-a20　a21-a23	c11-c13　c17-c18　c19-c20　c21-c23
68	105	5045	a12-a14　a15-a17　a19-a20　a21-a23	c12-c14　c15-c17　c19-c20　c21-c23

序号	$U_入$（mV）	R^*（Ω）	正向端子连接				反向端子连接			
69	106	5120	a12-a15	a16-a17	a19-a20	a21-a23	c12-c15	c16-c17	c19-c20	c21-c23
70	107	5195	a12-a14	a16-a17	a19-a20	a21-a23	c12-c14	c16-c17	c19-c20	c21-c23
71	108	5270	a12-a16	a15-a17	a19-a20	a21-a23	c12-c16	c15-c17	c19-c20	c21-c23
72	109	5345	a12-a14	a15-a16	a19-a20	a21-a23	c12-c14	c15-c16	c19-c20	c21-c23
73	110	5420	a12-a15	a19-a20	a21-a23		c12-c15	c19-c20	c21-c23	
74	111	5495	a12-a14	a19-a20	a21-a23		c12-c14	c19-c20	c21-c23	
75	112	5569	a14-a19	a21-a23			c14-c19	c21-c23		
76	113	5644	a15-a19	a21-a23			c15-c19	c21-c23		
77	114	5719	a14-a15	a16-a19	a21-a23		c14-c15	c16-c19	c21-c23	
78	115	5794	a16-a19	a21-a23			c16-c19	c21-c23		
79	116	5869	a14-a16	a17-a19	a21-a23		c14-c16	c17-c19	c21-c23	
80	117	5944	a15-a16	a17-a19	a21-a23		c15-c16	c17-c19	c21-c23	

注：R^*表示端子连接后构成的实际阻值。"-"表示短接。正常气候条件下，主并机接入时，测得"衰入"小轨道频率信号的电压$U_入$，经查表得与$U_入$对应的R^*，并连接相应端子。

附表六 移频设备测试表

项目 段	设备位置	发送电源	发送功出						接收电源	接收						残压
			载频	低频1	低频2	低频3	低频4			载频	输入	主轨出	小轨出	GJ	XG	

工程名称：_____   测试日期：

测试人：   技术负责人：

附表七　轨道电路技术确认表

	（工程名称）				（施工地点）		
轨道电路		信号平面图号			配线图号		
序号	项目	端		端		备注	
		标准值	检测值	标准值	检测值		
1	室内分线柜（盘）端子号						
2	绝缘类型						
3	SVA/绝缘位置坐标						
4	电气绝缘节 SVA-BA 距离						
5	SVA 安装限界						
6	BA/TAD 安装限界						
7	SVA 箱盒顶面距轨面高度						
8	BA/TAD 箱盒顶面距轨面高度						
9	SVA 与钢轨的连接						
10	BA 与钢轨的连接						
11	TAD-BA 连接线规格						
12	TAD 接线编号检查						
13	接地电阻						
14	等电位线连接						
15	箱盒接地连接						
16	设备标识						

检测人员：　　　　　　工程负责人：　　　　　　日期：

思考题

1. 说明 ZPW-2000A 系统室内设备的组成，并说明移频柜所包含的设备。
2. 在进行室内配线时，应该满足哪些技术条件？
3. 简述移频组合柜的配线步骤。
4. 机柜布线过程中共有哪些内容？其中机柜间布线有哪些步骤？
5. 在接线过程中，有哪些接线方法？其中焊接方法和插接方法有何不同？

6. 室内屏蔽线的端头如何制作?

7. 简述 ZPW-2000A 系统室外设备的组成。

8. 简述调谐单元及匹配变压器的安装步骤。

9. 简述电气绝缘节内钢轨钻孔定位与机械绝缘节内钢轨钻孔定位有何不同。

10. 补偿电容在安装过程中如何定位? 如何防护安装?

11. 简述信号机穿配线方法及安全地线如何连接。

12. 说明电缆屏蔽接地方法。

项目五　改变运行方向电路

【项目描述】

对于双线单向自动闭塞，由于每条线路上只准许一个方向的列车运行，故只需防护列车的尾部，控制信息可以始终按一个方向传输。而对于单线自动闭塞和双向双向自动闭塞，因区间线路上既要运行上行车，又要运行下行车，所以除了需要防护列车尾部还不行，防护列车的尾部。

为了对列车头部进行防护，就要求单线自动闭塞两个方向的通过信号机之间和区间两端的车站联锁设备之间发生一定的联锁关系，只允许列车按所建立的运行方向以通过信号机的显示运行。

在单线自动闭塞区段，我国目前采用平时规定运行方向的方式。即平时规定方向的通过信号机开放，而反方向的通过信号机灭灯，反方向的出站信号机也不能开放。只有在区间空闲时，经办理一定的手续，改变了运行方向后，反方向的出站信号机和通过信号机才能开放，此时规定方向的出站信号机和通过信号机不能开放。

在双线双向自动闭塞区段，反方向不设通过信号机，凭机车信号的显示运行。反方向运行时，通过改变运行方向，转换区间的发送和接受设备，并使规定方向的通过信号机灭灯。改变运行方向这一任务是由改变运行方向电路来完成的。

改变运行方向电路的作用是：确定列车的运行方向，即确定接车站和发车站；转换区间的发送和接受设备；控制区间通过信号机的电灯电路。

目前广泛采用四线制改变运行方向电路【电号 0041】。

任务一　改变运行方向的办理

一、改变运行方向所设的按钮和表示灯

为改变运行方向，控制台上对应每一接车方向，设一组改变运行方向用的按钮和表示灯。对于双线双向自动闭塞，每一个咽喉设一个允许改变运行方向按钮和表示灯，如图 5-1 所示。

允许改变运行方向按钮的作用是为了防止车站误办造成错误改变运行方向，二位非自复式，带铅封。只有登记、破铅封按下本咽喉的允许改变运行方向按钮 YGFA，该咽喉才能办理改变运行方向。此时，允许改变运行方向表示灯 YGFD 点亮红灯。

接车方向表示灯 JD，黄色，点亮表示本站该方向为接车站。发车方向表示灯 FD，绿色，点亮表示本站该方向为发车站。监督区间表示灯 JQD，红色，点亮表示对方站已经建立了发车进路或者列车正在区间运行。辅助办理表示灯 FZD，白色，点亮表示正在辅助办理改变运

行方向。总辅助办理按钮 ZFA，非自复式，带铅封。接车辅助办理按钮 JFA 和发车辅助办理按钮 FFA，均为二位自复式、带铅封按钮，辅助办理改变运行方向时用。计数器用来记录辅助办理改变运行方向的次数。

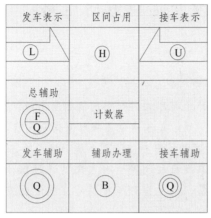

图 5-1　控制台按钮和表示灯

二、改变运行方向的办理

改变运行方向的办理有正常办理和辅助办理两种方式。

1. 正常办理

正常办理是改变运行方向电路处于正常状态时的办理方法。设甲站处于接车站状态，其接车方向表示灯 JD 黄灯亮，乙站处于发车站状态，其发车表示灯 FA 绿灯亮，且区间空闲，区间占用表示灯 JQD 灭灯。现甲站欲发车，在 JQD 灭灯的情况下，先登记破铅封按下本咽喉的允许改变运行方向按钮 YGFA，允许改变运行方向表示灯 YGFD 红灯点亮。此时，即可正常办理改变运行方向，甲站值班员只要办理一条发车进路就可使改变运行方向电路自动改变运行方向。

甲站改为发车站，其 JD 灭，FD 亮。乙站改为接车站，其 FD 灭，JD 亮。当甲站出站信号机开放后或者列车在区间运行时，两站的 JQD 同时点亮。列车完全驶入己站，区间恢复空闲后，甲站又未办理发车进路时，JQD 灭。乙站从接车站改为发车站，办理手续同上。

2. 辅助办理

辅助办理是当办理改变运行方向的过程中出现故障时，使方向电路恢复正常的一种办理方式。当监督区间电路发生故障，或因故出现"双接"时两站的 JQD 同时点亮，这时就必须用辅助方式才能改变运行方向。

1）监督区间电路发生故障，方向电路正常时

若监督区间继电器因故落下，使控制台上的监督区间表示灯 JQD 亮红灯，此时区间虽空闲，但通过正常办理手续无法改变运行方向，只能借助于辅助办理。

两站值班员确认监督区间电路故障且区间空闲后，均破铅封按下总辅助按钮 ZFA，由欲改成发车站的值班员登记破铅封按下发车辅助按钮 FFA，其辅助办理表示灯 FZD 亮白灯，表示本站正在进行辅助办理。但本站值班员仍需继续按压 FFA。

与此同时或稍晚，原发车站值班员也登记破铅封按下接车辅助按钮 JFA，其辅助办理表示灯 FZD 亮白灯，表示本站开始辅助办理。此时，本站值班员可松开 JFA。其 JD 黄灯点亮，FD 绿灯灭灯。

此后原接车站 FD 绿灯点亮，JD 黄灯灭，表示本站已经改为了发车站，辅助办理改变运行方向已经完成，车站值班员可松开 FFA。当列车出发进入区间后，两站才能拉出 ZFA，然后加铅封，FZD 灭灯。这样，可防止区间有车时，因一方单按接车辅助按钮后出现误动。

若办理辅助改方未能成功，改方需要再次办理，两次办理的时间不得小于 13 s。

2）因故出现"双接"，两站均为接车站状态时

当改变运行方向电路的电源瞬间停电，或者方向电路瞬时故障，不能正常改变运行方向，使两站均处于接车状态（即"双接"）时，其中任一要求改变运行方向，均需要辅助办理来实现。

两站值班员确认区间空闲、设备故障，经双方确定，如乙站改为发车站，则乙站先登记破铅封按下 FFA，然后甲站再登记破铅封按下 JFA。甲站值班员看到 FZD 亮白灯时，方可松开 JFA，表明改变运行方向已经完毕，发车权属于乙站，乙站即可开放出站信号机。

计算机联锁车站的辅助改变运行方向和电气集中的操作基本相同，只是发车站的发车辅助按钮一直按下对鼠标操作来说无法实现，改为鼠标点击发车辅助按钮后显示 10 s 的倒计时，在倒计时时间内只要重复点击发车辅助按钮，就视为发车辅助按钮一直处于按下状态开实现辅助改变运行发向。

任务二　改变运行方向电路工作原理

一、电路组成

对于车站的每一接车方向设一套改变运行方向电路，相邻两站间该方向的改变运行方向电路有 4 根外线联系组成完整的改变运行方向电路。对于单线区段，一般车站每端需设一套改变运行方向电路。对于双线双向运行区段，一般车站每端需设两套改变运行方向电路。每一端的改变运行方向电路由 15 个继电器组成，分为两个组合，称为改变运行方向主组合 FZ 和辅助组合 FF。组合内继电器排列及类型如表 5-1 所列。

表 5-1　改变运行方向组合组成

	1	2	3	4	5	6	7	8	9	10
FZ	FJ$_1$	JQJ	GFJ	GFFJ	JQJF	JQJ2F	DJ	JFJ	FFJ	FGFJ
	JYXC-270	JWXC-H600	JWXC-1700	JWXC-1700	JSBXC-850	JWXC-1700	JWXC-H340	JWXC-1700	JWXC-1700	JPXC-1000
FF	FJ2	FAJ	FSJ	KJ	ZFAJ					FZG
	JYXC-270	JWXC-1700	JWXC-1700	JWXC-H340	JWXC-1700					ZG$_1$-220/0.1 100/0.1

二、电路原理

四线制改变运行方向电路由方向继电器电路、监督区间继电器电路、局部电路、辅助办理电路和表示灯电路等组成，参考 QJTC-13（自动闭塞方向电路图）。

QJTC-13

1. 局部电路

局部电路的作用是，当方向电路改变运行方向时控制方向继电器的电流极性，以及控制辅助办理电路以实现运行方向的改变。它由改变运行方向继电器 GFJ、改变运行方向辅助继电器 GFFJ、监督区间复示继电器 JQJF 及监督区间第二复示继电器 JQJ2F 组成。

1）改变运行方向继电器电路

改变运行方向继电器 GFJ 的作用是记录发车按钮继电器的动作，从而改变运行方向。其电路如图 5-2 所示，平时发车站 GFJ 吸起，接车站 GFJ 落下。

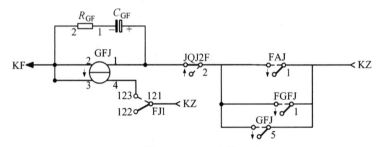

图 5-2　GFJ 电路

改变运行方向时，在原接车站办理了发车进路使 FAJ 吸起后，接通 GFJ 的 1-2 线圈励磁电路，GFJ 吸起，并经其本身第五组前接点自闭。方向继电器 FJ1 转极后，接通 GFJ 的 3-4 线圈励磁电路。在辅助办理改变运行方向时，辅助改变方向继电器 FGFJ 吸起后，也接通 GFJ 的 1-2 线圈励磁电路，完成改变运行方向的任务。

对于原发车站，GFJ 平时吸起，改变运行方向时 FJ1 转极后，GFJ 落下。

GFJ 的 1-2 线圈上并联有 C_{GF} 和 R_{GF} 构成缓放电路。其作用是在原发车站改为接车站时，利用 GFJ 的缓放，使原发车站的方向继电器可靠转极。

2）改变运行方向辅助继电器电路

改变运行方向辅助继电器 GFFJ 的作用是，当改变运行方向时，使两站的方向电源短时间正向串接，使 FJ 可靠转极。其电路如图 5-3 所示。

GFFJ 励磁电路由 GFJ 后接点接通。原发车站 GFJ 吸起后，GFFJ 落下。原接车站 GFJ 落下，GFFJ 吸起。改变运行方向后，原接车站改为发车站，GFJ 吸起，GFFJ 落下。原发车站改为接车站，GFJ 落下，GFFJ 吸起。

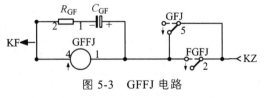

图 5-3　GFFJ 电路

辅助改变运行方向时，辅助改变运行方向继电器 FGFJ 吸起后，也使 GFFJ 吸起，参与运行方向的改变。由 C_{GFF} 和 R_{GFF} 组成 GFFJ 的缓放电路，其作用是使两站方向电源串接，使得方向继电器可靠转极。

3）监督区间复示继电器电路

监督区间继电器 JQJF 的作用是，复示接车站 JQJ 的动作。其电路动作如图 5-4 所示。

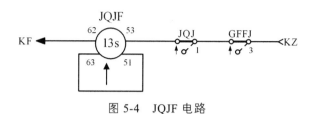

图 5-4　JQJF 电路

作为接车站，GFFJ 吸起，JQJ 吸起时 JQJF 就吸起，作为发车站，GFFJ 落下，即使 JQJ 吸起，JQJF 也不吸起。

JQJF 采用 JSBXC-850 型时间继电器，缓吸 13 s。当列车在区间行驶时，若任一闭塞分区的轨道电路发生分路不良，如小车通过区间分割点瞬间失去分路，因反映各闭塞分区的占用情况的 LJ 和 UJ 的缓放，将使 JQJ 瞬间吸起，若此时接车站排列发车进路，将导致错误改变一下方向，造成敌对发车的事故，故应采用缓吸 13 s 的时间继电器 JQJF。当发生上述情况时，由于 JQJF 的缓吸，使 JQJ2F 不吸起，进而使 GFJ 处于落下状态，可防止错误改变方向。

4）监督区间第二复示继电器电路

监督区间占用第二复示继电器 JQJ2F 用来复示 JQJF 的动作。另外，在辅助改变运行方向时，作为 JQJ 的反复示继电器。在辅助改变运行方向时，FGFJ 吸起，JQJ 落下使 JQJ2F 吸起，其电路如图 5-5 所示。在 JQJ2F 的 1-2 线圈上并联有 C_{JQ1} 和 R_{JQ1}，在它的 3-4 线圈上并联有 C_{JQ2} 和 R_{JQ2}，构成缓放电路。这样在 JQJ2F 落下之前，FJ 的线圈有瞬间被 JQJ2F 的第一组前接点和 GFFJ 的第二组后接点所短路，这是为了防止当区间外线混线时，由于反电势使 FJ 错误转极造成双向发车的危险。加短路线后反电势被短路线所短路，待反电势消失后再接通电路，FJ 就不会错误动作。

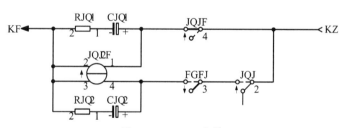

图 5-5　JQJ2F 电路

2. 方向继电器电路

方向继电器的作用是改变列车的运行方向。它由方向继电器 FJ 和辅助改变运行方向继电器 FGFJ 组成，如图 5-6 所示。

对于集中设置的自动闭塞，在连接区间两端的车站分别设置了两个方向继电器，它们通过电缆串联在一起。方向继电器采用 JYXC-270 型有极继电器，用它来确定列车的运行方向，转换发送和接收设备及决定通过信号机是否亮灯。

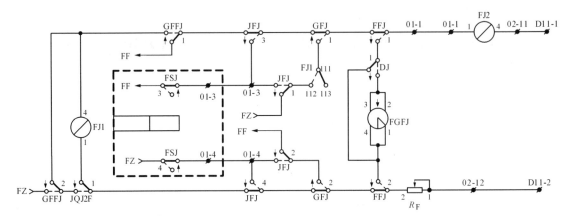

图 5-6　方向继电器电路

辅助改变运行方向继电器 FGFJ 的作用是，当监督电路故障而方向电路正常或者发生其他意外故障时，采用辅助办理的方法，用 FGFJ 的吸起来改变运行方向，提高了整个改变运行方向电路的效率。

1）FJ 电路

正常办理改变运行方向时，原接车站（甲站）GFJ 吸起，GFFJ 缓放尚未落下时，接通甲站的方向电源 FZ、FF，向方向电路发送反极性电流，使方向继电器 FJ 转极。其供电电路如下：

甲站 FZ→GFFJ22-2l→JQJ2F12-11→JFJ43-41→GFJ22-21→FFJ23-21→R_F1-2→外线 F1H→乙站 R_F2-1→FFJ21-23→GFJ21-22→JFJ41-43→JQJ2F11-13→FJ1 1-4→GFFJ13-11→JFJ33-31→GFJ12-11→FFJ13-11→FJ2 1-4→外线 F1→甲站 FJ2 4-1→FFJ11-13→GFJ11-12→JFJ31-33→GFFJ11-12→FF

乙站 FJ1，转极后，使 GFJ 落下，并利用甲站 GFFJ 的缓放，使乙站的方向电源与甲站的方向电源短时间地正向串联，形成两倍的线路供电电压，使方向电路中的方向继电器 FJ 可靠转极。其供电电路如下：

乙站 FZ→JFJ13-11→FJ1112-111→GFJ13-11→FFJ13-11→FJ2 1-4→外线 F1→甲站 FJ2 4-1→FFJ11-13 → GFJ11-12 → JFJ31-33 → GFFJ11-12 → 甲站 FF 以及甲站 FZ → GFFJ22-21 →JQJ2F12-11→JFJ43-41→GFJ22-2l→FFJ23-21→R_F1-2→外线 F1H→乙站 R_F2-1→FFJ21-23→GFJ21-23→JFJ21-23→乙站 FF

甲站 GFFJ 经缓放落下，断开甲站的方向电源，由乙站一方供电。GFFJ 落下后使 JQJF 落下，JQJ2F 经短时间缓放后落下。在 JQJ2F 的缓放时间内，由乙站送往甲站的转极电源被接在 FJ1 的线圈 4 与 GFFJ23 接点的连线所短路，以防止由外线混线或因其他原因而产生的感应电势使 FJ1 错误转极。当 JQJ2F 落下后才接通甲站 FJ1 线圈与外线的联系，FJ1 开始转极，其动作电路是：

乙站 FZ→JFJ13-11→FJ1112-111→GFJ13→FFJ13-11→FJ21-4→外线 F1→甲站 FJ24-1→FFJ11-13→GFJ11-12→JFJ31-33→GFFJ11-13→FJ14-1→JQJ2F13-11→JFJ43-41→GFJ22-21→FFJ23-21→R_F1-2→外线 F1 H→乙站 R_F2-1→FFJ21-23→GFJ21-23→JFJ21-23→FF

当 FJ 转极后，甲站改为发车站，乙站被改为接车站，两站电路已经完成了改变运行方向的任务，分别达到稳定状态。

2）FGFJ 电路

辅助办理改变运行方向时，原接车站（甲站）FFJ 吸起，切断了甲站向乙站的供电电路，并使短路继电器 DJ 经 0.3～0.35 s 的缓吸时间后吸起。在 FFJ 吸起、DJ 缓吸的时间内，利用 DJ 吸起后使 DJ 的第一组后接点短路方向电路外线，使外线所贮电能通过短路线而消失。当原发车站（乙站）JFJ 吸起，乙站通过 JFJ 的第三、四组前接点接通方向电源，向甲站送电，使甲站的 FGFJ 吸起，其电路为：

乙站 FZ→FSJ41-42→JFJ42-41→GFJ22-21→FFJ23-21→R_F1-2→外线 F1 H→甲站 R_F2-1→FFJ2l-22→FGFJ1、3-2、4→DJ12-11--FFJ12-11→FJ2 1-4→外线 F1→乙站 FJ24-1→FFJ11-13→GFJ11-12→JFJ31-32→FSJ32-3l→FF

甲站 FGFJ 吸起后，使 JQJ2F、GFJ 相继吸起。

在乙站，电容器 C_{JF} 放电结束使 JFJ 落下，切断了乙站对甲站 FGFJ 的供电电路。由于甲站的 FGFJ 落下，切断了 FFJ 的励磁电路，使其落下。此时由甲站向乙站发送转极电流，使乙站的 FJ1、FJ2 和甲站的 FJ2 转极，其电路为：

甲站 FZ→GFFJ22-2l→JQJ2F12-11→JFJ43-41→GFJ22-21→FFJ$_{23-21}$→R_F1-2→外线 F1 H→乙站 R_F2-1→FFJ21-23→GFJ21-22→JFJ41-43→JQJ2F11-13→FJ11-4→GFFJ13-11→JFJ33-3l→GFJ12-11→FFJ13-11→FJ21-4→外线 F1→甲站 FJ24-1→FFJ11-13→GFJ11-12→JFJ31-33→GFFJ11-12→FF

在乙站，由于 FJ1 的转极，使 GFJ 落下，构成了甲、乙两站方向电源的串接，确保它们的 FJ2 可靠转极，其电路如下：

乙站 FZ→JFJ13-11→FJ1112-111→GFJ13-11→FFJ13-11→FJ21-4→外线 Fl→甲站 FJ24-1→FFJ11-13→GFJ11-12→JFJ31-33→GFFJ11-12→甲站 FF 以及甲站 FZ→GFFJ22-21→JQJ2F12-11→JFJ43-41→GFJ22-21→FFJ23-21→R_F1-2→外线 F1 H→乙站 R_F2-1→FFJ21-23→GFJ21-23→JFJ21-23→乙站 FF

在甲站，当 GFJ 吸起后，FGFJ 已落下时，GFFJ、JQJF、JQJ2F 先后断电缓放。GFFJ 缓放落下后，JQJ2F 仍在吸起时，转极电源被接在 FJ1，线圈 4 与 GFFJ13 接点的连线所短路，从而防止外线混线或其他原因而产生的感应电势使 FJ1 错误转极。当 JQJ2F 经缓放落下后 FJ1 接入供电电路，使其转极，其电路如下：

乙站 FZ→JFJ13-11→FJ1112-111→GFJ13-11→FFJ13-11→FJ21-4→外线 F1→甲站 FJ24-1→FFJ11-13→GFJ11-12→JFJ31-33→GFFJ11-13→FJ14-1→JQJ2F13-11→JFJ43-41→GFJ22-21→FFJ23-21→R_F1-2→外线 FlH→乙站 R_F2-1→FFJ21-23→GFJ21-23→JFJ21-23→FF

方向继电器电路平时由接车站方向电源（或称线路电源）向发车站送电，这样，当方向电路的外线短路时可以导向安全。接车站的方向继电器平时在线路上断开，是为了防止因雷击或其他外界干扰等产生误动。为了保证行车安全，在电路动作上先取消原发车站的发车权，再建立原接车站的发车权。

在方向电路开始工作以后，不受其他因素影响，直到运行方向改变完毕为止。方向电路与区间各闭塞分区的状态无关，并且经常通有一定极性的电流，所以电路工作稳定。

3．监督区间继电器电路

监督区间继电器电路的作用是监督区间是否空闲，保证只有在区间空闲时才能改变运行方向。它由站内的监督区间继电器 JQJ 和区间各信号点处的黄灯继电器 UJ、绿灯继电器 LJ（采用无选频接收盘时为轨道继电器 GJ）的接点串联而成，JQJ 电路如图 5-7 所示。

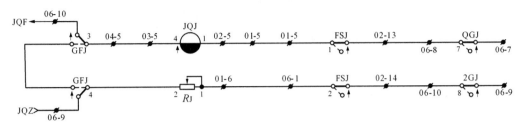

图 5-7　JQJ 电路

由发车站的 GFJ 第三、四组前接点向 JQJ 电路送电。当发车进路未锁闭时，FSJ 吸起，各闭塞分区空闲，1GJ 和 2GJ 吸起（或 1LJ、2LJ，1UJ、2UJ 吸起）时，沟通 JQJ 电路，两站的 JQJ 均吸起。办理发车进路时 FSJ 落下，或区间被占用，其 1GJ、2GJ（或 1LJ、2LJ，1UJ、2UJ）落下，断开 JQJ 电路，使两站 JQJ 落下。

由于 JQJ 采用无极继电器，故无论通过何种极性的电流均可吸起。转换电源极性时，由于其缓放而不致落下，只有在断开线路电源时才落下。

区间空闲与否的检查只在改变运行方向以前进行，方向电路本身无故障，就动作到运行方向改变完毕为止。然后不断地监督区间空闲，为发车站开放出站信号机准备条件。

4. 辅助办理电路

辅助办理电路的作用是，当监督电路发生故障或改变方向电路瞬间突然停电或方向电路瞬间故障，不能正常改变运行方向时，借助于辅助办理电路，实现运行方向的改变。它由发车辅助继电器 FFJ、接车辅助继电器 JFJ 和短路继电器 DJ 组成。

1）发车辅助继电器电路

发车辅助继电器 FFJ 用以辅助办理改变运行方向，其电路如图 5-8 所示。

当 JQJ 因故落下时，JQJF、JQJ2F 均落下，此时区间虽空闲，但只能用辅助办理方式改变运行方向，原接车站按下发车辅助按钮 FFA，FFJ 经 JQJ2F 第三组后接点、GFJ 第七组后接点、DJ 第二组后接点吸起，吸起后自闭。FFJ 吸起后，切断原接车站向原发车站的供电电路。

FGFJ 吸起后，继续接通 FFJ 自闭电路。

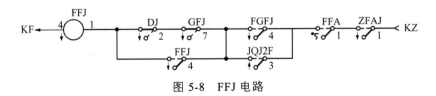

图 5-8　FFJ 电路

DJ 吸起后自闭，辅助办理改变运行方向正在进行，本站值班员仍需按压 FFA。要待 FJ1 转极后，控制台上发车方向表示灯 FD 点亮绿灯时，才表示辅助办理改变运行方向已完成，可松开 FFA。

2）接车辅助继电器电路

接车辅助继电器 JFJ 用以辅助办理改变运行方向，其电路如图 5-9 所示。

平时，DJ 落下，接通向电容器 C_{JF} 的充电电路。辅助办理改变运行方向时，原发车站值班员按下接车辅助按钮 JFA，使 DJ 吸起，接通 JFJ 电路，C_{JF} 向 JFJ 放电，JFJ 吸起。JFJ 吸起后接通方向电源，向对方站送电，使它的 FGFJ 吸起。C_{JF} 放电结束使 JFJ 落下，断开对对方站 FGFJ 的供电电路。

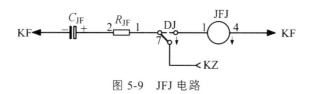

图 5-9　JFJ 电路

3）短路继电器电路

短路继电器 DJ 的作用是正常办理改变运行方向时，用以短路辅助改变运行方向继电器 FGFJ。其电路如图 5-10 所示。

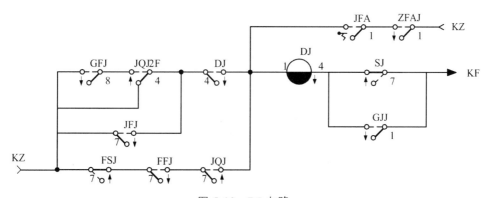

图 5-10　DJ 电路

平时两站 DJ 落下，将它们的 FGFJ 短路，即在正常办理改变运行方向时，FGFJ 不动作。辅助办理改变运行方向时，原接车站值班员按下 FFA 后，FFJ 吸起，DJ 经 FSJ 第七组前接点、FFJ 第七组前接点和 JQJ 第七组后接点励磁。DJ 吸起后，用其第一组前接点将方向电路接至 FGFJ 电路。FJ1 转极后使 GFJ 吸起，无论 JQJ2F 在什么状态，均构通 DJ 的自闭电路。只有在本站办理发车进路时，进路最末一个道岔区段的 SJ 落下，才断开 DJ 自闭电路，使 DJ 落下。

对于原发车站，值班员按下 JFA 后，使 DJ 吸起。DJ 吸起后使 JFJ 靠 C_{JF} 通过 DJ 第七组前接点放电而吸起。JFJ 吸起后接通 DJ 的自闭电路。C_{JF} 放电结束后，JFJ 落下，该电路断开。DJ 主要靠 JQJ2F 后接点、GFJ 前接点自闭。辅助改变运行方向后，FJ1 转极，GFJ 落下，断开 DJ 自闭电路，使之落下。

4）表示灯电路

表示灯电路用来表示两站间区间闭塞的状态，及改变运行方向电路的动作情况。它包括

发车方向表示灯 FD（绿色）、接车方向表示灯 JD（黄色）、监督区间占用表示灯 JQD（红色）
和辅助办理表示灯 FZD（白色），其电路如图 5-11 所示。

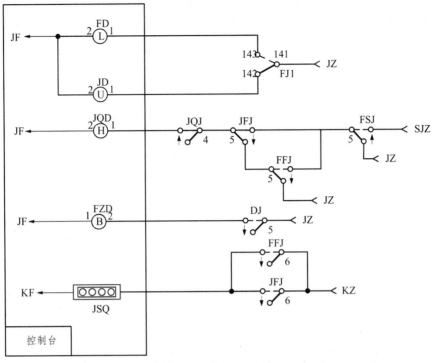

图 5-11　表示灯电路

FD 和 JD 由 FJ1 接点接通。FJ1 在定位，其 141-142 接通，点亮 JD，表示本站为接车站；
FJ1 在反位，其 141-143 接通，点亮 FD，表示本站为发车站。

FZD 由 DJ 前接点接通。辅助办理改变运行方向时，DJ 吸起，FZD 点亮，表示正在辅助
改变运行方向；DJ 由吸起转为落下，FZD 灭灯，表示辅助改变运行方向完毕。

每当进行一次辅助办理运行方向，FFJ 或 JFJ 吸起一次，计数器 JSQ 即动作一次，记录
辅助办理改变运行方向的次数。

JQD 平时灭灯，表示区间空闲。列车占用区间，JQJ 落下，JQD 亮红灯。在辅助改变运
行方向时，按规定手续按压 JFA 或 FFA，JFJ 或 FFJ 吸起后，经 FSJ 前接点点亮 JQD。如果
该站的 FSJ 落下，JQD 闪红灯。相邻两站中有一站 FSJ 落下，即发车进路已锁闭，就不能辅
助办理改变运行方向。

三、自动闭塞区间运行方向转换电路

区间每一信号点设区间正方向继电器 QZJ（或 ZXJ）和区间反方向继电器 QFJ（或 FXJ），
设在区间组合架上。它们由 FJ2 接点控制，FJ2 在定位，各信号点的 QZJ 吸起；FJ2 在反位，
各信号点的 QFJ 吸起，电路如图 5-12 所示。

图 5-12 区间方向继电器电路

通过 QZJ 和 QFJ 接点改变移频轨道电路的发送端和接收端，改变低频编码条件，以及决定通过信号机是否点灯。

四、改变运行方向电路与电气集中电路的结合

为反映电气集中办理发车进路的情况，改变运行方向电路设发车按钮继电器 FAJ 和发车锁闭继电器 FSJ。为控制出站信号机，改变运行方向电路设控制继电器 KJ。

1. 发车按钮继电器电路

发车按钮继电器 FAJ 用来记录发车进路的建立，其电路如图 5-13 所示。在按下本咽喉的允许改变运行方向按钮 YGFA 的情况下，当办理了发车进路，电气集中的列车发车继电器 LFJ 和发车口处的进路选择继电器 JXJ 吸起后，FAJ 吸起，沟通 GFJ 电路。选路完成后，LFJ 和 JXJ 落下，FAJ 失磁。

图 5-13 FAJ 电路

2. 发车锁闭继电器电路

发车锁闭继电器 FSJ 用来反映发车进路的锁闭情况，其电路如图 5-14 所示。当进路空闲（用发车进路最末一个轨道区段的 GJ 吸起来证明），建立了发车进路，发车口处的照查继电器 ZCJ 落下，使 FSJ 落下，表示发车进路锁闭。当向发车口建立调车进路时，FSJ 不应落下，于是在 ZCJ 第五组前接点上并联了 ZJ 的第五组前接点。建立调车进路时，虽然 ZCJ 落下，但 ZJ 吸起，使 FSJ 不落下。列车出发，出清发车进路最末一个轨道电路区段时，DGJ 吸起，进路解锁，ZCJ 吸起，使 FSJ 吸起并自闭。

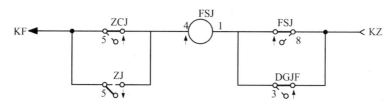

图 5-14 FSJ 电路

FSJ 前接点用在 JQJ 电路和 DJ 电路中，FSJ 吸起时，接通 JQJ 和 DJ 电路。

3. 控制继电器电路

控制继电器 KJ 在辅助办理改变运行方向时接通出站信号机的列车信号继电器 LXJ 电路，其电路如图 5-15 所示。

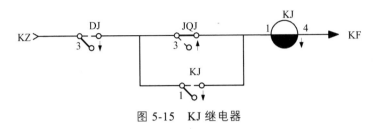

图 5-15　KJ 继电器

当区间空闲时，办理辅助办理改变运行方向手续后 DJ 吸起，使 KJ 吸起并自闭。DJ 落下后，KJ 落下。

4. 出站信号机控制电路

出站信号机的列车信号继电器 LXJ 电路中接入开通运行方向的条件予以控制，即在 11 线网路端部接人 FJ1 和 FJ2 的反位接点，证明运行方向已改变，本站已改为发车站时，方可接通出站信号机的 LXJ 电路，如图 5-16 所示。

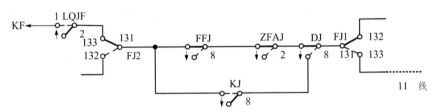

图 5-16　出站信号机控制电路

在 LXJ 电路中，用 1LQJ（反方向运行时，三显示区段为 2JGJ，四显示区段为 3JGJ）前接点检查运行前方闭塞分区空闲。正常办理改变运行方向时，用 FFJ 和 DJ 后接点接通 LXJ 电路。辅助办理改变运行方向时，用 KJ 和 DJ 前接点接通 LXJ 电路。

任务三　改方电路与计算机联锁的结合

在与计算机联锁的结合时，因为人机界面不同于 6502 电气集中，电路中的 JFA、FFA 按钮接点由 JFZAJ、FFZAJ 接点代替。按钮继电器 JFZAJ 和 FFZAJ、ZFZAJ 由计算机联锁驱动。发车按钮继电器 FAJ 和发车锁闭继电器 FSJ 也由计算机联锁驱动。增加出发继电器 CFJ 用以取代 DJ 电路中的 SJ 前接点，当办理发车进路，进路最末一个区段锁闭时，CFJ 落下，断开 DJ 自闭电路，使 DJ 落下。CFJ 由计算机联锁驱动。采集和驱动电路如图 5-17 所示。

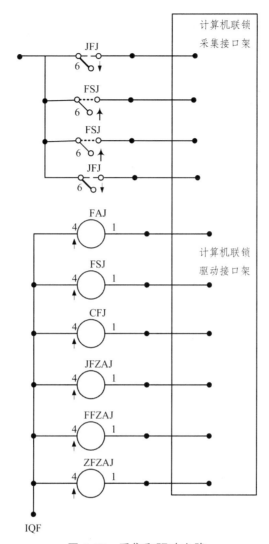

图 5-17 采集和驱动电路

增设空闲继电器 KXJ，无论是正常办理还是辅助办理改方，只要 FJ1 和 FJ2 的反位接点接通，证明运行方向已经改变，本站已经改为发车站，而且 1LQJ 吸起，KXJ 吸起。将它的前接点采集到计算机联锁中去，作为控制出站信号机开放的条件。

计算机联锁的控制台显示不同于 6502 电气集中，采集有关继电器的接点，构成表示条件，采集 FJ1 的接点，构成发车方向表示灯 FD 和接车方向表示灯 JD 条件。采集 DJ 接点，构成辅助办理表示灯 FZD 条件。采集 JQJ、JFJ、FFJ、FSJ 接点，构成监督区间占用表示灯 JQD 亮红灯的 JZ 条件和 JQD 闪红灯的 SJZ 条件，以在显示器上显示。

一、电路特点

（1）当一站为接车站方向、另一站为发车方向时，接车站的 FJ1、FJ2 吸起，发车站的 FJ1、FJ2 落下。

（2）方向电路的 1 线（FQ）、2 线（FQH）为方向回路线，如果断线，正常情况下没有反应，只有需改变方向电路动作时才有反应，3 线（JQ）、4 线（JQH）为监督回路线，如断线，控制台显示器并不影响正常的列车运行。

（3）室内方向电路和区间电缆的接口不在分线盘，在区间接口架 QZH。

（4）方向电路的方向回线应保证回路电流大于 35 mA（JYXC-270 转极值 20～32 mA），调整 FZG（方向电路用整流器）及 R_F 电阻即可调整回路电流，由于采用的是滑线电阻，存在两个隐患，易刮断或接触不良，应选用固定电阻为宜（施工时针对实际站间用滑线电阻调整，达到标准后测量其阻值，再换成同阻值固定电阻）。

（5）方向电路的 3 线、4 线应保证接收端电压 24 V（JWXC-H340 工作值 11.5 V，调整 FZG 或 R_J 电阻即可，注意 FZG 可分为两路不同电压输出。

二、电路原理

1. 区间空闲，正常开放信号

正常开放信号有两种情况：一是向正方向发车口办理发车进路：当本方向点亮发车箭头或接车方向黄色箭头时，按下进路的始端按钮和终端按钮，发车箭头为红色，即可开放出站信号；二是向反方向发车口办理发车进路：当本方向接车箭头为黄色时，首先按压该方向的允许改方按钮，输入密码后点击确认按钮，改方灯黄闪后，办理反向发车进路，即可使方向电路自动改变运行方向。原发车站改为发车站状态，其发车绿色箭头熄灭，接车黄色箭头点亮；原接车站改为发车站状态，其接车黄色箭头熄灭，发车绿色箭头点亮。运行方向改变过来之后，两站的区间方向箭头同时点亮红色。当列车完全驶入新接车站，区间恢复空闲 13 s 后，新发车站又无办理发车进路时区间方向恢复为黄色或绿色，电路进入另一个稳态。

（1）原接车站确认区间无车占用，且该区间监督灯为灭灯状态，开放出站信号点列车发车按钮时，联锁机驱动 FAJ↑，KZ→FAJ11-12→JQJ2F21-22→GFJ1-2→KF，使原接车站的 GFJ↑，由于信号开放后，联锁机驱动 FAJ↓，KZ→GFJ511-52→JQJ2F21-22→GFJ1-2→KF，使接车站的 GFJ 依靠自闭回路↑，当原接车站 JQJ2F 缓落下后，切断其自闭电路，但依靠其缓放，当原接车站 FJ1 转极落下后又接通 GFJ，使 GFJ↑。

原接车站 GFJ 吸起后，一是使监督回路由接车站送出同极性电源，使原接车、发车站的 JQJ 缓放落下，JQJ 落下通过计算机采集 24 V＋→JQJ43-41→JFJ51-53→FFJ51-53→计算机采集使原接车站、发车站区间监督灯点红灯，对接车站，JQJ 落下后使得 JQJF 落下，JQJF 落下后使得 JQJ2F 缓放后落下，原发车站的 JQJF、JQJ2F 在发车状态时应为落下状态。当原发车站 GFJ↓，使监督回路接通，原接车、发车站的 JQJ↑，原发车站 GFJ 落下，使得 GFFJ 吸起，接通 JQJF 电路，但是 JQJF 需延时 13 秒后吸起，JQJF 吸起后使得 JQJ2F 吸起。

原接车站 GFJ 吸起后，二是使方向回路由接车站送反极性电流，原接车站 FZ→GFFJ22-21（缓放时间）→JQJ2F12-11→JFJ43-41→GFJ22-21→FFJ23-21→R_F1-2→外线 FQH---原发车站 R_F2-1→FFJ21-23→GFJ21-22→JFJ41-43→JQJ2F11-13→FJ11-4→GFFJ13-11→JFJ33-31→JFJ33-31→GFJ12-11→FFJ13-11→FJ21-4→外线 FQ→原接车站 FJ24-1→FFJ11-13→GFJ11-12→JFJ31-33→GFF11-13→FF，使得原发车站 FJ1 吸起、FJ2 吸起，原接车站 FJ2 吸起。

（2）原发车站的 FJ2↑使各分区的 QFJ↑，原发车站的 FJ1↑使原发车站的 GFJ↓，此时原发车站通过 JFJ↓、FJ1↑、GFJ↓向外线送出和原接车站同极性电源，利用原接车站 GFFJ 缓放时间，原接车站和原发车站电源短时串接而形成两倍供电电压，确保两站 FJ2 转极到位，原发车站 FZ→JFJ13-11→FJI112-111→GFJ13-11→FFJ13-11→FJ21-4→外线 FQ→原接车站 FJ24-1→FFJ11-13→GFJ11-13→JFJ11-13→GFFJ11-12→FF，原接车站 FZ→GFFJ22-21（缓放时间）→JQJ2F12-11→JFJ43-41→GFJ22-21→FFJ23-21→R_F1-2→外线 FQH→原发车站 R_F2-1→FFJ21-21→GFJ21-22→JFJ21-23→FF。

当原接车站 GFFJ 经缓放落下后，切断两站的串接电源，改由原发车站供电，原发车站送来的转极电源被瞬间接在 FJ11-4 与 GFFJ23 接点的连线所短路，加此连线的目的是防止由外线混线或因其他原因而产生的感应电动势可能引起设备误动。

由原接车站 GFFJ 缓放落下，JQJ2F 的缓放落下，及 GFFJ↓发车站 FZ→JFJ13-11→FJI112-111→GFJ13-11→FFJ13-11→FJ21-4 外线 FQ→原接车站 FJ24-1→FFJ11-13→GFJ11-13→JFJ11-13→GFJ11-13→FJ14-1→JQJ213-11→JFJ43-41→GFJ22→21→FFJ23-21→R_F1-2→外线 FQH→原发车站 R_F2-1→FFJ21-23→GFJ21-22→JFJ21-23→FF，使原接车站 FJ1 落下，由于原发车站 GFJ↓使监督回路接通，原接车站 JQJF 延时 13 s 后吸起，原接车站的 JQJ2F 吸起后，切断 FJ1 转极电路。至此原接车站的 FJ1，FJ2 都落下，原发车站的 FJ1，FJ2 都吸起，使原接车站改为新发车站，原发车站改为新接车站。

2. 辅助办理

（1）第一种情况是区间空闲但监督回路发生故障时，方向回路本身正常，因此原接车站和原发车站的 JQJ↓，使原接车站的 JQJF，JQJ2F 相继落下，控制台显示器区间监督灯点红灯，此时虽然区间空闲，但想通过正常办理手续改变运行方向已无法使原接车站的 GFJ 吸起，这时也必须先借助于辅助办理改变运行方向。

双方值班员在确认区间无车占用，但区间监督灯点亮，必须改变运行方向，征求行调同意后，由原接车站点首先点击相应发车方向的总辅助按钮，输入密码（8）后点击确认按钮，总辅助按钮方框变化为红色，表示按钮在按下状态。然后点击发车辅助按钮，输入密码（8）后点击确认按钮，发车辅助按钮方框便后为红色，同时出现该按钮的倒计时（25 s），表示该按钮保持在按下状态。此时辅助灯亮白灯，区间方向箭头为稳定红色，本站开始辅助办理。原接车站 FFJ 由 KZ-XZFAJI1-12→XFFAJ11-12-JQJ2F31-33→GFJ71-73→DJ21-23→FFJ1-4→KF，使 FFJ↑。KZ→FSJ71-72→FFJ71-72→JQJ71-73→DJI-4→CFJ12-11→KF，使 DJ↑，因 DJ 是缓 0.3～0.35 s 后吸起的，在原接车站 FFJ↑、DJ↓瞬间，可以把区间所储存能量短路掉，然后才把 FGFJ 接入线路，DJ↑后用第 5 组吸起接点给计算机采集信号，点辅助办理表示白灯，表示本站正在进行辅助办理。

原接车站按压总辅助按钮及发车辅助按钮后即可通知邻站值班员破铅封按下相应的总辅助按钮及接车辅助按钮，原发车站 KZ→ZFAJ11-12→JFAJ11-12→DJ1-4→CFJ12-11→KF，使 DJ↑并自闭，同样辅助办理表示灯亮白灯，表示本站已开始辅助办理，此时 JFJ 依靠阻容 R_{JF}、C_{JF} 放电使其吸起，这样原发车站 FZ→FSJ41-42→JFJ42-41→GFJ22-21→FFJ23-21→R_F→外线 FQH→原接车站→R_F→FFJ21-22→FGFJ1.3-2.4→DJ12-11→FFJ12-11→FJI-4→外线 FQ→原发车站→FJ4-1→FFJ11-13→GFJ11-12→JFJ31-32→FSJ32-31→FF，使原接车站 FGFJ↑，KZ→

JQJ21-23→FGFJ31-32→JQJ2F3-4→KF，使 JQJ2F↑，这样使原接车站 KZ→FGFJ11-12→JQJ2F21-22→GFJ1-2→KF，使原接车站的 GFJ 吸起并自闭，此时由于 R_{JF}、C_{JF} 放电结束，JFJ↓，切断对发车站的供电，由于原接车站 GFJ 已吸起，向原发车站方向回路送转极电源，原接车站的 FGFJ↓使 SFFJ↓，FZ→GFFJ22-21→JQJ2F12-11→JFJ43-41→GFJ22-21→FFJ23-21→R_F→外线→原发车站→R_F→FFJ21-23→GFJ21-22→JFJ41-43→JQJ2F11-13→FJ11-4→GFFJ13-11→JFJ33-31→GFJ12-11→FFJ13-11→FJ21-4→外线→原接车站→FJ24-1→FFJ11-13→GFJ11-12→JFJ31-33→GFFJ11-12→FF。使原发车站的 FJ1 和 FJ2 吸起，原接车站的 FJ2 落下，在原发车站，JD 亮黄灯，FD 绿灯灭，FJ2 吸起使 GFJ 落下，这时由于 GFJ 落下，DJ 自闭电路切断，FZD 灭，表示本站辅助办理结束并已被改为接车站。

因原发车站 GFJ↓，FJ2↑构成两站电源串接，确保回路所有 FJ 转极，FZ→JFJ13-11→FJ1112-111→GFJ13-11→FFJ13-11→FJ21-4→外线→原接车站→FJ24-1→FFJ11-13→GFJ11-12→JFJ31-33→GFFJ11-12→FF→FZ→GFFJ22-21→JQJ2F12-11→GFJ43-41→GFJ23-21→FFJ23-21→R_F→外线→原发车站→R_F→FFJ21-23→GFJ21-23→JFJ21-23→FF。

对原接车站，GFJ↑后，FGFJ 已落下时，GFFJ 开始断电缓放，经 GFFJ 缓放时间后，GFFJ 落下及 JQJ2F 还在吸起时，转极电源被接在 FJ1 线圈 4 与 GFFJ23 接点的连线所短路，当 JQJ2F 经其缓放时间后落下，FJ1 就接入供电电路。FZ→JFJ13-11→FJ2112-111→GFJ12-11→FFJ13-11→FJ21-4→外线→原接车站→FJ24-1→FFJ11-13→GFJ11-12→GFJ31-33→GFFJ11-13→FJ14-1→JQJ2F13-11→JFJ41-43→GFJ21-22→FFJ21-23→R_F→外线→原发车站→R_F→→FFJ21-23→GFJ21-23→JFJ21-23→FF。使原车站的 FJ1 吸起，因前原接车站 FJ2 已吸起，这样原接车站转为发车站。FD 亮绿灯，JD 黄灯灭。辅助办理改变运行方向已经完成。原接车站值班员可以松手，FFA 恢复定位。但此时辅助办理表示灯 FZD 仍亮白灯，表示本站还未办理发车进路。FZD 一直要亮到列车出发进入出战信号机内方道岔区段后，使 DJ 落下后，FZD 才灭。

（2）第二种情况是因故障出现双接时，两站均为接车状态，这时其中任何一方想办理发车均需先行辅助办理改变运行方向后，才能办理发车。

首先，两站值班员应确认区间无车且未发生故障，取得行调同意后，由需改为发车站的车站先办理，按压发车方向总辅助按处于吸起状态，可以践行辅助办理改变运行方向，如果 JQD 闪红光就证明该站的 FSJ 落下，只要其中有一站的 FSJ 落下，闪红光就不能办理辅助改变运行方向，需由值班员通知对方站待本站 FSJ 落下的故障处理完，FSJ 恢复吸起后才能继续办理。

三、操作说明

1. 正常办理时

在通常情况下，复线自动闭塞区段的上、下行两条正线，基本固定在一个方向。如果本方向为接车站状态，其接车箭头点亮；如果本方向为发车站状态，其发车箭头点亮。

（1）向正方向发车口办理发车进路：当本方向点亮发车箭头或接车方向黄色箭头时，按下进路的始端按钮和终端按钮，发车箭头为红色，即可开放出站信号。

（2）向反方向发车口办理发车进路：当本方向接车箭头为黄色时，首先按压该方向的允许改方按钮，输入密码（8）后点击确认按钮，改方灯黄闪后，办理反向发车进路，即可使方向电路自动改变运行方向。原发车站改为接车站状态，其发车绿色箭头熄灭，接车黄色箭头点亮；原接车站改为发车站状态，其接车黄色箭头熄灭，发车绿色箭头点亮。运行方向改变过来之后，两站的区间方向箭头同时点亮红色。当列车完全驶入新接车站，区间恢复空间 13 秒后，新发车站又无办理发车进路时区间方向箭头恢复为黄色或绿色，电路进入另一个稳态。

由此可以总结为：改变运行方向的主动权是在接车站一方。只要处于接车方向的车站办理发车作业，就改变了原来的运行方向而成为发车站一方。而原发车站会随着对方站办理了发车进路而被动地成为接车站。

2. 辅助办理时

当区间检查设备发生故障或方向电路因故出现相邻的两站同为接车站的"双接"现象（即它们均点亮红色接车箭头）时，必须采用辅助办理方式才能改变运行方向。此时两站值班员通过电话经共同确认区间无车、双方都未办理发车进路、红色箭头点亮纯因设备发生故障所致后，均按规定手续登记破铅封，共同进行辅助办理。

不管是区间检查设备发生了故障，还是方向电路出现了"双接"现象，其辅助办理方式都是一样的，由想要改成发车站一方的车站值班员首先办理。如：本站作为发车站时，车站值班员首先点击相应发车方向的总辅助按钮，输入密码（8）后点击确认按钮，总辅助按钮方框变化为红色，表示按钮在按下状态。然后点击其发车辅助按钮，输入密码（8）后点击确认按钮，发车辅助按钮方框变化为红色，同时出现该按钮的倒计时（25 s），表示该按钮保持在按下状态。此时辅助灯亮白灯，区间方向箭头为稳定红色，本站开始辅助办理。此后，本站值班员通知邻站值班员破铅封按下相应的总辅助按钮及接车辅助按钮。当邻站值班员按钮按下之后，本站的发车绿色箭头点亮，辅助继续点亮白灯，表示本站已经改变为发车站。办理发车进路，开放出站信号，辅助灯依然为白色，直至列车出站，辅助灯方熄灭，至此表明发车站一次辅助办理结束。

如果出发信号不能开放，使用路票发车当列车出站后辅助灯仍不能熄灭时，需将故障通知维修人员。在故障修复前该辅助灯仍然点亮白灯。

本站作为接车站时，按下总辅助按钮及接车辅助按钮后，显示器上辅助灯点亮白灯，区间方向箭头为稳定红色，表示本站已经开始辅助办理。此时值班员不需继续按压接车辅助按钮。经适当时间后，值班员看到辅助白灯熄灭，接车箭头点亮，表示本站已经改变为接车站，至此表明接车站一次辅助办理结束。

如果在发车辅助按钮按下的 25 s 内方向电路未能正常动作（本站的发车绿色箭头未点亮），要求本站值班员在发车辅助按钮 25 s 倒计时结束前，重复点击发车辅助按钮，输入密码（8）后点击确认按钮，使发车辅助按钮重新计时，保持连续按下状态，直至运行方向改变。

在辅助办理过程中，如有一方辅助按钮按下后，显示器上区间方向箭头为红闪，表示信号设备存在故障，此时辅助办理不能继续进行，需通知对方暂停办理。待信号故障恢复后，才能使本电路恢复正常办理或仍进行辅助办理。

方向电路正常改方时存在时有发生改不过来的原因分析如下：

JQJF 采用 JSBXC-850 型时间继电器，缓吸 13 s。即区间辅助监督灯熄灭后 FJ1↑，要等 13 s 后 JQJF↑→JQJ2F↑，才具备正常改方条件。原接车站改方办理人员看到区间辅助监督灯熄灭后，立即进行改方操作，此时区间无车 JQJ↑，但 JQJF 要等 13 s 后才能吸起，而办理方向发车进路后造成 JQJ↓→JQJF↓→JQJ2F↓→GFJ 无法吸起，正常改方电路无法进行。

正确改方的办理时机，YGFA 可以提前按下，但反向发车进路应该等区间辅助监督灯熄灭 13 s 后才能办理。

四、改变运行方向电路的供电

改变运行方向电路的方向继电器电路和监督区间继电器电路要求独立供电，因为它们的工作电流大小不同，所以供电电压也不同，故设计了硅整流器 FZG（为 ZG1-220/0.1，100/0.1 型）。其输入为交流 220 V，输出为两路独立电源。73-52 为方向电源 FZ、FF，最高输出电压为 220 V。83-62 为监督区间电源 JQZ、JQF，最高输出电压为 100 V。可根据实际需要（如区间线路长度等）选用，其接线如图 5-18 所示。

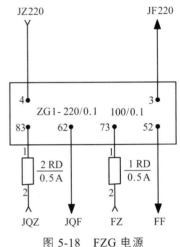

图 5-18　FZG 电源

五、改方电路的动作程序

1. 正常办理改变运行方向的动作程序

设甲站为接车站，乙站为发车站，区间空闲，双方均未办理发车。此时甲站吸起的继电器有 FSJ、JQJ、JQJF、JQJ2F、GFFJ，FJ1 在定位，JD 亮黄灯。乙站吸起的继电器有 FSJ、JQJ、GFJ，FJ1 在反位，FD 亮绿灯。若此时甲站要求向乙站发车，首先必须改变运行方向，出站信号机才能开放。甲站值班员根据控制台上的 JQD 红灯灭灯，可以确认区间处于空闲状态，先按下本咽喉的 YGFA 然后排列发车进路，当 LFJ 和 JXJ 吸起后，使 FAJ 吸起，继而使 GFJ 吸起，接通甲站的方向电源 FZ、FF，由甲站改变送电极性，向乙站发送反极性电流，使本站的 FJ2 和对方站的 FJ1 和 FJ2 转极，乙站的 JD 亮黄灯，FD 绿灯灭。

乙站的 FJ1 转极后，使 GFJ 落下，GFFJ、JQJF、JQJ2F 相继吸起。甲站的 GFJ 吸起后使 GFFJ 落下。在甲站 GFFJ 缓放期间，使两站方向电源正向串联，形成两倍供电电压，使各方向继电器可靠转极。

甲站 GFFJ 落下后断开本站方向电源，由乙站一方供电。甲站 GFFJ 落下后，使 JQJF、JQJ2F 相继落下。在 JQJ2F 缓放期间，由乙站送往甲站的转极电源被短路，以消除由外线混线等原因产生的感应电势。JQJ2F 落下后，接通甲站 FJ1 线圈与外线的电路，使 FJ1 转极，甲站的 JD 黄灯灭，FD 绿灯亮。至此，已按要求将甲站改为发车站，乙站改为接车站。

出站信号机开放或列车占用区间，JQJ 落下，两站 JQD 亮红灯。

反之，乙站为接车站时，欲办理发车，其办理改变运行方向的手续及电路动作过程和上述情况相仿。

2. 辅助办理改变运行方向的电路动作程序

监督电路发生故障，方向电路正常时的动作程序：

若甲站为发车站，乙站为接车站时，其监督电路的 JQJ 因故障而落下，将使 JQJF、JQJ2F

相继落下，控制台上的 JQD 亮红灯。此时区间虽处于空闲状态，但通过正常办理手续改变运行方向已无法使甲站的 GFJ 吸起，如要改变运行方向，则必须借助于辅助办理。

两站值班员确认区间空闲及故障后，如甲站要改为发车站，经乙站同意，两站共同进行辅助办理改变运行方向。甲站值班员登记破封按下 FFA，使 FFJ 吸起并自闭。FFJ 吸起后断开甲站向乙站的供电电路。此时，因 FFJ 吸起，JQJ 落下，FSJ 吸起，使 DJ 经 0.3～0.35 s 后吸起。在 FFJ 吸起，DJ 缓吸时间内，用 DJ 后接点短路方向电路外线，消耗外线所贮电能。DJ 吸起后自闭，用其前接点点亮 FZD，表示本站正在进行辅助办理。

乙站值班员也登记破封按下 JFA，使 DJ 吸起后自闭，FZD 亮白灯，表示本站开始辅助办理。乙站值班员松开 JFA，JFJ 靠 C_{JF} 通过 DJ 前接点放电而吸起。乙站通过 JFJ 前接点接通方向电源，向甲站送电，使甲站的 FGFJ 吸起。

FGFJ 吸起后，通过其前接点及 JQJ 后接点给 JQJ2F 的 3-4 线圈供电，使之吸起。GFJ 经 FGFJ 前接点及 JQJ2F 前接点吸起后自闭。C_{JF} 放电结束后，使 JFJ 落下，断开乙站对甲站的供电电路。

由于甲站 FGFJ 落下，断开 FFJ 励磁电路，使其落下。此时接通甲站向乙站供电电路，因是反极性电流，使乙站的 FJ1 和两站的 FJ2 转极。

在乙站，由于 FJ1 转极，使 JD 黄灯亮，FD 绿灯灭。同时使 GFJ 落下，断开 DJ 自闭电路，使之落下，FZD 灭灯，表示本站辅助办理已完毕，改为接车站。因 GFJ 落下，FJ1 转极，使两站方向电源串接，使各方向继电器可靠转极。

在甲站，GFJ 吸起后，FGFJ 已落下，GFFJ、JQJF、JQJ2F 先后断电缓放。GFFJ 落下后，JQJ2F 仍吸起时，转极电源被短路，消耗外线中的感应电势，防止 FJ1，错误转极。JQJ2F 落下后，将 FJ1 接入供电电路，使其转极。FJ1 转极后，甲站 FD 亮绿灯，JD 黄灯灭，表示本站已成为发车站，辅助办理改变运行方向已完成，此时甲站值班员可松开 FFA，但 FZD 仍亮白灯，表示本站尚未办理发车进路。当列车出发进入出站信号机内方，DJ 落下，FZD 灭灯。

同理，若乙站原为接车站要改为发车站时，其电路动作过程与上述辅助办理大体相同。

思考题

1. 改变运行方向电路有什么作用？
2. 正常改方作业怎么办理？什么情况下采用辅助改方作业？如何办理？
3. 改方电路由哪些部分组成？各起什么作用？
4. 说明局部电路中各继电器名称及作用。
5. 简述方向继电器电路的作用和工作原理。

项目六　站内轨道电路电码化

【项目描述】

我国铁路站内轨道电路通常采用 25 Hz 相敏轨道电路或交流连续式轨道电路（480 轨道电路），它们只有占用检查的功能，既只能检查本区段是否有车占用或空闲，不能向机车信号车载设备传递任何信息。如果站内轨道电路不进行电码化，列车在站内运行时机车信号将中断工作，无法保证行车安全。

为了保证行车安全和提高运输效率，使机车信号和列控车载设备在站内能连续不断地接收到地面信号而不间断显示，需在站内原轨道电路的基础上进行电码化。站内轨道电路电码化是机车信号系统和列控系统不可缺的地面发送设备。

任务一　站内电码化概述

一、站内电码化的作用

为了保持机车信号在站内的连续性，在站内采用了站内电码化，它是由轨道电路转发或叠加机车信号信息技术的总称。

二、站内电码化的方式及范围

站内电码化的方式有切换式、叠加式两种。

切换式：需要向车上传码时，把原轨道电路用继电器接点断开，接入电码化发送设备，实现 "通道暂借"；列车通过本区段后，把通道再还给原轨道电路。

叠加式：需要向车上传码时，原轨道电路不断开，用继电条件把电码化发送设备并入通道，实现"通道共用"，因为电码化信息与原轨道电路信息的频率不同，车上译码设备能把它们分开。

两种方式都要遵循"远端发码，分段进行"的原则。要让列车在区段运行时能不间断地收到电码，需在运行方向的远端发码，远端若为原轨道电路的送电端，就在送端实现切换或叠加；反之，在受端实现切换或叠加。另外，站内轨道电路由多个轨道区段构成，站内发码设备同时只能向一段或两段发码，因此要采用分段发码。

三、站内电码化的范围

站内电码化的理想方式是全站电码化，即列车在站内任何地方行进，总能收到反映运行前方列车信号（不包括调车信号）显示的电码。由于技术所限，道岔侧向无法实现码化。因此，目前的全站电码化的最大范围一般包括正线直向接、发车进路、反向正线直向接车进路及侧线股道部分。在接车路上，把正线上出站信号的显示反映到车上；在发车进路上，把二离去防护信号的显示反映到车上；在侧线股道上，把出站信号显示到车上。

四、25 Hz 相敏轨道电路叠加 ZPW-2000A 电码化的部分技术条件

（1）正线区段（包括无岔和道岔区段）采用"预叠加发码"。列车进入本区段时，不仅本区段且其运行前方相邻区段也实施电码化。保证列车在正线区段行驶的全过程，能不间断收到地面发送的机车信号信息。侧线为占用叠加发码。

（2）站内正线电码化下行正线使用 1700 Hz、2300 Hz；上行正线使用 2000 Hz、2600 Hz。

（3）接车进路、发车进路电码化发送设备按 "$N+1$" 冗余方式设计。

（4）电码化轨道电路室外送、受电端 BG25 轨道变压器端子固定，只需送电端室内调整。

（5）逐段预叠加发码时，任一瞬间每一路发送只接向一段电码化轨道电路，确保入口电流不超值及发送不超负荷。各轨道电路采用并联接入叠加发码方式时，应确保彼此不相混。

任务二 预叠加式站内电码化的原理

目前，新线以预叠加式为主。下面以在 ZPW-2000A 预叠加式为例来介绍。举例设计中站内轨道电路为 25 Hz 相敏轨道电路。

如图 6-1 所示，本设计中，电码化范围：下行正线正向接车进路、下行正线正向发车进

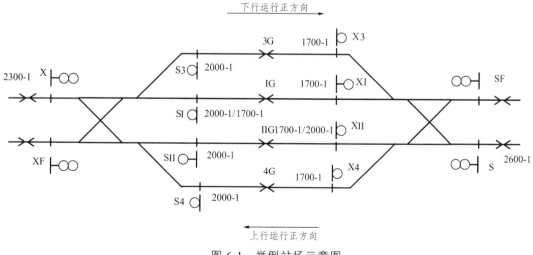

图 6-1 举例站场示意图

路、下行正线反向接车进路；上行正线正向接车进路、上行正线正向发车进路、上行正线反向接车进路；各侧线股道。因为区间反向行车按站间闭塞考虑，反向发车没有设计电码化电路。

一、下行正线正向接车进路电码化原理

举例设计中，下行正线正向接车进路包括的区段有 4 个：IAG、3-5DG、9DG、IG。

电码化电路由 4 部分构成，如 QJTC-14（下行正线正向接车进路电码化电路图）所示：

电码化发送电路。由 XJM（下行接车发码）发送盘、XJM 发送调节单元（FT1-U）、XJMJ接点、各 CJ 接点、可调电阻、站内防雷（NFL）元件、原轨道通道等组成。

咽喉区区段 GJ 复示电路。3 个区段用了 3 个 GJF。其目的是增加接点。

各区段传输继电器 CJ。每个区段用 1 个，本设计用了 4 个 CJ。主要用来确定其对应区段是否传送电码化信息。XJMJ 下行接车发码继电器。对应每个站信号机设 1 个，下行ＩG 正向接车站内电码化动作程序：

QJTC-14

列车压入 9DG 原理相同，在此省略。

各区段发码性质取决于 XI 显示及其后方分区空闲状况（注意：正线发车时，发车进路与一离去分区视为一个分区，由出站信号机防护），XJM 的 1FS 的发码见表 6-1。

表 6-1　XJM 的 1FS 的发码

XI 显示	XI 后方运行状况	发码性质
红灯	发车进路未排或一离去占用	HU 码
绿灯（弯发）	直接后弯出	UU 码
黄灯	直发，1 个分区空闲	U 码
绿黄灯	直发，2 个分区空闲	LU 码
绿灯	直发，3 个分区空闲	L 码

站内 FS 采用通用型发送盘，本图中 1FS 通过选频端子采用的中心频率为 1700 Hz。

当 FS 盘工作正常时，FBJ（发送报警继电器）励磁；FS 故障时，FBJ 失磁落下。在发送通道中，用 FBJ 的第 3、4 组接点，可实现故障时向 + 1FS 设备的倒换。

发送调节单元 FT1-U 电路中，两个可调电阻可实现发码信号的大小调节；另外，可实现"一进二出"，即一个输入信号，经过此环节，变为两个输出信号。两个输出，可同时向两个区段发码，为预发码提供了条件。

XJMJ 的主要作用是，在电码化电路启动时，进行两种检查：信号检查和进路检查。即只有在 X 开放而且是正线接车或通过时，才启动。通道中有 XJMJ 的接点，当不符合条件时，即便列车压入了区段，也不会有电码输出。站内调车时，各区段便不会电码化。咽喉区各区段发码时机是：在满足两种检查的情况下，列车压入前一区段，本区段开始发码。咽喉区各区段终止发码时机是：列车压入后一区段。

股道发码时机是：一种情况同咽喉区段；另一种情况是采用占用即发，不进行两种检查。终止发码时机是列车出清股道。

二、下行正线正向发车进路电码化原理

如 QJTC-15（下行正线正向发车进路电码化电路图）所示，下行正线正向发车时的区段有 3 个：12DG、4-6DG、IBG。因为只有 3 个区段，GJF 电路中，1GJF1、2GJF1、3GJF1 没有作用，但由于采用的是定型电路，在图纸中仍然显示；同样，1GCJ、2GCJ、3GCJ 也没有作用。

QJTC-15

发送盘的编号为 XFM/SNJM 3FS，XFM/SNJM 表示其为：下行发车发码/上行逆向接车发码。由于下行 IG 正向发车与上行逆向 IG 接车在咽喉区所用区段相同，故共用一个发送盘。但要注意，其编码电路与发送通道是不同的，要用相关继电条件区分。IG 下行正向发车的动作程序如下：

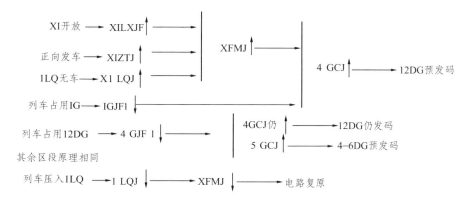

在 3FS 的编码电路中，有 SNGPJ（上行逆向改频继电器）的接点，此继电器在 IG 反向接车时励磁。用它和 XFMJF（下行发车发码继电器复示继电器）一起来区分两套编码电路，分别是正发编码与反接编码。正向发车时，发车进路各区段的电码性质与 1LQ 分区中性质相同。具体发码情况请自行分析。

FS 盘中心频率的选择也设计为两套，由 SNGPJ 和 XFMF 的接点构成。做正向发车时，为 2000-1；反接时，为 1700-1。

发送通道中 FBJ 的接点用来实现与"+1"FS 设备的故障倒换。

发送通道中 XFMJ 的第 3、4 组接点来区分正发区段通道，还是反接区段通道。虽然这两种情况用的区段有共同区段，但对一区段来说，通道是不同的。因为发码须用"远端发码"，故同一区段在正发时若为送端发码，反接时必为受端发码。

下行反向接车采用了压入发码的设计，与正向不同，请读者通过 QJTC-16（下行正线反向接车进路电码化电路图）所示自行分析学习。

三、上行方向电码化原理

上行正线正向接车进路、上行正线正向发车进路、上行正线反向接车进路电码化原理，请读者通过 QJTC-17（上行正线正向接车进路电码化电路图）、QJTC-18（上行正线正向发车进路电码化电路图）、QJTC-19（上行正线反向接车进路电码化电路图）所示自行分析学习。

QJTC-16

QJTC-17　　　　QJTC-18　　　　QJTC-19

四、股道电码化原理

以 3G 为例，如 QJTC-20（3G 电码化电路图）所示，动作程序如下：

QJTC-20

$$3G占用 \longrightarrow 3GJF2 \uparrow \longrightarrow \begin{cases} 由5FS & 通过原轨道电路的受端发X3的显示码 \\ 由6FS & 通过原轨道电路的送端发S3的显示码 \end{cases}$$

五、车站电码化发送器的输出及输出电平的调整

（1）ZPW-2000A 型站内电码化发送器设有两路输出，正线正向接车进路、发车进路电码化的发送器需两路输出，而正线反向接车进路及到发线股道电码化的发送器仅需一路输出。

ZPW-2000A 型站内电码化发送器每路输出电平调整共 11 级，从 5～105 V，每 10 V 一档，共 11 档。除"正线正向发车进路与正向反向接车进路电码化合用的发送器""+1 电码化发送器"输出电平调整需经"站内电码化架（ZY）"零层由"站内组合架（Z）"上相应继电器接点区分进行调整外，其他站内电码化发送器输出电平调整均可经"站内电码化架（ZY）"相应的发送器电平调整端子进行配线来完成。

（2）ZPW-2000A 型电码化发送器功出电平调整端子连接表如表 6-2 所示。

表 6-2　ZPW-2000A 型电码化发送器功出电平调整端子连接表

顺号	电平级别	标称电压（V）	电压范围（V）	I 路电平发送器连接端子		II 路电平发送器连接端子	
				去线	回线	去线	回线
1	1 级	105	101～109	I1～I11	I7～I12	II1～II11	II7～II12
2	2 级	95	91～99	I1～I11	I6～I12	II1～II11	II6～II12
3	3 级	85	81～89	I1～I11	I5～I12	II1～II11	II5～II12
4	4 级	75	71.5～78.5	I1～I11	I4～I12	II1～II11	II4～II12
5	5 级	65	62～68	I2～I11	I6～I12	II2～II11	II6～II12
6	6 级	55	52～58	I2～I11	I5～I12	II2～II11	II5～II12
7	7 级	45	42～48	I2～I11	I4～I12	II2～II11	II4～II12
8	8 级	35	33～37	I3～I11	I7～I12	II3～II11	II7～II12
9	9 级	25	23～27	I3～I11	I6～I12	II3～II11	II6～II12
10	10 级	15	13.5～16.5	I3～I11	I5～I12	II3～II11	II5～II12
11	11 级	5	4～6	I3～I11	I4～I12	II3～II11	II4～II12

任务三　站内电码化设备

一、室内隔离设备

1. 送电端室内隔离设备

送端室内隔离盒需放置在托盘上，占用一个组合位置，每个标准组合可放置 NGL-U（室内隔离单元）、BMT（室内调整变压器）和电码化发送调整电阻 3 套。

NGL—U 的使用：1700 Hz，AT13—AT17 连接；2000 Hz，AT13—AT16 连接；2300 Hz，AT13—AT7 连接；2600 Hz，AT13—AT6 连接。

BMT 的使用：站内电码化时室外设备固定端子，室内用 BMT 对轨道电路进行调整，调整范围为 30~225 V。

2. 受电端室内隔离设备

受电端室内隔离设备放置在托盘上，占用一个组合位置，每个标准组合可放置 NGL-U 和电码化发送电阻各 4 套。

二、室外隔离设备

1. 送端室外隔离设备

送端室外隔离设备放置在 XB2 变压器箱中，每个变压器箱可放置一个隔离盒、一个电阻和一个轨道变压器。

2. 受端室外隔离设备

受端室外隔离设备放在 XB2 变压器箱中，每个变压器箱可放置一个隔离盒和一个轨道变压器。

三、电码化发送匹配调整组合

一个电码化发送防雷匹配调整组合（MFT-U）：设备组装在一块绝缘板上，每个组合放置 6 套防雷匹配调整设备。每套设备包括一个 FT-U 匹配单元和一组调整电阻组成。MFT-U 型组合分 A、B 两种类型，设计时为防干扰，MFT-U/A 与 MFT-U/B 型在站内综合架上，上下两层相间排列，防雷地线应单独接地。

因为正线采用预叠加发码，所以正线的每个区段无论发码与否，送受电端均需设置隔离设备，一送多受时，分支受电端也须设隔离设备。

四、保持机车信号连续性的措施

1. 在绝缘节处信息连续性问题

对于地面为机械绝缘节的轨道电路，在绝缘节处由于受轨道连接线和机车接收线圈安装位置的限制，在绝缘节两边均有一小段实际上机车线圈收不到或收不到足够的机车信号信息，从而造成车载设备接收的盲区，如图 6-2 所示。

由图 6-2 可以看出，轨道电路的钢轨连接线与钢轨相连时，需要躲开钢轨连接夹板（鱼尾板）一定的距离，其距轨缝为 0.6～0.8 m；而机车接收线圈距第一轮对的距离最大可达 1 m。因此，接收盲区为 1.6～1.8 m。为了克服这一盲区引起的机车信号信息的中断，应对轨道电路的钢轨连接线的安装方式进行特殊处理，如图 6-3 所示。

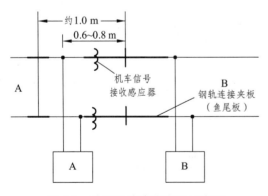

图 6-2　轨道电路接收盲区示意图

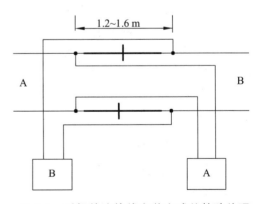

图 6-3　对钢轨连接线安装方式的特殊处理

这样处理后，可以保证机车信号信息在轨道电路内处处连续。

2. 道岔跳线和弯股跳线的连接问题

为了简化道岔区段轨道电路结构和确保机车信号接收线圈下钢轨内车载信号信息的连续性，应对轨道电路的"道岔跳线"和道岔的弯股部分采取如下措施：

（1）对"道岔跳线"进行"交叉换位"，具体如下：原来的"道岔跳线"设置如图6-4所示。进行"交叉换位"后的"道岔跳线"设置如图6-5所示。

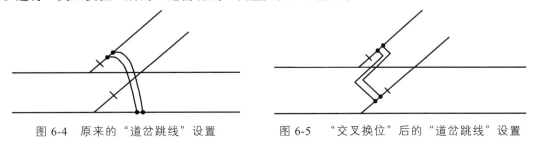

图6-4 原来的"道岔跳线"设置　　　图6-5 "交叉换位"后的"道岔跳线"设置

（2）对道岔的弯股部分采取间隔一定的距离与直股进行并联，并联方式如图6-6所示。

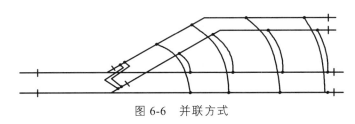

图6-6 并联方式

任务四　车站闭环电码化

一、闭环电码化的基本思想

为了满足主体化机车信号的需求，车站轨道区段电码化要解决以下几个问题：

（1）站内轨道区段过去采用叠加发码方式，为保持机车信号信息时间上的连贯性，后又改为预叠加发码方式。但无论是叠加发码或预叠加发码方式，平时发码方式系统故障得不到检查。

（2）相邻股道或咽喉区可能存在同频信息串扰，易造成机车信号干扰，甚至产生显示升级。

（3）接发车时，需要自动切换载频。

车站闭环电码化方式较好地解决了上述问题。

1. 站内电码化的检测

车站每条正线分为接车进路、正线股道、发车进路三个发码区，分别由三个发送盒发码，并采用"N+1"的方式备用1个发送盒。设低频27.9 Hz为检测码，平时对各发码区段的传输通道及设备进行检测。当接、发车进路的各区段未被车列占用，检测盘未收到检测码时，可判断为传输通道或设备故障，系统提供故障报警，必要时可关闭防护该进路的信号机。

2. 站内电码化载频的自动切换

列车仅在经道岔侧向接、发车时进行载频的切换，直向通过车站时不进行载频的切换。例如，办理股道弯进时接车进路，在机车信号收到UU码后又断码的基础上，列车压入股道发送2 s载频为-2的25.7 Hz的转频码，然后发送相应信号显示的低频码。车载信号设备在收到 UU 码后又断码的基础上，接收到转频码就自动切换到相应的载频。

3. 站内无码区的锁频

目前既有铁路上，咽喉区经道岔弯股的进路是无电码化的，无码区就更容易收到串扰码。车站闭环电码化方式采用了如下的处理逻辑：车载信号设备在收到 UU 码后又断码的基础上，将一直搜索 25.7 Hz 的转频码，如果未找到 25.7 Hz 的转频码，则不能接收其他的低频信号。如此就能有效地实现站内无码区的锁频，防止收到串扰码。

二、载频切换与锁定的实现原理

1. 载频切换与锁定的目的主要为以下两个方面

（1）列车转线运行（由上行线转下行线或相反）时，减少司机操作上、下行转换开关的繁琐过程。

（2）防止因人为操作失误引起对邻线信息的错误接收，通过设备切换提高安全性。载频切换与锁定利用 8 种载频与 25.7 Hz 的低频信息相结合，其逻辑如表 6-3 所列。

表 6-3　8 种载频的逻辑表示

标号	载频及低频	功　　能
D1	1700-1，25.7 Hz	车载设备锁定接收 1700 Hz 信息
D2	2000-1，25.7 Hz	车载设备锁定接收 2000 Hz 信息
D3	2300-1，25.7 Hz	车载设备锁定接收 2300 Hz 信息
D4	2600-1，25.7 Hz	车载设备锁定接收 2600 Hz 信息
S1	1700-2，25.7 Hz	车载设备切换到接收 1700/2 300 Hz 信息
S2	2000-2，25.7 Hz	车载设备切换到接收 2000/2 600 Hz 信息
S3	2300-2，25.7 Hz	车载设备切换到接收 1700/2 300 Hz 信息
S4	2600-2，25.7 Hz	车载设备切换到接收 2000/2 600 Hz 信息

载频切换与锁定的条件描述如图 6-7 所示。

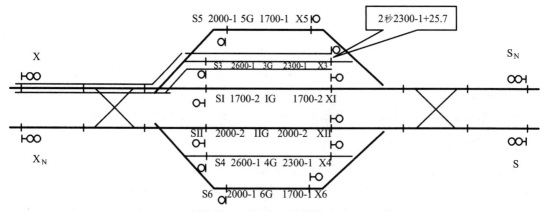

图 6-7　侧线接车时的载频锁定信息的发码时机

首先，需要明确载频锁定的意义：锁定载频的目的是防止车载设备错误接收邻线轨道电路中的信息，在车站需要防止接收相邻股道的电码化信息，在区间需要防止接收并行的另一条线路中的轨道电路信息。

因此，载频切换和锁定主要发生在进入车站股道时和从车站出发进入区间时，通常涉及的情况发生在侧线接车、侧线发车进路中。对于个别改变上下行方面的车站，也发生在正线通过时，如图6-7、图6-8、图6-9所示。

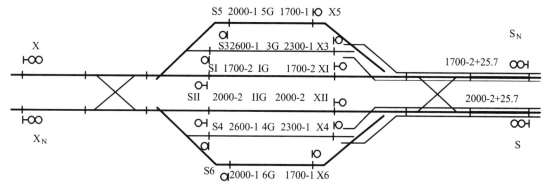

图6-8　侧线发车时的载频锁定的发码时机

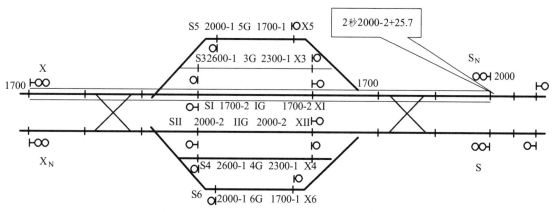

图6-9　正线通过改变上下行方向车站时载频切换的发码时机

2. 载频切换与锁定的逻辑

对照上述三个图，载频切换与锁定的逻辑如下：

1）侧线接车时的切换时机

列车在经防护道岔侧向的进路的信号机外时，接收UU码；当列车压入信号机内方时，UU/UUS码结束（在信号机接近区段取消进路时，UU码将变为HU码或HUS码，不属自动切换逻辑），此时列控车载设备（机车信号）将搜索任意载频上叠加的25.7 Hz低频信息，若收不到25.7 Hz的信息将不能接收任何正常码；收到UU/UUS码后如果接收不到信息，在点白灯前（4 s以内），只接收HU/HUS码，在点白灯后（无码大于4 s后），只接收载频切换信息码；列车经道岔侧向进入股道时，将收到该股道（比如1700-1载频）规定的-1载频所叠加的25.7 Hz的信息，之后将接收载频锁定于仅接收叠加于该载频（比如1700）上的低频信息；股道的载频锁定信息发码时间为列车进入股后的2 s，2 s之后转发送正常信息码。

2）侧线发车时的切换时机

当列车由侧线经道岔侧向出站时，UU 码结束后，机车信号开始搜索任意载频上叠加的 25.7 Hz 信息；当列车收到（如 1700-2 载频）-2 载频所叠加的 25.7 Hz 信息后，将接收载频锁定到接收相应区间的载频（如 1700/2300 Hz 载频）；向 1700/2300 Hz 载频区间发车时，发车进路的最后一个区段固定发送 1700-2 + 25.7 或 2300-2 + 25.7 信息，车载设备收到此信息后，将载频锁定在 1700/2300 Hz 载频组上；向 2000/2600 Hz 载频区间发车时，发车进路的最后一个区段固定发送 2000-2 + 25.7 或 2600-2 + 25.7 信息，车载设备收到此信息后，将载频锁定在 2000/2600 Hz 载频组上。

3）通过改变上下行方向车站时的切换时机

个别特殊车站的载频组切换也可能发生在正线通过时：当车站两端区间线路的上下行有变化时，比如进站时为下行，出站后为上行区间，如果是这样，载频切换在第一离去区段进行；车站正线的载频组与接近车站的区间方向载频组相同；当列车压入区间时，在第一离去区段发送 2 s-2 载频叠加 25.7 Hz 后恢复正常信息码，车载设备收到此信息后将载频切换并锁定到相应的载频组。

以上是正常情况下的自动切换实现逻辑，当出现以下情况时，需要司机操作选择载频组：

① 主机上电后或故障复位后。

② 机车连挂后始发。

③ 接收载频切换信息码失效后。

④ 非主体机车信号区段。

值得提出的是，闭环电码化设备因经常处于多路输出工作状态，自身故障率较高，一度停止安装使用，故本书未提供实际应用电路，相信在克服尚存缺点后，一定会得到推广应用。

思考题

1. 站内轨道电路为什么要进行电码化？
2. 站内轨道电路电码化的方式是什么？
3. 站内轨道电路电码化的范围是什么？
4. 简述下行正线正向接车进路电码化的工作原理。
5. 什么是闭环电码化？它有何优缺点？

附录 区间图册二维码

QJTC-01 QJTC-02 QJTC-03 QJTC-04

QJTC-05 QJTC-06 QJTC-07 QJTC-08

QJTC-09 QJTC-10 QJTC-11 QJTC-12

QJTC-13 QJTC-14 QJTC-15 QJTC-16

QJTC-17 QJTC-18 QJTC-19 QJTC-20

参考文献

[1]　林瑜筠. 区间信号（中专）[M]. 北京：中国铁道出版社，2008.

[2]　刘利芳.区间信号自动控制[M]. 北京：科学出版社，2017.

[3]　董昱. 区间信号与列车运行控制系统[M]. 北京：中国铁道出版社，2008.

[4]　济南铁路局电务处，济南铁路局职教处. 车站与区间信号知识手册[M]. 北京：中国铁道出版社，2010.

[5]　赵怀东，王改素. ZPW-2000A 型自动闭塞设备安装与维护[M]. 北京：中国铁道出版社，2005.

[6]　中国铁路总公司. ZPW-2000A 型无缘移频自动闭塞系统[M]. 北京：中国铁道出版社，2013.

[7]　林瑜筠. 区间信号自动控制（高职）[M]. 北京：中国铁道出版社，2007.

[8]　林瑜筠. 区间信号自动控制[M]. 2 版. 北京：中国铁道出版社，2014.

[9]　阮振铎. 铁路信号施工（中专）[M]. 北京：中国铁道出版社，2008.

[10]　张胜平，吴广荣. 铁路信号施工[M]. 成都：西南交通大学出版社，2016.

[11]　中华人民共和国铁道部. TB/T 10419—2013 铁路信号工程施工质量验收标准[S]. 北京：中国铁道出版社，2003.

[12]　阮振铎. 铁路信号设计与施工[M]. 2 版. 北京：中国铁道出版社，2016.

[13]　中华人民共和国铁道部. TB 10756—2010 高速铁路信号工程施工质量验收标准[S]. 北京：中国铁道出版社，2010.

[14]　中国铁路总公司.Q/CR 9228—2015 铁路通信、信号、电力、电力牵引供电施工机械配置[S]. 北京：中国铁道出版社，2015.